U0115783

阅读的力量

从|苏|格|拉|底|到|推|特

POWER OF READING

From Socrates to Twitter

【英】弗兰克·富里迪
（Frank Furedi）◎著
徐弢　李思凡◎译

北京大学出版社
PEKING UNIVERSITY PRESS

著作权合同登记号　图字：01-2016-1062

图书在版编目（CIP）数据

阅读的力量：从苏格拉底到推特/（英）弗兰克·富里迪（Frank Furedi）著；徐弢，李思凡译. —北京：北京大学出版社，2020.11
　　ISBN 978-7-301-31672-6

　　Ⅰ.①阅… Ⅱ.①弗… ②徐… ③李… Ⅲ.①阅读—文化研究 Ⅳ.①G252.17

中国版本图书馆CIP数据核字（2020）第182841号

Power of Reading: From Socrates to Twitter by Frank Furedi
© Frank Furedi, 2015
This translation is published by arrangement with Bloomsbury Publishing Plc.
Simplified Chinese edition © 2020 Peking University Press.
All Rights Reserved.

书　　　名	阅读的力量 —— 从苏格拉底到推特
	YUEDU DE LILIANG——CONG SUGELADI DAO TUITE
著作责任者	[英]弗兰克·富里迪（Frank Furedi）著　徐　弢　李思凡　译
策划编辑	周志刚
责任编辑	周志刚
标准书号	ISBN 978-7-301-31672-6
出版发行	北京大学出版社
地　　　址	北京市海淀区成府路205号　100871
网　　　址	http://www.pup.cn　新浪微博：@北京大学出版社
微信公众号	科学与艺术之声（微信号：sartspku）
电子信箱	zpup@pup.cn
电　　　话	邮购部 010-62752015　发行部 010-62750672
	编辑部 010-62753056
印　刷　者	三河市博文印刷有限公司
经　销　者	新华书店
	880毫米×1230毫米　A5　10.75印张　249千字
	2020年11月第1版　2024年5月第8次印刷
定　　　价	58.00元

献给父亲拉兹洛，是他激发了我的阅读兴趣

目录 | CONTENTS |

译序

　　弗兰克·富里迪（Frank Furedi，1947—　　）不仅是当代西方最具影响力的文化评论家之一，更是当代英美学术界最负盛名的社会历史学家之一。他的研究兴趣广泛，而其中成果最丰硕的则是他对阅读的历史、意义和影响的社会学研究。虽然他本人是英国肯特大学（University of Kent）的社会学荣休教授，但他的研究视角和研究方法并不限于狭义的社会学领域，而是常常借鉴历史学、教育学、哲学、文学、政治学、伦理学、心理学乃至医学等学科的最新成果，来系统考察和全面评述阅读、写作、读者、书籍和读写能力在人类社会的历史起源、发展演变、文化意义、复杂影响及由阅读所引发的一系列重大争论。为了推进这一雄心勃勃的研究计划，富里迪近年来先后出版过多部关于上述问题的专著，而其中最有代表性和前瞻性的就是他于2015年出版的这部力作《阅读的力量：从苏格拉底到推特》（*Power of Reading: From Socrates to Twitter*）。

　　《阅读的力量》堪称西方阅读理论研究方面的里程碑式著作。它全面梳理苏格拉底时代至当今时代的数百位西方重要思想家有关阅读和读写能力（literacy）的经典论述，从中提炼出一系列极具代表性和影响力的观点，并在具体分析它们各自的文化根源、理论特征及其内在张力和分歧焦点的同时，第一次系统地考察了阅读与读写能力之间的关系，阅读对不同文化处境中的读者和社会的影响，以及不同时代的主流文化观念和技术变革对阅读之地位和读写能力之意义的影响等。在此基础上，富里迪还结合人类社会从印刷时代进入数码时代的转变过程，对当代阅读文化的独特性及其面临的真正挑战加以深入剖析，对旷日持久的"阅读之战"中争论各方的观点加以综合评判，对各种贬低阅读和读写能力的倾向及试图回归口传文化时代的幻想加以有力驳斥，对各种功利主义的阅读观和工具主义的读写能力观予以深刻批评，并由此对如何重建一种以寻求真理和意义为旨归的、具有其自身价值并拥有改造人类意识和世界的伟大力量的阅读文化提出了启发性的建议。

正如富里迪在书中指出的那样，阅读是人类历史上最伟大的文化成就之一，它"不仅可以充当一种强大的交流媒介或娱乐资源，而且打开了通向几乎所有重要事物的知识之门"。可以说，自从文字和写作诞生之后，阅读便成为人类道德和知识的首要来源，但也正因为如此，在整个人类历史上，阅读的力量和书籍的影响始终是人们聚讼纷纭的焦点。早在古希腊时代，柏拉图（Plato）笔下的苏格拉底就曾用希腊文中的"药物"（pharmakon）一词来比喻写作，以影射它既可能成为一剂良方，更可能变成一味毒药的悖论。此后两千多年里，围绕着阅读的争论几乎从未中断。一方面，古罗马和中世纪的众多神学家曾像圣奥古斯丁（Saint Augustine）一样，把阅读看成一种通向启示真理和个人拯救的体验，并由此导致了阅读和书籍（尤其是《圣经》）的神圣化。另一方面，随着书籍数量的增多，某些批评家，如古罗马的塞涅卡（Seneca）、文艺复兴时期的彼特拉克（Petrarch）、宗教改革时期的伊拉斯谟（Eramus）等，一直在警告书籍的"供过于求"对人类注意力和判断力造成的干扰。约翰内斯·古滕堡（Johannes Gutenberg）在 15 世纪掀起的"印刷革命"打破了极少数神职人员、学者和艺术家对书籍和读写能力的垄断，并由此促进了宗教改革的爆发、读写能力的普及、对"自我意识的权威"的日益认同和一个崭新的阅读公众的形成。受其影响，关于阅读的积极作用或消极影响的争论也日趋激烈。约翰·弥尔顿（John Milton）与托马斯·霍布斯（Thomas Hobbes）分别象征着人们对印刷革命做出的一系列反应中的两极：前者试图通过宣扬一种理想化的"合格读者"观念来提升社会道德状况和个人的独立判断能力，后者则试图通过抨击读者从古典著作中发掘出的激进思想，来指责这种愚蠢的阅读行为导致了突发性的政治危机和英国内战的爆发。

在启蒙运动时期，新兴中产阶级的代表人物曾把阅读当作一种增进理性、知识和审美趣味的途径，但随着大众化阅读时代的到来，也有不少人开始重提苏格拉底关于写作形同毒药的比喻。他们担心不良书籍对于缺乏教育和辨别力的下层民众的消极影响，甚至将阅读的普及和读者的增长看成一种对社会道德和政治稳定的威胁。受其影响，启蒙思想家们常常对阅读表现出双重态度，如伊曼努尔·康德（Immanuel Kant）一方面赞赏以自我完善为目的的阅读，另一方面又指责以娱乐消遣为目的的阅读；塞缪尔·约翰逊（Samuel Johnson）一方面认为阅读的普及有助于读者的思想解放和社会的民主进步，另一方面又担心某些不合规范或缺乏选择性的阅读行为会助长读者的傲慢和偏见。约翰·洛克（John Locke）和大卫·休谟（David Hume）等人在承认阅读的积极进步作用的同时，也对良好的和不良的阅读行为做出区分，并试图通过对读者行为的规范和引导，来建立一种合乎其自身理想的阅读文化。

　　法国大革命后，意识形态上的两极分化进一步加剧了阅读之争的政治化，形成了左翼同右翼在阅读观念上相互对峙的格局。到 19 世纪，对言情小说和其他通俗出版物的道德焦虑导致了第一场以媒体为担忧对象的大众道德恐慌。这种恐慌在围绕歌德（Goethe）小说《少年维特之烦恼》所导致的"自杀流行病"的争论中达到高潮，并由此导致关于阅读问题的争论从道德领域扩展到生理和心理健康领域。受其影响，争论各方开始更频繁地使用健康和药物之类的医疗化语言来探讨阅读对读者的影响。进入 20 世纪后，学者和政策制定者们不仅开始关注读写能力同现代工业经济的发展之间的关联，而且尤为关注阅读行为同年轻一代的教育和社会化之间的关联，从而导致关于阅读的争论进一步延伸到经济学和教育学领域。

　　面对前人在讨论阅读的地位和读写能力的影响等问题时发表的这些众说纷纭而又相互冲突的主张，富里迪没有简单做出孰优孰劣的判断，而是结合它们赖以形成的社会背景和文化处境，以及阅读和读写能力对不同时代的读者群体和社会发展的影响，系统地分析了历代思想家在讨论阅读的地位和读写能力的影响等问题时表现出的政治化、道德化、医疗化和技术化等思想倾向，并对古往今来各种贬低或轻视阅读的言论提出质疑。在他看来，阅读的价值不仅仅在于对文本的解读和对信息的获取，而在于它是一种寻求真理和意义的活动。相应地，读写能力也不仅仅是一种服务于政治、经济等实践目的的工具性技能，而是一种从阅读的内容中汲取意义并由此去探索真理和实现自我完善的能力。富里迪并不否认，阅读有时候可能给读者个人乃至整个社会带来风险，但是他相信，阅读正是通过对读者的心理产生影响进而导致重大转变，才得以形成自身的权威性和吸引力。一旦阅读不再被人们视为一种追求真理和意义的活动，它便会沦为一种平庸的活动。一旦读写能力被人们理解为一种工具性的技能，它的作用便会局限于对文本的解读和对信息的获取。

在当今时代，虽然不时有人发出"书籍的终结""作者之死"或"读者之死"之类的悲观预言，但富里迪始终坚持认为，即便是在人类已经从印刷时代进入数码时代之后，阅读和读写能力仍然不仅仅是一种具有重要实践性或实用性的解读文本和获取信息的技能，而且还是一种具有其自身文化价值的寻求意义、真理和自我完善的活动。他注意到，自 20 世纪 60 年代以来，关于阅读和读写能力的争论陷入了比以往更严重的两极对立。一方面，以马歇尔·麦克卢汉（Marshall McLuhan）和瓦尔特·翁（Walter Ong）等人为代表的反文化的激进主义者们宣称前人过高估计了阅读的价值和读写能力的作用，并为现代数码技术（尤其是互联网）所导致的"印刷文化之死"而欢呼。另一方面，以鲁道夫·福莱希（Rudolf Flesch）和卡尔·布里登博（Carl Bridenbaugh）等人为代表的一批传统知识分子和教育家则因为当代社会正面临着一场所谓的"阅读危机"和读写能力的下降而忧心忡忡。可是在富里迪看来，虽然当代学者在这场围绕着阅读和读写能力而展开的旷日持久的争论中，提出了截然不同的观点和尖锐对立的看法，但争论双方都表现出了某种技术决定论的倾向，即以一种绝对主义的态度来看待新的媒体技术对阅读的地位和前途的影响。例如，反文化的激进主义者往往相信，互联网可以矫正过去那种以僵化的印刷文本为对象的阅读行为的非自然性、非参与性和碎片化，并使人类回归到印刷文化出现之前的那个更具自然性、参与性和群体性的时代，即所谓的"第二种口传性时代"，而他们的反对者则常常将所谓的"阅读危机"归咎于数码技术的发展，认为互联网干扰了人们对于阅读内容的专注力并在事实上导致人们无法进行严肃的研究。为了抨击这种片面的技术决定论，富里迪指出，阅读的命运不可能仅仅取决于一项新的媒体技术的影响，因为当代学者在论述互联网等新媒体技术对阅读和读写能力的影响时所提到的各种因素，如信息过量、媒体干扰和注意力缺乏等，都不是什么新鲜事物，而是许多世纪以来人们在谈论阅读和读写能力时早已关注过的话题。

按照富里迪的观点，当代社会在阅读和读写能力上面临的困境并不仅仅起因于数码技术或其他任何一项新技术的发展，而主要是起因于人们对于阅读内容及其价值判断的困惑。只有当阅读的内容得到真正的重视时，读写能力才能体现其自身的价值，而过分强调新媒体技术对阅读行为的影响，则会导致对阅读内容的文化意义及其内在精神价值的忽视。因此，他撰写《阅读的力量》的目的之一就是呼吁当代社会重建一种以寻求真理和意义为旨归的阅读文化，并呼吁读者通过发展自身的判断力来体验阅读的真正价值和力量。

《阅读的力量》是一部探讨阅读、写作、读者、书籍和读写能力，以及相关的历史、意义和影响的著作，也是迄今为止西方学术界在这一研究领域进行的最为系统和最为深入的研究。

我们在翻译本书的过程中，始终以忠于作者的原文和原意为第一原则。然而，由于书中涉及的时间跨度极大、学科领域极广，其翻译难度在译者近年来翻译的多部译著中堪称第一，加上译者自身水平有限，所以虽已竭尽全力并在一年多时间内数易其稿，但译文中的错谬之处恐怕在所难免。恳请方家批评指正。

徐　弢　李思凡

前言

　　阅读改变了人类的意识并且改变了世界。它不仅可以充当一种强大的交流媒介或娱乐资源，而且打开了通向几乎所有重要事物的知识之门。在整个英美世界，阅读常常与读写能力的问题混为一谈。读写能力是一项用于解析书面文本的技能，而在一个高度仰重交流的现代社会里，它更是一项必须掌握的重要技能。然而，阅读绝不仅仅是读写能力。阅读还涉及解释和想象，它是一种可以用来获得意义的文化素养。通过阅读文本的"言外之意"，读者可以运用自身的想象和知识来理解他们面前的文本并从中获取意义。

　　对于读写能力状况的担心，常常伴随着那些关于书籍即将走向消亡的警告，以及互联网对我们的阅读能力造成了所谓有害影响的警告。那些对阅读文化的衰落感到悲伤的人常常被当作文化上的保守主义者而遭到排斥。在某些领域，将阅读书籍的人士称为居住在这个联系无所不在的世界上的落伍者，已开始成为一种时尚；人们试图通过一个由不断改变的、及时更新的富媒体环境（media-rich environment）所提供的资源来发现意义。

　　我直观地感觉到，在有关阅读和数码技术之未来的争论中，争论双方的观点都是片面的并且有可能是错误的。阅读文化的命运似乎不太可能仅仅取决于一项新的媒体技术——必然还有其他某个东西在起作用。由于阅读活动的意义始终受到主流文化观念的影响，所以我决定着手对阅读本身进行历史的解读，并由此探索历史上的人们是如何看待阅读对人的意义和影响的。现在，我试图概述一下这项重要工作所涉及的复杂的并且常常充满矛盾的意义。

尽管我是社会学家，但我试图从历史学的视角来强调那些反差强烈的主题和重复出现的模式，以勾勒出一个正处于从印刷技术到数码技术的现实转变过程之中的阅读文化所具有的鲜明的和独一无二的特征。我得出的结论是，阅读文化正面临着某些严峻挑战，但我们不应在科技领域寻找这些困难的成因。我们面临的首要挑战是如何复兴那种"把阅读当作一种拥有其自身价值的文化修养"的精神。除了我们的校园，我想不到还有更好的地方可以发起这一复兴。我们要做的是把孩子培养成阅读者，而不只是训练他们掌握读写的技能。

本书的研究得到了英国科学院（The British Academy）以及利弗休姆信托基金会(Leverhulme Trust)的荣休教授项目的资助。我对它们提供的经费资助表示感谢。我的同事珍妮·布里斯托（Jennie Bristow）博士和艾莉·李（Ellie Lee）博士一直在提供对本研究有促进作用的批评。尼克·卡特（Nick Cater）对于如何集中论述我的某些论点提供了有益的建议。我的文字编辑理查德·梅森（Richard Mason）为书稿编辑做了大量工作。布鲁姆斯伯里出版公司的杰米·伯基特（Jamie Birkett）始终在向我提供有益的建议。我还要感谢我的特约编辑罗宾·贝尔德－史密斯（Robin Baird-Smith），他从一开始就认识到了这项研究的重要性，并在这项研究的每一阶段鼓励我。

弗兰克·富里迪

2015 年 5 月 14 日于意大利伦巴第的卡多根

导　论

为何在 21 世纪，阅读会成为这样一个难题？当"读写能力"这个词出现在新闻中时，紧随其后的会是某些关于其不确定地位的令人不安的描述。阅读活动已经被卷入了存在着显著分歧的众多争论之中，而公众在讨论它时常常会使用一些带有危机感的言辞。阅读教育开始变得高度政治化，而且在英美社会，它更是常常成为那些被称为"阅读之战"的激烈争论的焦点。

同时，对于阅读困难的诊断出现了普遍的医疗化倾向。越来越多的人被宣称患有一种或多种同阅读有关的病症，比如阅读障碍。经常有人声称，数字媒体的到来缩减了注意力的持续时间，并由此发出了关于"书籍的终结"和"读者之死"的悲观预言。

这种以读者文化的讣告为特征的悲观言论同阅读活动曾经在知识界赢得的尊重形成了强烈的反差。伟大的思想家们曾经把阅读当作一种可以解决他们所面临的困境的方式来加以称颂；在犹太教和基督教的传统中，阅读曾经是品德高尚的象征，是寻求真理的媒介。自文艺复兴以来，阅读便一直刺激着个人主义的觉醒。启蒙运动把读者当作理性和进步的主导者来加以推崇。民主派和革命者认为，阅读为营造活跃的公共生活提供了德性资源和智性资源，并将其视为一种改造社会的工具。

在 18 世纪的时候，西方世界的许多地方已经树立起了"热爱阅读"的理想，而且阅读越来越多地被人们看作是一种具有自身内在价值的活动。在 19 世纪的时候，阅读曾经被视为一种自我完善的方式，从而促使许多人开始学习如何依靠本人或家人的帮助来进行阅读。即使是在 20 世纪的大部分时期，读写能力除了被视为一种用来获得启迪或娱乐消遣的手段，还被视为一种有助于消除贫困和摆脱经济困境的工具。

那么究竟发生了什么变化？我们的时代并非是第一个对阅读的作用及其社会影响感到担忧和焦虑的时代。正如我们将在随后的章节中指出的，阅读从来就是一个饱受争议并令人们忧心忡忡的话题。然而，在现代社会对于阅读的日益增长的担忧之中，贯穿着一条共同的主线，这条主线呈现出一种更为令人不安的趋势——现代社会在其文化价值观的确立方面存在明显的困难。许多探讨阅读之价值和未来的重要理论都陷入了深刻的矛盾之中。甚至连一些教育学家和读写问题研究专家也开始怀疑读写能力曾经享有的权威文化地位。

视觉素养、听觉素养、计算机素养、情感认知素养、处理两性关系的素养、生态素养、媒介素养、多文化素养、金融素养等新式素养的形成与发展，悄然导致了人们对传统意义上的读写能力的独特性与文化权威性的质疑。图书阅读能力只不过是人之为人的众多素养或者说读写能力中的一种，因而开始变得平淡无奇。

本书意在追溯历史上人们对阅读的各种思考，以及这些思考的具体影响，以便能理解当代社会对阅读活动的独特认知。本书质疑了那些贬低和轻视阅读者的当代思潮，并且试图指出：尽管存在技术革新，尽管新媒介的影响力广泛而深远，但是人文主义的理念——具有辨别力的读者能够做出自主判断——依然应该是当今时代的文化理念。

当代社会担心数字技术和互联网可能对读写能力和读者造成有害影响，而这种担心常常是错位的。通过阅读而形塑出的个体性为人格的发展提供了巨大的可能性，并且当代社会所面临的主要挑战是文化上的和政治上的，而不是技术上的。

苏格拉底悖论

柏拉图曾借苏格拉底之口，向潜在的读者发出过第一次健康警示。他之所以对读写能力的普及感到担忧，部分原因就在于，他认为这是一种可能使人丧失记忆的能力。苏格拉底使用了希腊文中的"药物"一词来比喻写作，以表明对书面文本的阅读具有一种悖论性——它既可能成为一剂良方，也可能变成一味毒药。[①] 在随后的岁月里，这一悖论将表现为两种阅读之间的张力：一种阅读是进行有效的启发和交流的工具，另一种则是对道德秩序提出诘难的途径。

苏格拉底警告说，书面的思想拥有一种形成其自身生命的可能性。口头对话，比如在苏格拉底同他自己的追随者之间进行的对话，则是由那些彼此拥有相似处境和共同气质的个人在一种从容的和安全的文化背景中进行的。然而，一个身处远方的读者将对自己读到的书面思想做出何种反应并采取何种行为，则是作者无法认真观察

---

① 具体讨论参见 Bratlinger (1998), p.214。

的。苏格拉底提出，写作的对象是随机性的，因为它是"四处漫游的"（roams about everywhere）：它无法辨别哪些读者能够理解它传达的信息并从中获益，又有哪些读者会受到它的误导并产生困惑。苏格拉底告诫说，一部作品被"能够理解它的人看到的可能性并不低于它被不了解它的人看到的可能性"。[1]苏格拉底从那个时代的家长式世界观出发，认为知识一旦落入那些不配拥有知识之人的手中，就可能变成对社会秩序的威胁。

在苏格拉底所在的雅典的政治文化背景中，没有资格阅读书面文本的人口占据了公众中的绝大多数。从苏格拉底的视角来看，智慧的话语一旦形成文字，甚至可能变成一种引起困惑的因素。他注意到，假如文本所提出的问题没有被呈现到某个有智慧处理该问题的人面前，就会导致难题。针对这种交流的悖论，他指出："当它遭到不公正的批评和攻击时，总是需要它的作者来救援；否则的话，它便无法为自己辩护，也无力保卫自己。"[2]

苏格拉底之所以不喜欢书籍，某种程度上是基于这样一种信念：只有少数值得信赖的雅典公民才有资格去从事一种像追求真理这样艰难的事业。他坚持认为，知识"不是某种可以像其他科学一样被写成文字的东西"，只有"在经过那些共同探究它的教师和学生之间的长期对话之后"，真正的知识才能找到通往灵魂的道路。[3]柏拉图所担心的主要对象似乎不是书面文本，而是书面文本在大众当中的传播：

---

[1] Plato (1997), *Phaedrus*, 275.

[2] Plato (1997), *Phaedrus*, 275.

[3] Plato (1997a), *Republic*, 341d.

假如我认为它们能够被写成适合大众的文字，那么除了照亮事物的本质以便让所有人都能看见它们之外……我在自己的一生中还能从事什么比这项工作更加高尚的工作呢？然而，我并不认为这种"检验"及其提到的问题能给人们带来任何益处，它充其量只是对少数人具有益处，即对于那些只需稍加引导便能依靠自身力量来发现真理的人们具有益处。至于在其他人当中，则要么充满了无理由的和完全不恰当的偏见，要么充满了言过其实的和愚蠢的骄傲，就仿佛他们真的学到了某些重要的东西一样。①

在强调自我意识和包容性民主的当代公众文化中，苏格拉底这种企图限制人们在自身所创造的背景中自由选择阅读内容的思想倾向，将会被视为一种可恶的想法。然而，即使到了 21 世纪的今天，公众依然经常被描述为处在小报新闻的操纵之下或受广告商的"阈下广告技术"②的影响而无力自拔的受害者。这样的担心在互联网时代变得更加普遍了。

道德迷茫之源

古希腊的哲学家提出了一个重要的见解。他们认为，一旦书面文字得到了"四处漫游"的许可，那么世界就将永远不能再保持其原来的样子。

阅读让人们有机会接触到对于他们所处的困境的不同看法和不

---

① Plato (1997a), *Republic*, 341c.
② "阈下广告技术"（subliminal technique），亦称潜意识广告技术。当信息刺激强度低于消费者感知阈限时，刺激信息只能被潜意识接收，而不会被消费者有意识地感觉和加工。传播有意设计和制作的不为人们意识到的广告信息，以达到影响人们态度倾向甚至购买行为等说服目的的广告，都可以看作是阈下广告。——译者注

同观点，并且使读者养成一种用新方法来观察他们所在世界的习惯。阅读催生了一种以改变为导向的意识，并且确立了一种追求新奇的情感。在阅读活动中，总是蕴藏着一种可以颠覆那些曾被视为理所当然的观点的能力。阅读还有望赋予人类的经验以意义。然而，由于书本是对批评开放的，所以读者通过阅读而获得的意义常常只是暂时性的。阅读的历史表明，它向人们提出了更多的问题，而不是为人们提供了更多的答案。

对于意义的寻求具有其不确定性，所以一代又一代的人都曾经宣称："还有太多的其他信息。"这一抱怨不仅早于互联网的发明，而且早于印刷业的诞生。逝世于公元 2 世纪的罗马诗人朱维纳尔（Juvenal）就曾经对过量的信息表示过担忧，而 14 世纪的人文主义作家彼特拉克也曾经抱怨他所处的时代存在着过多的抄写员。文艺复兴时期的荷兰人文主义哲学家伊拉斯谟曾经抗议"新书的泛滥"[1]。在 1600 年的时候，英国作家巴纳比·里奇（Barnaby Rich）曾经哀叹："这个时代最大的病症之一，便是让世界不堪重负的大量书籍。它们每天涌现到世界上，多到我们无法消受的地步。"[2]

在 17 世纪的时候，这种认为印刷出版的书籍具有严重的负面影响的观点已经变得相当流行。一位英国批评家在谈到出版物供过于求的问题时指出，它们"起到的作用不过是干扰并浪费学者们本来就很微弱的判断力"[3]。在此意义上，这种认为出版物已经供过于求的观点，往往意味着一种对于人类能否认识周边世界的不确定感。

---

① Eisenstein (1979), p.19.

② 引自 Carr (2010), p.168。

③ 这是托马斯·布朗爵士（Sir Thomas Browne）的话，引自 Eisenstein (1979), p.19。

　　过多的书籍被认为意味着过多的选择，而过多的选择又会对书籍本身是否拥有值得信任的真正权威性提出质疑。正因如此，从古至今的道德家们（moralists）在提出有关阅读的建议时，总是会告诫人们要避免泛读。古罗马的斯多亚派哲学家塞涅卡曾规劝读者："阅读太多的书籍会分散精力"，会令读者"迷失方向和变得愚钝"。而且他还指出："如果你想得到那些能够牢固地确立于你的思想之中的观点，那么你就必须把阅读对象局限于有限的几位大思想家，并去精读他们的作品。"① 塞涅卡的建议直到最近才被广泛推崇。② 通过限制书籍的多样性，似乎可以让读者避免因为读到相互矛盾的观点而产生一种存在上的不确定性（existential uncertainties）。

　　从古代、中世纪直到现代早期（early modern），社会一直倾向于以非常严肃的态度来看待书籍。书籍常常被人们赋予某种神圣性或准神圣性，例如人们在手按《圣经》宣誓之时或在举行其他涉及书本的礼仪之时。在公元元年之前的一千年里，"因为书上写着"（for it is written）这个短语获得了神圣的权威性。正因为书籍具有神圣的地位，它才需要得到一批专门负责解释和评论它的神父和书吏的关注。只要这一任务能够被限制在一小批专业解释者的手中，阅读就不会被视为或表现为一个严重的社会问题。"书上写着"的权威性也得以相对顺利地延续下来。

　　到 17 世纪的时候，读写能力已经确立了其在欧洲文化中的重要地位。阅读活动的发展导致书面文本的权威版本遭到了质疑。读者

① 塞涅卡的文章 On discursiveness in reading，见 http://www.stoics.com/seneca_epistle_book_1.html，访问时间为 2014 年 5 月 3 日。
② 19 世纪有不少这类建议，其中一例可参见 Philes (1873)。https://archive.org/details/howtoreadabooki00phigoog；另外，Mikics (2013) 提供了这类建议的当代版本。

一旦拥有了书面文本，就无需依赖神父和解释者，而是能够自行选择自己喜爱的解释。在刚开始的时候，阅读的发展尚未削弱书面文本的权威性——而只是削弱了某种对于书面文本的特定解释的权威性。关于宗教文本的解释之争标志着即将到来的道德权威之争的最初阶段。然而有时候，人们对文本做出的不同于以往的新解释也会形成新的权威性评论。阅读助长了人们对于宗教性事务的质疑进而激发了异端思想的形成，而且正因如此，它们才常常遭到中世纪教会的打压。

在文艺复兴运动中，人文主义者们曾鼓励读者在不受侵扰的环境下进行阅读。这种向私人化阅读（private reading）的转变直接导致了个人意识的出现。在不受侵扰的私人阅读环境下，作为个体的读者可以自由地探讨并质疑那些流行的观点和规范。私人化阅读不仅促进了读者的内在生命的成长，而且有助于强化读者的自我意识。它营造出了一种进行尝试和加以反思的气氛，从而使一部分读者可能采纳某些不符合流行规范的意见。在这样的文化背景下，"公共的权威必然让位于个人的意见，因为每个读者都变成了一个权威"①。

如何在承认文本的神圣地位的同时，克服大众阅读所产生的有害影响，是中世纪基督教所遭遇的一大挑战，而它也是第一个面临这种挑战的组织。面对那些阅读过"方言圣经"（Vernacular Bible）②

---

① Fischer (2005), p.214.

② "方言圣经"（Vernacular Bible），又称"母语圣经"，指的是中世纪晚期和宗教改革期间的一些开明基督教人士为了打破罗马教廷及其神职人员对圣经解读权的垄断，而在罗马教廷法定的官方圣经——《拉丁通俗本圣经》（Vulgate Bible）之外，用欧洲各国的民族语言（英语、德语、法语等）翻译并出版的各种圣经译本的统称，其主要目的是使每个平信徒都有机会亲自阅读和重新理解《圣经》。——译者注

的自以为是的平信徒们提出的批评，15世纪的基督教不得不奋力维护自身教义的正统性。由于基督教会未能战胜这一挑战，所以才导致了罗马天主教和新教①之间的分裂：新教试图维护《圣经》文本的神圣权威性，而天主教则承认宗教习俗和传统的权威性。

托马斯·摩尔（Thomas More）爵士精彩地表达了天主教会对于自己所认为的那种有可能败坏道德的阅读方式的反对态度。对于将《圣经》翻译成通俗的民族语言的想法，摩尔起初也曾抱以开明的态度，但他最终却对这种想法产生了反感，因为他担心此举将"在普通人中挑起争论而非带来虔敬"②。他关于阅读将会引发道德争论的预见被证明是有先见之明的。阅读，一旦涉及解释性活动，常常导致人们得出某些有悖于流行道德规范的结论。

阅读的困扰

苏格拉底率先提出的读写能力的悖论依然有待化解。事实上，我们很难避免得出这样一个结论，即这个悖论将永远无法得到化解。尽管现代人常常把读写能力看作是一项技能，但阅读从来就不仅仅是一种用以破译文本的呆板行为。它是一条获取知识的途径、一个自我提升的工具、一种娱乐的资源和一个获得意义的媒介。它是一条用来吸收、表达并澄清那些价值问题的重要渠道。

书面文字从其产生的那一天起，就一直在确立着道德规范，同时又在威胁着道德规范。对众神的存在表示怀疑的智者普罗泰戈拉（Protagoras）是首先发现书面文字有可能让一个社会感到严重威胁

---

① 基督教内部的两大宗派。——译者注
② Marius (1985), p.428.

的哲学家之一。在公元前 411 年，他因为不敬神的罪名而在雅典遭到了审判。普罗泰戈拉雄辩地指出："关于众神，我没有能力知道他们是否存在或者不存在。"[①]由于不敬神的罪名，他遭到了流放，而且他的书籍也被焚毁。雅典人把他的著作视为对公民道德的威胁，因而试图防止读者受到这些著作的不良影响。

普罗泰戈拉著作的被焚开启了人类对于那些有可能造成道德困扰的书籍加以审查的先河。众所周知，许多宗教团体和政治团体对于大众阅读通常执怀疑和不容忍的态度，但是容易被人忽略的是，某些宣扬自由民主价值观的哲学家和活动家甚至也会同他们的政敌一样对大众阅读产生疑虑。例如，启蒙思想家们虽然相信教育和理性的力量，然而他们并非总是相信大众能够以负责任的方式进行阅读，并从中得出"正确"的结论。在他们看来，那些真实的和具有启发性的观念似乎只能为极少数的智者所理解，而一旦让粗俗的大众读到它们，它们就可能转变成危险的思想。

尽管有许多启蒙思想家宣扬道德自律，但是他们却想当然地认为，阅读公众没有能力辨别真理和谬误。他们担心，人们一旦读到了粗制滥造的通俗小说，便会远离那些具有更高文化水准的精美文字。他们并不反对阅读，而只是反对阅读那些妨碍人们专注于启蒙运动之理想的读物。在 18 世纪晚期和 19 世纪初期，这些容易让人分心的读物常常被贬低成一种可以让人上瘾的病态语言，而小说则成为受到攻击的主要对象。启蒙思想家们断言，那些关于爱情和冒险的故事不会给读者带来任何益处；实际上，它们还会刺激人们"大量地"阅读。然而，在他们看来，"为了阅读"而阅读不仅是一

---

① 引自 Furedi (2013), p.39。

种无意义的活动，而且是一种具有潜在的腐蚀作用的活动。

他们把阅读同一种让人上瘾的疾病联系了起来，而这种描述向我们透露了三个重要信息。第一，他们不大相信精英文化有能力影响并主导大众的阅读品味。第二，他们蔑视大众的阅读趣味，并且相信大众注定会受到那些最低劣和最能败坏人心的文学作品的吸引和影响。第三，由于他们把某些民众看成是无法抗拒书籍之微妙影响的弱势群体，从而高估了书籍对人类行为的控制力和主导力。按照这种看法，启蒙思想家撰写的那些宝贵著作根本无法抗衡这样一种无所不能的诱人力量。

今天，当文学倡导者们正因为阅读习惯的消亡而发出哀叹之时，不久前的这种对于不加选择的阅读行为的风险的担忧似乎显得有点古怪。"要当心，"塞涅卡警告说，"千万不要因为阅读众多作者的不同著作而偏离正道和变得摇摆不定。"①

对于"为了阅读而阅读"和阅读"过多书籍"的美学批判，可以被看作一种为了影响公众的阅读品味并为受过教育的精英们树立文化权威而进行的尝试。在 18 世纪，随着印刷和出版的兴起以及规模庞大的阅读公众（reading public）的出现，已经不再可能阻止人们去接近书籍。同时，阅读也越来越多地被看作是一种有助于教化和启迪人类的文化技能。但是西方社会不可能完全接受那种认为所有读者和各类阅读都应受到尊重的观点。阅读从来就不是一项可以被人类社会理所当然地予以接受的技能，而且即使当阅读已经获得了意义重大的文化认同之后，它仍然是引起不安的焦点，甚至是引发恐慌的源头。

---

① 塞涅卡的文章 On discursiveness in reading，参见 http://www.stoics.com/seneca_epistle_book_1.html，访问时间为 2014 年 5 月 3 日。

　　自从 18 世纪以来，一直有各种关于书籍的评论、前言和摘要在设法为读者提供阅读指导。它们为了引导、培养和催生一群具有批判性的和富有经验的读者而付出了极大的努力。然而，在这些关于如何进行阅读和如何鉴别书籍好坏的"有益指导"中，常常表现出一种以宣扬作者自身的道德说教为目的的布道式腔调。①

　　到了 19 世纪，阅读成了文化精英和政治精英发生争论的诱因之一。那些具有保守倾向或反动倾向的精英人士把阅读——特别是大众阅读——看作是一种容易导致不稳定和引发道德危机的根源。其他精英人士则希望以阅读为媒介，把他们自身在政治、社会问题上的道德观和价值观灌输给越来越多的公众。那些具有激进政治立场的人士希望让阅读成为一种服务于教育、社会解放和自由的工具。然而，无论在这些精英人士之间存在着何种差异和分歧，他们都一致相信，读者必须得到非常认真的对待。阅读的公众性受到了极大重视，而如何影响并（假如必要的话）控制公众的阅读品味和观点则成为一项挑战。他们都试图驯化和规范公众的阅读行为。然而，读者当然并不总是愿意接受他们的驯化。②

　　直到 19 世纪晚期，对阅读问题的病理学分析才开始以一种具有明显的自我意识的道德说教的口吻而被表达出来。言情小说被描述为一种"道德毒药"，而且批评家们指责它有腐蚀性和败坏性的影响。③这种观点在 20 世纪上半叶依然被广泛地表达着。文艺批评家李维斯（O. D. Leavis）在指责那些沉溺于"休闲阅读"（light

---

① 具体讨论可参见 Van Horn Melton (2001), pp.94–100。

② Bratlinger (1998), p.96.

③ 例如，可参见 'Moral poisons: The antidote', part two, by F.C.W., *The Mother's Magazine* (June 1845), pp.184–188。

reading）的读者时提出："消遣"这一术语最适合用来描述这种"恶习"。①

那些针对人们的阅读习惯和阅读困难的道德说教常常会借用一些有关疾病和治疗的语词。这种借用医疗术语的叙述手法导致了诸如"阅读狂热"（reading-mania）、"阅读障碍"（reading-bug）、"书瘾"（book-addiction）和"阅读疲劳"（reading-fatigue）之类的症状的提出。许多世纪以来，看似令人不安的阅读行为一直被当作心理上的疾病来加以诊断，而"网瘾"这种所谓的症状则不过是这一蔑称的最新版本。

这种用医疗术语来描述阅读的手法还引起了一个同强迫性阅读（compulsive reading）截然相反的问题。过去的人们所担忧的常常是阅读过度，然而今天的人们所担忧的则是阅读过少。那些同医疗有关的词汇暗示着阅读是一种有违人类天性的活动：事实上，按照一位研究美国阅读史的专家的看法，这种活动是"人类曾经从事过的最不符合天性的活动之一"②。探讨阅读问题的专家们常常重复这种认为阅读并不符合人性的论点。

神经科学也开始被用来论证这种关于"我们并非天生爱阅读"的论点。③一位支持这种观点的人发现，18世纪的那些关于阅读问题和病症的描述恰好基于有关阅读的"纯生理性过程"的早期观点："它们已经直观地认识到，我们的科技将使我们发现，阅读是一种塑造心灵和身体的劳神费力的活动。"④

---

① Leavis (1968), p.50.
② Matthews (1966), p.190.
③ Jackson (2008), p.166.
④ Jackson (2008), p.171.

在 21 世纪之初，阅读问题的焦点转向了无力阅读（Inability to read）的问题。整整一代的年轻人被诊断为，无法将他们的注意力集中到书面文本之上。为数众多的专家和教育学家们宣称，要想指望这些被称为"数字原生代"（digital natives）的年轻人费心读完一本书几乎是不可能的和不现实的，而这些年轻人的注意力持续时间的缩减则常常被归咎于数字技术或消费文化所导致的分心。苏格拉底所提出的书籍将会使读者迷失心智的预言似乎已经体现在今天由互联网引发的"分心综合征"中。

在当今时代，无法拿起一本书来阅读已成为一种象征着健康问题的标记。按照安德鲁·所罗门（Andrew Solomon）的观点，抑郁发病率的上升以及阿尔茨海默病（Alzheimer's disease）患者的增多都可以被归因于阅读的减少；事实上，他把这场产生于美国的阅读危机称为一场关系到全民健康的危机。[1]

那种借用医疗术语来论述阅读问题的方式也发生了改变，并转而开始将阅读论述为一项有益于健康的活动。某些鼓励阅读的人士宣称，阅读可以提升你的读心术（Mind-reading skill）[2]；阅读也有助于缓解压力——按照某些研究者的说法，你只需安静地阅读六分钟，就能"减缓心率并放松肌肉"[3]；阅读还可以成为一剂解除抑郁的良药[4]。阅读不再是一种"道德毒药"，而变成了神奇的灵丹妙药。

尽管社会在担心课堂上出现的读写能力危机，而且文化产业的

---

[1] Andrew Solomon, 'The closing of the American book', *The New York Times* (10 July 2004).

[2] http://www.huffingtonpost.com/2013/10/06/mind-reading-skills-read-literature_n_4044507.html

[3] 'Reading can help reduce stress', *The Daily Telegraph* (30 March 2009).

[4] http://www.huffingtonpost.com/2013/10/12/health-benefits-reading_n_4081258.html.

经营者也对严肃阅读的减少提出了警告，但是 21 世纪的阅读所面临的核心困扰却主要是互联网。旧的阅读困扰曾经被推断为阅读书籍的人士所要面对的痛苦，而如今这种困扰却被重新发现并放大为数字文化的消费所引起的危机。塞涅卡关于限制人们的阅读习惯的呼吁被改造成了新的语言，以便用来警告"当我们的大脑因为各种各样的在线刺激而变得超负荷的时候，我们的学习能力可能因此遭到严重的损害"[1]。人们对读写能力、文学读物、短信和社交媒体对文化的威胁、网络淫秽作品等事物的恐慌，不过是数字时代的阅读问题的某些征兆。

从表面上看，关于数字时代的阅读问题的当代争论似乎只是昔日相关争论的讽刺性再现。但是，正如我们将在下面的章节中所要指出的那样，历史并非只是在重复过去，我们在阅读上的困扰充分地表明了我们这个时代的特殊性。

---

[1] Carr (2010), p.214.

一、读写能力的文化矛盾

阅读始终是一个具有道德上的模糊性的主题，正如人们对读写能力之作用的认识总是伴随着对读写能力之影响的担忧一样。许多世纪以来，人们对读写能力的矛盾心理导致了他们对于一种今天被称为"媒介效应"（media effect）的东西的持久关注。正因为如此，在这个属于互联网和数字通信（digital communication）的时代，柏拉图针对读写能力发表的许多悲观言论仍有迹可循。在阅读兴趣被赋予积极意义的同时，它对道德秩序的影响也引起了人们深切的忧虑。

作家们关于写作的警告

德国作家汉斯·马格努斯·恩岑斯贝尔格（Hans Magnus Enzensberger）于1985年在科隆市接受海因里希·伯尔奖（Heinrich Böll Prize）①的时候，决定利用他的获奖感言来赞美一下不识字的好处。

---

① 海因里希·伯尔（Heinrich Böll, 1917—1985年）是第二次世界大战后最具世界影响力的联邦德国作家之一，曾先后担任德国联邦笔会主席（1970—1972年）和国际笔会主席（1971—1974年），并于1972年获得诺贝尔文学奖。——译者注

他显然对自己所在时代的教育氛围感到不满，并促请人们关注他所感到的那种伴随着读写能力一起出现的文化失落（cultural loss）。他说："我羡慕文盲，羡慕他的记忆、他的专注能力、他的狡黠、他的发明才能、他的韧劲和他灵敏的耳朵。"恩岑斯贝尔格强调，他并非醉心于那种对于昔日的"高贵的野蛮人"（noble savage）的怀旧主义幻想："我所谈到的东西并不是一个浪漫的幻影，而是自己遇到的人们。"①在对文盲加以赞美的过程中，恩岑斯贝尔格促请人们注意文盲对人类文化做出的"贡献"，而他所说的"贡献"指的是神话、儿童寓言和歌谣的发明与流传。他声称："假如没有口述传统，就没有诗歌；假如没有文盲，就没有书籍。"②

在晚期现代的文化民粹主义（Cultural Populism）情绪的刺激下，对读写能力持有矛盾心理的恩岑斯贝尔格向那种将读写能力作为一种社会控制手段的做法提出了异议。西班牙自由主义哲学家何塞·奥尔特加·加赛特（José Ortega Gasset）则从另一种不同于恩岑斯贝尔格的精英主义立场出发，提出了自己关于读写能力的警告："由于受到现已几乎成为我们的第二本性的阅读习惯的麻痹，我们在享受书面的——实际上是印刷的——文字所带来的明显的好处的同时，却未曾意识到它所导致的浪费和危险。"奥尔特加·加赛特所担心的主要危险是书面文本对"口语世界"（oral World）和"作为人类最伟大的、唯一真正的奇迹的对话和修辞"的威胁。③

像恩岑斯贝尔格一样，奥尔特加·加赛特本身也撰写过大量的书面文本。他选择以书面的形式来表达他对口头对话的偏好，而这种

---

① Enzensberger and Lipson (1986), p. 88.

② Enzensberger and Lipson (1986), p. 88.

③ Ortega Gasset (1959), p. 15.

做法表明，他对发生在口语世界的"人类奇迹"的赞美是同他对写作已不仅仅是一种实践需要的意识并存的。归根结底，他还是打算承认，"对话奇迹"的丧失是我们为了收获写作技能的成果而必须付出的代价。他写道："书面语言的相对非人格性和非人性化在使我们的言说变得如同幽灵一般的同时，又增添了言说的距离感和匿名性，而这种'客观性'对于理论上的交流来说是必不可少的。"[①]

这种被动接受书面文本的言论，反映出了一种久已存在的疏离意识，即试图疏离某些对于呆板的书本所导致的那种冷冰冰的和祛魅化的境界的体验。这种意识仍然在影响人们对数字技术时代的交流媒介的思考。

在那些声称阅读及写作有害的言论当中，常常会提到阅读和写作是以不自然的和非人性化的方式来交流和内化知识，从而遮蔽了意义和情感。这样的担心是伴随着阅读和写作技能的发明而出现的：当阅读以人类的新型实践形式出现时，警示人们这种实践将带来危险后果的批评便随之出现了。

尽管西方文明是同经典著作的传统相关联的，但在那些最伟大的倡导者们积极肯定经典著作的意义之前，一系列质疑写作和阅读的言论早就出现了。柏拉图被奥尔特加·加赛特称为"第一位写书的人"，但他却率先对书面文本提出了系统而详尽的批评。世界文学史上的其他一些伟大人物——米格尔·德·塞万提斯（Miguel de Cervantes）、塞缪尔·约翰逊、塞缪尔·泰勒·柯勒律治（Samuel Taylor Coleridge）、安东尼·特罗洛普（Anthony Trollope）、乔治·艾略特（George Eliot）、伊迪丝·沃顿（Edith Wharton）、威尔基·柯

---

① Ortega Gasset (1959), p. 16.

林斯（Wilkie Collins）、托马斯·哈代（Thomas Hardy）、简·奥斯汀（Jane Austen）、弗吉尼亚·伍尔夫（Virginia Woolf）等——都曾经思考并论述过阅读的风险。

作家们对写作的警告是一个悖论，而这个悖论表明了目的和效果之间的冲突。无论作家们自身的目的或愿望是什么，其作品的影响都是不可预测的。对于柏拉图而言，希腊的口传文化和书面文化之间存在的一个重要差异就是，两种文化所导致的相关风险有轻重之别。他把书籍的导向及其影响的失控视为对他所在社会之稳定性的威胁。

媒介效应

自人类有史以来，通过预言、神话、诗歌和故事等口头或书面形式进行的大众传播（public communication）就一直是备受关注的焦点。柏拉图就诗歌和著作的影响发出的警告，体现了他对希腊城邦中滋生的文化不确定性的回应，但这些警告可以与现代人的想象产生共鸣，并且影响当代人对各种不同媒介的态度。

美国认知神经科学家玛丽安娜·沃尔芙（Maryanne Wolf）经常援引苏格拉底的言论来论证她自己提出的关于互联网可以削弱所谓的脑读能力（reading brain）的观点。她相信，苏格拉底有关书籍危险性的警告，同我们对于印刷时代到数码时代的转变及其对儿童之影响的思考有着特殊的关联。她解释说："每天，当我看见我的两个儿子利用互联网完成家庭作业并告诉我他们已经'完全了解它'的时候，苏格拉底要求人们到文化中去寻求知识的主张总会萦绕在我的心头。"

她声称，通过这一体验，她"对苏格拉底在很久之前进行的那场徒劳的战斗有了一种令人不安的似曾相识感"："我不禁想起，正像 2500 年前苏格拉底所担心的一样，我们对于自己的下一代应该学习什么、应该如何学习及学到何种程度已经完全失去了控制。"①沃尔芙的上述担心反映了生活在 21 世纪的成年人对于儿童处境的焦虑："我猛然发现，苏格拉底对于口传文化向书面文化的转变及其带来的影响（特别是对青少年而言）的担心反映了我对自己的孩子沉溺于数字世界的忧虑。"②

柏拉图曾经对书籍在儿童读者中可能产生的影响表示深切的忧虑。然而，如果把今天的父母在子女教育方面的主要关切同柏拉图的担忧混为一谈，则是一件奇怪的事。柏拉图重点关注的并非是儿童的成长和兴趣，而是如何维护其理想国中的社会秩序。正如他在《法律篇》中所指出的那样："在一个具有真正的善的城邦里，孩子并不是属于自己的父母，而是完全属于其所在的城邦。"③

作为一名决心在自己的理想国中认真监督并控制年轻人之社会教化的人物，柏拉图最为关注的东西不仅仅是年轻人要阅读什么，而且还包括他们应听到什么。他在《理想国》中指出，由于"年轻、稚嫩的人们"有着如此之大的"可塑性"，以至于他们可能轻易地受到故事的误导；因此，他不仅呼吁对讲故事的人加以监督，而且劝说保姆们和母亲们去告诫她们的孩子："这些人之所以会被我们挑选来讲故事，更多的是因为她们可以通过故事来塑造孩子的灵魂，而不仅仅是因为她们可以通过操纵孩子来锻炼其体魄。"柏拉图提出警告说，在他的理想国里，"许多现今正在讲故事的人"必须"遭到抛

---

① Wolf (2010), pp. 77–78.

② Wolf (2010), pp. 70.

③ 参见 Strauss (1993), p. 83。

弃"。①他之所以呼吁对故事和诗歌进行审查，是基于这样一种信念："年轻人不能分辨什么是有寓意的、什么是没有寓意的，而且他们在这个年龄段所接受的观点是难以抹去的，并且容易变成不可改变的观点。"②

柏拉图所担心的东西不仅仅是书面媒介的影响，而且还包括那些口头流传的故事和诗歌的影响。即便是荷马（Homer）和赫西奥德（Hesiod）所创作的伟大诗歌，也无法逃脱柏拉图挑剔的目光。《理想国》对那些描述了"诸神和英雄的负面形象"的诗人感到不以为然。柏拉图曾经批评过赫西奥德，因为赫西奥德描述了诸神之间的战争，并且描述了克罗诺斯之子如何惩罚其父亲的罪过③，而在柏拉图看来，这样的描述可能会诱导年轻人挑战其父母的权威。柏拉图认为，这种故事即便是真实的，也必须"秘而不宣，而不能讲述给愚蠢的年轻人"④。对于荷马所描述的地下冥府中的恐怖生活，他同样感到不以为然，因为他担心这些段落会导致武士们害怕战死沙场。柏拉图问道："如果有人相信存在一个充满恐怖的冥府，那么他是否还能对死亡感到无所畏惧，并且宁愿死去也不愿战败或沦为奴隶？"⑤

柏拉图不仅仅担心荷马诗歌的内容，而且担心荷马的诗歌能以一种使其城邦分崩离析的方式来影响人类的想象。从这种观点出发，

---

① Plato (1997a), II, 377, p.1016.

② Plato (1997a), II, 378, p.1017.

③ 克罗诺斯（Cronus）是希腊传说中的第二代众神之王，也是第三代众神之王宙斯（Zeus）的父亲。据说他曾开创了希腊神话中的第一个黄金时代，直到被自己的儿子宙斯推翻并驱逐。——译者注

④ Plato (1997a), II, 378, p.1016.

⑤ Plato (1997a), II, 386, p.1022.

他认为，一首诗歌越是美妙和雄浑，其所带来的威胁也就越大。他对荷马诗歌的批评并非是因为这些诗歌缺乏艺术上的创造力。恰恰相反，他对它们的批评是因为它们具有伟大的艺术价值。"但它们越是有诗意，就越是不该被孩子们听到，或者不该被那些有可能得到自由并且害怕奴役胜过害怕死亡的人们听到。"[1]

柏拉图之所以认为诗歌具有腐蚀性，是因为诗歌有可能引人遐想并且影响其灵魂。尽管诗歌关注情感，但是它可以扰乱人们的理性和习性。[2]正如文化史学家巴里·艾夫（Barry Ife）所评价的那样："因而柏拉图认为艺术是不道德的。他提出的关键指控就在于，艺术可以让我们以同情的态度沉迷于那些我们在现实生活中羞于接受的情感，从而通过损害我们抵制逆境和诱惑的能力而对我们的人格产生有害影响。"[3]

柏拉图之所以警告人们当心诗歌的危险，是因为他相信，大多数人都缺乏必要的道德自制力和心智水平来帮助自己免受诗歌的迷惑。他宣称，诗歌"可能扭曲任何一位听到诗歌的人的思想，除非此人知道诗歌作为一种毒药的真面目并自觉地对其加以抵御"[4]。因为只有极少数受过教育的公民才有能力抵御诗歌的有害影响，所以柏拉图相信，除了某些为官方认可的纪念仪式提供服务的诗人之外，最好把其他所有诗人都驱逐出城邦。可见，这种把诗歌比作一种毒药和疾病的隐喻从一开始就是为了强调传播的危险性。

柏拉图宣称诗歌有可能对传统规范造成颠覆性的影响，而他的

---

① Plato (1997a), III, 387, p.1024.

② Plato (1997a), X, 606, pp.1210–1211.

③ Ife (1985), p. 31.

④ Plato (1997a), X, 595, p.1200.

论述为后人对艺术和媒体的批评提供了一个典范。人们一再探讨令人着迷的媒介的风险，而且即便是在那些肯定其正面作用的文化和社会里，也同样存在着对其潜在威胁的担心。柏拉图对诗歌之危险性的忧虑表明，口传文化时代的人们已经预感到了我们今天所说的那种"媒介效应"——那些借助艺术和传播技术而扩散开来的想象、观念和建议所可能产生的不确定性甚至是迷惑性。

在那些关注这种威胁的人们看来，媒介的最重要的"效应"莫过于它对人们的视野、价值观和行为的影响。法国哲学家雅克·德里达（Jacques Derrida）曾经正确地指出，在苏格拉底那里，"写作的问题是作为一种道德问题而产生的"，而且他还补充说："这种道德不仅意味着善与恶或好与坏的对立，而且还意味着民俗、公共道德和社会规范，因而危如累卵。"①由于道德总是处在争议之中，所以社会对于阅读活动的态度也经常处于矛盾之中。

读写能力的暧昧地位

无论柏拉图是如何关心人们所听闻的东西，这种关心同他对人们所阅读的东西的担忧比起来，都是无足轻重的。为什么？因为读写能力可以洞悉并影响人们的思想。它可以改变人们的道德观，变更人们的思维方式，在某种情况下甚至能塑造人们的身份。柏拉图感到，阅读和写作不仅可以对人们产生有力的影响，而且还可以改变他们。

我们很难判断柏拉图到底有多么强烈地相信对话在认识论上相对于写作的优越性。他坚持认为，对复杂的哲学问题加以书面描述

---

① Derrida (1981), p.71.

是非常困难的，因为这种知识不能"像其他的科学知识那样被写成文字"①。然而，尽管柏拉图表达了这样的疑虑，他本人却对希腊社会所面临的某些最根本的和最困难的哲学问题写下了大量的文字。媒体理论家瓦尔特·翁注意到："自相矛盾的是"，柏拉图之所以能够"清楚而有效地阐明他所热衷的是口头表达而非写作，正是因为他能够进行写作"。②柏拉图的哲学体系和他的分析思路"之所以成为可能，正是因为写作已经开始在思维过程中发挥作用"③。

可以说，柏拉图正是凭借写作对概念化能力和分析能力的促进作用，才得以完成自己对于写作的批判。瓦尔特·翁写道："柏拉图的全部认识论都是在不自觉地和有步骤地摒弃那个重口头言说的、流动性的、温情的、充满人际互动的'古老口传文化的生活世界'。"④

那些把柏拉图称为"口传文化之公开支持者"的人们，对于他所处时代的历史背景是缺乏敏锐认识的。在古典时代的希腊，写作仍然存在于社会的边缘，而且尽管它已开始产生日益增长的影响，但后来那种关于口传文化与写作文化之间两级对立的观念尚未形成。⑤这种观念还要历经许多世纪的发展才会出现，并且直到现代早期才达到了一种系统化的形式。

或许柏拉图已经觉察到，写作技能所释放出的力量很可能会超过口头表达所释放出的力量，而且将比后者所释放出的力量更难以控制。正因如此，他才延缓了苏格拉底对于写作技能提出的公开谴

---

① Plato (1997a), 341d.

② Ong (2002), p.164.

③ Ong (2002), p.79.

④ Ong (2002), pp.31–32.

⑤ 有关古希腊时期写作的社会角色的讨论，参见 Thomas (1996)。

责。然而，他通过书面文本来表达谴责，这恰恰预示着：即便是柏拉图本人也不可能完全地摒弃读写能力。苏格拉底用来比喻写作的"药物"一词凸显出了读写能力的暧昧地位。像所有药物一样，写作既有可能产生毒害作用，也有可能起到治疗作用。德里达指出，柏拉图确信"并不存在一种无害的治疗"，因而"药物不可能永远有益而无害"。[①]

通过使用药物一词作为比喻，柏拉图得以把阅读和写作同人为性的或非自然性的特征关联起来。这种把写作同人为性关联起来的比喻是为了强调写作具有非自然的、做作的乃至虚假的特性。这种从身与心两个方面对写作加以谴责的言论是为了强调口述传统的优点——尤其是它的自然性和人性。然而，写作的人为性恰恰可以让其具有一种目的性的意识和意义，从而有助于思想的发展和不断提炼。通过对读者的影响，这种发展抽象思想的非自然行为不仅改变了人们的思维方式，而且还改造了他们的人性。

古希腊的戏剧家米南德（Menander，公元前342—前291年）曾经提出警告说，那些教育妇女如何进行阅读和写作的人正在"喂养一条更有毒性的毒蛇"[②]。然而在古希腊时代，这种对于阅读的危险性的警告是同人们对于阅读的正面评价同时存在的。一些哲学家和政治家把书籍看作是一种用来防止人们对口传的习俗和法律进行随意解释的媒介。亚里士多德相信，"把法律写下来"可以鼓励"正义与公平"，并且它是"民主的一个重要基础"。[③]正因如此，他才指责斯巴达的领袖们按照他们自身的"判断而不是按照书面的法

---

① Derrida (1981), pp. 99–100.

② 参见 Lyons (2010), p. 18。

③ Thomas (1996), p. 35.

律"来审理案件^①。智者派的思想家高尔吉亚（Gorgias）也曾经发表过与亚里士多德类似的意见，他宣称："书面的法律是正义的守护者。"^②

在公元前4世纪后期到公元前5世纪的雅典，尽管人们已经普遍地相信，成文的法律对于民主生活的实行来说是不可或缺的，但是口头的谈话及其传播依然在雅典文化中享有重要的地位。根据一项关于古典时期的口头语言和书面语言之关系的研究："不仅在索福克勒斯（Sophocles）的《安提戈涅》（*Antigone*）和修昔底德（Thucydides）的《伯里克利葬礼上的演讲》（*the Funeral Oration of Pericles*）中，成文的法律被认为要低于'不成文的法律'，而且普通人也是这么认为的。"^③可能就连亚里士多德也同样认为，"书面语言"（the written words）的地位要低于"口头语言"（the spoken words）。^④

在公元前4世纪的智者派思想家艾拉的阿尔西达马斯（Alcidamas of Elaea）撰写的一篇文章中，书面语言与口头语言之间的暧昧关系得到了显著的表达。这篇文章的目的是抨击那些借助书面的演讲词来同他进行争辩的智者派演说家。阿尔西达马斯写道，写作可能容易"遭到抨击"并且没有特别的优点，因为"任何一位能力平庸的人都可以轻而易举地做到"。他对这种"平庸"活动的评价，是相对于那些有能力发表即席演讲的卓异之士的非凡成就而言的。

阿尔西达马斯这篇在其他方面略显华而不实的文章的有趣之处

---

① Thomas (1995), p. 59.
② Thomas (1996), p. 35.
③ Greene (1951), p. 25.
④ Greene (1951), p. 52.

在于，它试图阐明写作和演讲在希腊社会中被赋予的截然不同的文化意义。他对书面演讲词的指责在不经意之间清晰地展现了古典文化对于读写能力所持有的矛盾态度。阿尔西达马斯并没有完全摒弃写作，而是相信它"应该被当作一种辅助性的工作来进行"。从他的立场来看，写作具有其自身的用途并且适合那些"在修辞和哲学方面存在可悲缺陷的人们"，这些人"可以称作诗人，但不能称作智者"。①

阿尔西达马斯所发表的这种文化保守主义的意见附和了柏拉图的某些观点。然而，阿尔西达马斯远比柏拉图更加公开地承认：写作只有在充当一种"辅助性的工作"时才能得到接受。写作和阅读在这段历史时期缺乏文化地位，其实是基于这项新技术自身发展的局限性。诸如兽皮和纸莎草之类的写作用料的短缺，使得人们很难通过书面文本来详尽地阐释观点，因而阅读一直在受到物质现实的制约。哲学家们撰写的书面文章常常是作为"哲学家的学说的摘要性说明"来进行交流的。这些摘要可能"被当作一篇对哲学家的体系的导读而发表"，并且"被当作口头教学的补充来加以使用"。② 在这样的条件下，"具有读写能力的雅典人的阅读被局限在我们所认为的狭小范围之内"，所以他们对于写作技能的欣赏也可能只是实用性的，而非审美性的。

德里达认为，柏拉图"对于写作的讥讽"，"首先是以反诡辩"作为目标的。然而，柏拉图所害怕的——尽管他说得比较委婉——

---

① Alcidamas, the sophist, 此文为 LaRue Van Hook 所译，最初出版于 1919 年，参见 *The Classical Weekly*, no. 12. 可在网上查阅，http://www.classicpersuasion.org/pw/alcidamas/alcsoph.html，访问时间为 2014 年 9 月 20 日。

② Havelock (1999), p. 57.

是书面文本的无限制传播所带来的风险。[①]反对阅读的保守意见很容易同限制民主制发展的政治动机融为一体。然而，尽管演说家在雅典的公共生活中扮演着核心角色，但是读写能力的影响也逐渐地稳定下来。一份关于该主题的研究报告总结说："亚里士多德时代是一个属于读者和图书馆的时代"，而且从亚里士多德的身上，可以看到希腊世界"从口授向阅读习惯的过渡"。[②]

尽管写作仍然相对缺乏人们的文化认同，但是这种新技能的成效和实际运用确保了其影响力的稳步增长。公元前600年的历史资料显示，当时只有极少数的希腊人能够进行阅读——但是从那个时候起，读写能力开始得到日益普及，而写作也开始具有更大的公共职能。大约是在柏拉图（公元前427—前347年）所生活的时代，"希腊语发展到了一个新的起点，人们第一次开始拥有了适当地表达抽象概念的能力"，而且很可能是写作促进了这种语言和概念的清晰化过程。[③]

在雅典，从口述传统向书面传统的转折发生在公元前5世纪到公元前4世纪。尽管希腊仍然是一个以口述传统而非以读写能力为主导的社会，但是有证据表明，写作的用处已经不再仅仅局限于法律文件之类的公共文书的发布；在精英阶层中，对文本（纸莎草纸卷）的个人阅读开始变得相对普及。亚里士多德生动地描述了那些利用私人图书馆来从事研究和哲学探讨的狂热读者。写作和阅读营造出了一种充斥着批判性思考和怀疑主义的氛围，从而导致了一场

---

① Derrida (1981), pp. 106 and 149.

② Greene (1951), p. 51.

③ Fischer (2005), p. 51.

名副其实的学术变革。[1] 希腊戏剧家米南德在论述阅读的文化力量时指出："那些能够阅读的人们可以看到比现在多出两倍的东西。"[2]

对阅读和写作的接受是基于实用主义的考虑。写作和阅读提供了一种强大的传播媒介，并且有助于知识的检验；它们是公共生活的润滑剂，并且可以帮助行政和官僚机构处理公务。在书面文本同口头语言之间存在着一种不稳定的和不确定的关系：书面文本已经有了相当大的权威性，但是那个让阅读开始成为一种普遍爱好的时代仍远未到来。在这方面，亚历山大大帝（Alexande the Great）或许算得上是一位非同凡响的人物。当他在公元前 323 年死于巴比伦的时候，据说他正手握一卷由荷马撰写的《伊利亚特》（Iliad）。到这个时期，阅读和追求知识已经开始被看作是两种密不可分的活动。

对读写能力的长期怀疑

乍看起来似乎有点奇怪的是，柏拉图对于写作的批评以及古希腊文化对于这种媒介的更广泛的怀疑直至今天仍旧是人们感兴趣的焦点。无论是互联网的支持者还是其反对者，都会提到苏格拉底对于写作技能的批评以及口述世界（the world of orality）所特有的自然性。事实上，有时候我们离古代和中世纪的世界越遥远，口传文化就仿佛越能激发出这种厌倦读写能力的想象。

网络公司的狂热支持者们在 2000 年出版的《线车宣言》（The Cluetrain Manifesto）中，试图让互联网企业为重新发现那种真正属于人的声音而扮演仁慈推动者的角色。这本有影响的商业手册通过

---

[1] Goody and Watt (1963), p. 328.

[2] Fischer (2005), p. 54.

把互联网市场比作古希腊的集市，而试图让这个在其他方面很不人性化的市场里的交易变得人性化。因而，互联网的卖点就在于它能像一个高科技的集市那样运作：

假如互联网的真正吸引力不在于它的最前卫的附加功能、它的花哨界面或者任何一种存在于它的管线之下的先进技术，那么它真正的吸引力是什么？相反，假如这种吸引力来自它向着史前人类痴迷于讲故事的返璞归真，那么情况又将如何？

为了回答上述问题，《线车宣言》提到了那种"由同质化的广播媒体、无生命力的'大众文化'（mass culture）以及由官僚机构强加的匿名性所导致"的疏离和疏远感。[①]

《线车宣言》赞美它所说的那种属于口传文化的原始才能，并且将其说成一种对于重新发现"人的声音"的无止境追求的表现。它宣称："网络正在解放一种原始的人类欲望，即一种通过谈话来进行交流的欲望。"并且还补充说："这种永恒的欲望自始至终地存在于我们从洞穴到泥棚、再到露天集市的进化发展之中。"[②]这种把互联网比作一个"可以迅速地重新发现人的声音的空间"的描述之中含有一个预设，即在它之前的各种媒体技术的发展都曾被用来压制这种在口传文化之后产生的基本欲望。

《线车宣言》并没有直接援引柏拉图对于写作的批评。然而，它把希腊遗产看作它所赞美的互联网的文化先驱。《线车宣言》的作者之一道克·瑟尔斯（Doc Searls）以毫无保留的夸张语气宣称："民主

---

① Levine, Locke, Searls and Weinberger (2001), p. xxxi.

② Levine, Locke, Searls and Weinberger (2001), p. 164.

制、数学和政治学全部都是在古希腊的广场（agora）上诞生的病毒式文化基因”，而且“尽管帝国和文明在兴衰沉浮，但是由毕达哥拉斯、苏格拉底和亚里士多德所点燃的对话之火还在不断地传播”。①

虽然《线车宣言》称赞互联网能够促进那种通过对话来实现的积极参与性，但是其他的著作却在指责数字技术导致了交流的人为性和被动性。被口传文化的“争辩精神”（agonistic mentality）吸引的瓦尔特·翁注意到，柏拉图笔下的苏格拉底的那些反对阅读的言论同样可以用来批评互联网。翁写道：苏格拉底“以书面语言不能像自然的口头语言那样为自身辩护为由来反对写作”，因为不同于写作的是，“真实的谈话在本质上总是存在于现实的人与人之间施与受（give-and-take）的背景之中”。因此，翁得出结论说：“写作是存在于一个不真实、不自然的世界上的被动的和外在的东西”，而且“计算机也是如此”。②

柏拉图对于写作的批评以及他把对话推崇为通往清晰和真理的途径，仍然可以引起那些对写作及其影响感到不安的人们的共鸣。柏拉图对写作和谈话之间的关系的反思之所以具有持久的吸引力，就在于它对这种交流技术的不自然性、机械性和人为性提出了指责。一次又一次，这种对人类经验中的非自然性和机械性层面加以祛魅化的情感在有关写作和阅读的讨论中不断抬头。事实上，目前尚存有争议的是，正是在反对写作这项新发明的过程中，古典的反技术主义和浪漫主义的情感出现了，尽管它仍旧处在一种萌芽状态。

那种相信阅读会威胁人类福祉的信念仍然在教育领域里保持着

---

① Levine, Locke, Searls and Weinberger (2001), p. iv.

② Ong (2002), p. 8.

一定程度的影响。在 19 世纪和 20 世纪，那些教育儿童如何进行阅读的课本常常会提示它们的消费者说，阅读是一种非自然性的技能。在 20 世纪之初，一位有开创性的教育家和美国心理学会的首任主席格兰维尔·斯坦利·霍尔（Granville Stanley Hall）在他发表的一本有影响的著作《如何教人阅读》（How to Teach Reading）中，也采纳了这种意见。霍尔指出："从古代直到如今，许多有思想的人们都曾宣称，写作不仅仅比谈话更低级，而且只不过是知识的一种寄生形式。"在归结了某些反对阅读的传统性批评意见之后，霍尔对书卷气（bookishness）提出了批评："在将人们从自身的物理和心理环境中解脱出来的过程中，阅读常常会削弱人们对本地区的自豪感和兴趣，并且使他们对那些离自己最近的因而需要首先学习的东西感到索然无味。"霍尔提出警告说，对于非自然的阅读技能的传授可能是一件好坏参半之事。他推断说："归根结底，我们常常从孩子们的身上看到，狂热地阅读不仅会妨碍身体的成长，还会毁掉心理上的和道德上的独立性，所以它或许可以被看作病态的活动。"①

　　在霍尔的著作出版十年之后，20 世纪早期阅读教育领域的另一位核心人物，埃德蒙·伯克·休伊（Edmund Burke Huey）提出了一种以孩子为中心的阅读教育法。他呼吁把阅读教育推迟到一个相对较晚的年龄，以防止孩子受到阅读的非自然的和有害的影响。②像柏拉图一样，霍尔也不赞同"过早地敬畏书本，因为对书本的信仰会导致一个人忽视其自身的想法，并导致'童真的原创性'的'衰

---

① Hall (1901), p. 16.

② Huey (1910), p. 8.

退'，他将成为'书上写着的东西'的'奴隶'。"①

《纽约时报》上的一位作者在向 21 世纪的读者宣布"我们知道"没有人天生会阅读这一事实之前，曾经问道："有多少孩子正在成为苏格拉底的噩梦？"② 尽管这位作者担心的是孩子们在线消费儿童读物的风险，但是这个关于苏格拉底的引喻却表明，即便是在一个已经普及了读写能力的时代，仍旧有人把阅读看作一种完全非自然的人类活动方式。

为了能够把写作说成是一种人为的东西，往往需要假定它的使用损害并剥夺了某些真实的、可靠的、自然的或者人性化的东西。对于柏拉图而言，写作之所以应受到指责，是因为它对大脑的功能运作，尤其是对记忆力造成了有害影响。这种文化失落感的最引人注目的表达形式便是对文盲状态的浪漫化描写及其对读写能力的贬低和排斥。在历史上，因为口传文化或传统价值的失落而产生的怀旧情绪总是同那种反现代的保守主义的想象相关联。斯坦利·霍尔非常强烈地表达了这种情绪，他声称，自己不得不"赞美那些生活在古滕堡③之前的人们所具有的全部优秀品质"以及那些"蔑视写作这种雕虫小技的勇敢的中世纪骑士"。他所同情的是那些敢于行动的人们，而不是那些沉迷于这种"奴性的和怯懦的"阅读活动的人们。因此，他在《如何教人阅读》中总结说：

于是逐渐地，我几乎得出了这样一种观点：假如我们的许多年轻人从来没有接受过阅读教育，而是在学习有用的手工技术，以及

---

① Huey (1910), p. 302.

② 参见 Maryanne Wolf, 'Socrates' nightmare', *The New York Times* (6 September 2007)。

③ 此处指的是德国活字印刷术的发明人约翰尼斯·古腾堡（Johannes Gutenberg, 1400—1468）。——译者注

培养那种利用一切可以从口语教学中学到的方法的习惯，那么他们或许会发展出更良好的健康、更可靠的美德，或许还有更好的公民意识，以及一种在各方面都更容易习得且更可靠的文化修养。①

霍尔对不识字的委婉赞美表现了 20 世纪初期的那种反现代的保守主义的失落情绪。到了 20 世纪 60 年代，这种情绪已经不再限于老式的传统主义者之中。对于现代性的运作方式的失望导致了一种文化相对主义的气氛，就是在这样的气氛下，一种对现代生活的极端浪漫主义的拒斥和一种对口传文化的尊重同时出现了。

20 世纪 60 年代和 70 年代最时髦的社会理论家之一、法国社会人类学家克劳德·列维－施特劳斯（Claude Lévi-Strauss）在其著作中，明确地表达了他对于昔日的那种尚未遭到读写能力的扭曲的社会生活的怀念。在《忧郁的热带》（Tristes Tropiques）一书中，他宣称对于写作的学习将导致人们失去天真。这种浪漫主义观点承认阅读和写作的实践价值，但是又认为这些益处的获得需要我们在人性上付出高昂的代价。他声称：从口传文化向书面文化 —— 特别是印刷形式的书面文化的转变，是同情感上的自我表达能力的丧失同时发生的。

当代传播学界最有影响的人物之一、哲学家马歇尔·麦克卢汉对于这种观点做出了非常系统的阐释。他的著作对于印刷文化和读写能力表达出了一种强烈的失望感，而且他似乎把它们统统看作是徒劳无益的、个人主义的和极度异化的东西。麦克卢汉对于口传时代的人类进行了理想化的描述，并且把后来那种以社会化的形式进入读写文化的人类看作是低级形态的人类。他认为，这种由读写技能

① Hall (1901), p. 16

驱动的现代世界所创造出来的人类缺乏他们在口传时代的祖先所曾经具有的那种情感深度。

麦克卢汉采用了一种将现代同原始相对照的经典表述形式来描述历史发展的不同阶段。然而，他的描述证明，他更偏爱自己所说的那种原始的高贵野蛮人的情感世界。麦克卢汉更新并发展了苏格拉底的观点，即认为写作缺少谈话所具有的深度和丰富性，从而会削弱那些运用这项技能的人的精神。尽管他承认这项技能具有重要的优点并由此确保了其支配地位，但又担心这项属于印刷文字的技能会导致灵魂的墨守成规：

> 文明建立在读写能力的基础之上，因为读写能力可以让个体借助文字在空间和时间上延伸其视觉，从而实现对某种文化的统一化处理。在部落文化中，个体则是通过一种以听觉为主导的、压制了视觉价值的生活来整理其经验。听觉的感官不同于冷静、中性的眼睛，而是高度审美的、微妙的和无所不包的。在口传文化中，作用与反作用是同时进行的。语音文化赋予了人们在采取行动时压制其感觉和情感的方法。在既没有反应也没有情感介入的状态下采取行动，是西方的文明人所特有的一个长处。[①]

麦克卢汉对读写能力的指责要比柏拉图对它的批评走得更远。柏拉图关于写作的评价只是他对这个已经开始在希腊社会产生明显影响但尚不够强大的活动做出的一种回应。在麦克卢汉所处的20世纪，读写能力则开始被当作文化生活的定义性特征，而且他还谈到了读写能力对人类处境的基本方面所构成的腐蚀性影响。

---

① McLuhan (1994), p. 86.

麦克卢汉将印刷业在文艺复兴时期的兴起看作是读写能力开始从人类的社会生活中索取高昂代价的时刻。他要否定启蒙运动对印刷文本的力量所做出的积极评价；他把读写能力看作一种对传统社会及其相关的有机生活方式（the organic way of life）构成的威胁。麦克卢汉著作的重要主题之一就是对文艺复兴和印刷出现之前的时代的哀悼：

> 从文艺复兴直到最近，一种建立在印刷书籍基础上的文化盛行起来，并且将理应遭到抛弃的装腔作势（snobberies）遗留给我们——连同它的无法估量的财富一起。我们应该重新看待传统，不再把它看成对一堆陈腐的主题和规则的消极接受，而是看成一种对我们已获得和已继承的东西加以再创造的有机的习惯（organic habit）。[①]

他之所以呼吁为口传文化重新正名，不仅仅是为了指出印刷文化的"装腔作势"，而且是为了指出他所认为的那些由印刷文化所产生的负面的精神影响和社会影响。

麦克卢汉提出的这种同读写能力"反向而行"的呼吁，呼应了20世纪60年代的浪漫主义精神，尤其是当时正在出现的反文化精神。英国的古典主义者埃里克·哈夫洛克（Eric Havelock）把人们的注意力吸引到了对于前读写时代的想象的这种普遍迷恋上。在《口传性的现代发现》（The Modern Discovery of Orality）一文中，哈夫洛克注意到，一种关于口传性的现代意识在1963年左右"似乎是爆发性地"出场了。他推断说，这一反向运动对于更为广泛地否定肤

---

① McLuhan (1962), p. 2.

浅的消费主义文化（consumerist culture）来说是必不可少的。①

随着一种对启蒙运动倡导下的发展和进步理念的怀疑主义情绪的日益增长，麦克卢汉的这种关于 20 世纪六七十年代的西方精神生活的论断所产生的重大影响也得到了进一步加强。随着人们对于现代性寄予的期望转化为对于它的怀疑和不满，他们对于前启蒙运动时代的态度也发生了转变。对于读写能力的正面评价开始遭到质疑，而口传文化则被重新定义为宝贵的人类特质（human attributes）的一大源泉。众多的评论家都在指责那种把读写能力同正面意义相联系而把文盲状态同负面意义相联系的说法。长久以来人们习惯于在所谓的文明人和原始人之间做出区分，而这个时代的人们则对这种区分表达了一种怀疑主义的情绪。那种关于文明进步的理念常常被当作一种让人难以容忍的种族优越论的表现形式而遭到拒斥。

在此情形之下，那种认为读写文化优于文盲文化的观点开始遭到指责，并且被视为一种不够睿智的观点，而在最糟糕的情况下，它甚至还会被视为种族优越论的表现。正如瓦尔特·翁所指出的那样，"文盲"正变得越来越无法接受，因为它表明了"缺乏和不足"的观念；这个术语逐渐为"一个关于更早期意识状态的更加积极的认识"所取代，而一个"更不容易引起反感的和更为正面的术语被用作了文盲的替代词，那就是口传性"。②

"口传性"这个术语回避了文盲一词的负面含义，并且可以含蓄地向那种把读写能力当作一种明显进步的说法提出质疑。在学术界，曾被前人归功于读写能力的那种革命性影响常常被认为是意识形态

---

① Havelock (1986), p. 24.

② Ong (1982), p. 170.

性的和错误的。关于"读写能力被高估了"的论断通过 20 世纪末期颇有影响的修正理论（revisionist theories）而引起了广泛的回应。①

不情愿的尊重

然而，尽管常常有人对读写能力的价值表现出一种怀疑主义的态度，但是在现实世界，阅读和写作却能得到非常认真的对待，并且依旧能够创造出受到高度评价的成就。就连麦克卢汉也推断说："很显然，西方世界的成就是对读写能力的巨大价值的证明。"②不过，在勉强地承认"读写能力的巨大价值"之后，他马上又用一个意味深长的"但是"来对其加以限定："但是，也有很多人试图反对我们以过于高昂的代价来购买这种专门的技术—价值体系。"③

麦克卢汉宣称读写能力表现了技术的非人性化。他的这一说法虽然没有得到学术界和教育界的主流认同，但是依然在当时西方社会的文化争论中产生了重大影响。前人曾经乐观地预测，读写能力可以让人们的生活变得更加美好，如今这一预言却开始让位于那种认为阅读和写作本身对于社会演变的影响十分有限的观念。

随着对于读写能力的现代主义憧憬的幻灭，一个似乎因为过于迷恋技术发展而丢失了人之灵魂的社会开始对读写能力进行祛魅。对于技术的恐惧同对于自然的浪漫主义向往结合在一起，共同构成了一种贬低印刷文字的文化背景。社会学家肯尼斯·莱文（Kenneth Levine）在概述那个时代的人们对于读写能力之影响的一般看法时指出：

---

① 例如，参见 Graff (1987)。
② McLuhan (1994), p. 84.
③ McLuhan (1994), p. 84.

印刷被描述成一种隔离性的和个人化的力量，它削弱了由亲情和其他的基本依恋所构成的人际网络，并且以疏远的身份来源和增强的个人决断感部分地取代了这些人际网络为自我提供的社会——心理支持（social-psychological support）。[1]

在20世纪60年代，对于读写能力的批判导致了一种对于印刷书籍的权威性及其作为最高级的传播媒介的地位的否定。在整个20世纪，关于文化权威的争论几乎从未停止，而这一争论又同读写能力的地位有着直接的关联。

对于非文字性的口传传统的怀旧情绪曾经是并依然是书面文本的权威性遭到削弱的征兆。然而，这种怀旧情绪很难转化成积极的文化力量。无论这种情绪反映了人们对于阅读有哪些方面的不满，其真实目的都不是想利用口头交流来取代阅读。正如翁所指出的：

> 口传性不是一种理想，而且从来就不是。对于它的正面评论并不是要把它吹捧成任何一种永恒的文化形态。读写能力为人类的言说与存在敞开了诸多可能性，这些可能性在没有写作的时代简直是无法想象的。今天的口传文化重视自身的口传传统并因为这些传统的失落而苦恼，但是我还从来没有遇见过或听闻过一种不愿意尽快地获得读写能力的口传文化。[2]

现代社会离开了阅读和写作将会是不可想象的。然而，尽管这些成就已经鼓舞了人类许多世纪，但是它们的文化权威性依然面临着各种挑战。

---

[1] Levine (1986), p. 187.
[2] Ong (2002), p. 171.

结论

今天的人们在讨论印刷图书被数码图书取代这一事件时，常常会提及苏格拉底对于那场从口传文化向书写文化的转变所表示的忧虑。翁贝托·艾柯（Umberto Eco）认为，苏格拉底的上述忧虑所表达的乃是一种"永恒的恐惧"："害怕一项新的技术成果可能会废除或者摧毁某些被我们所珍视的并且卓有成效的事物，以及某些对于我们来说具有其自身的价值，并且是深远的精神价值的东西。"[①] 然而，这种将当代人对印刷文化之衰亡的担心同苏格拉底对写作之危险的警告相提并论的说法，有可能会抹杀历史经验的独特性。

现代社会对于技术革新的矛盾心态，是基于千百年来人们对于技术革新可能导致的不确定性影响的历史经验。然而，苏格拉底并没有这样的历史经验可供借鉴，而且尽管他担心写作会削弱人的记忆力，但是他更担心的则是写作会给雅典的文化和社会带来不稳定的影响。许多世纪以来，人们对于阅读的态度经历了重大的转变，而且正如我们所看到的，这些转变往往是历史性的，反映的是它们各自时代的具体问题。

柏拉图对读写能力的批判最终结晶为反现代的浪漫主义者对读写能力的拒斥，而这一"观念结晶"并非一个稳定的进化过程的产物。读写能力的潜在力量一旦被认识到，便会受到众多具有不同历史背景的社会的欢迎。自文艺复兴以来，读写能力便具有了重要的文化意义，以至于到19世纪时，"阅读兴趣"这个术语开始得到广泛运用并意味着读写能力的理想化。

---

① 参见翁贝托·艾柯1996年11月12日的演讲稿From Internet to Gutenberg 1996，网络链接为：http://www.umbertoeco.com/ en/ from-internet-to -gutenberg-1996. html。

事实上，对于"阅读兴趣"的理想化是在 18 世纪的时候突然实现的，而在最近的五十多年里，它又突变成一种对于阅读的工具化的理解。[①] 然而，书面文本从来就不仅仅是一种非人格性的文字。它们能够传达激情与精神，而正是激情与精神促使作者以书面的形式来进行自我表达。读者总是试图从他们手头的文本中寻找意义。埃及的象形文字曾被认为具有某种魔力；许多世纪之后，犹太人、基督徒和穆斯林的宗教文本又被赋予了神圣的属性。在此后的世纪里，"因为书上写着"这个短语开始呈现出权威性的意义——实际上也是神圣性的意义。[②] 在此后的时代里，书籍常常被人们同神秘性、启发性乃至后来所说的强大的治疗性联系在一起。

对文本的神圣化不可避免地会赋予阅读以各种文化上和道德上的宝贵价值。甚至在大众读写能力提升之后，阅读仍然被视为最有意义的文化成就之一，而非仅仅被视为一种身体活动。它曾经被看作并仍然被看作一种可以改变态度、影响情感、启人心志、灌输思想、颠覆观念、诱人堕落或腐化人心的媒介。正因如此，阅读才常常让人产生一种爱恨交织的矛盾情感。

---

① 有关"阅读兴趣"这一观念的兴起，参见 Mäkinen (2013)。
② Fischer (2005), p. 41.

二、寻求意义的阅读

读写能力常常被说成一种交流媒介，但是阅读和写作又常常被视为不只是一种有用的技能。几乎从阅读刚刚出现的时候起，它就被看作是一种可以同时向个人和社会提供重要洞见的文化成就。阅读有助于人们感受上帝的启示，这两者间的关联赋予阅读以某种宗教意味甚至是神秘的色彩。犹太教和基督教之类的宗教都曾通过与同一部神圣文本之间的关系来定义自身，并且由此导致了阅读的神圣化。圣奥古斯丁（Saint Augustine）对于阅读的反思表明：对于神圣文本的阅读不仅有助于追求真理，而且有助于读者认识自我。

随着人文主义的兴起和文艺复兴的到来，阅读的精神维度又呈现出一种越来越个人化的和个性化的形式。几个世纪以来，阅读活动从一种以发现上帝的真理为目标的手段，逐渐地转变为一种被视为（至少被少数重要人物视为）自我完善的必要实践。从长远的观点来看，这些思想发展最终结晶为"热爱阅读"的理想。

不仅仅是实践的

像大多数的技能一样，写作也是为一种实践性的需要服务的。按照柏拉图的神秘主义解释，埃及神祇赛斯（Theuth）——"写作之父"——为了证明他的这一发明的正当性而提出的理由便是："一旦掌握了（它），埃及人将变得更加聪明，并能提高自己的记忆力。"①尽管柏拉图等人对这种依赖书面语言所提供的信息和引导的智慧仍存有疑虑，但是那些负责保存、处理和散发资料及信息的人们却认识到了这项技能的效用。对于埃及人来说，写作服务于两个主要目的："管理以及展示宏大或不朽之物。"②读写能力仅限于被那些负责掌管宗教事务和官僚机构的人们掌握。

阅读和写作之所以能被不同的政治精英群体和文化精英群体采用，是因为它们被看成一种传播交流的有效工具。注重"效用"的罗马文明曾下意识地将阅读和写作当成一种工具。在古罗马时期，大部分的写作都扮演着功能性的角色，比如传递消息，帮助管理账目、打理生意以及经营帝国、协调帝国事务。阅读则被看成一种用来增加个人物质财富的有效的和高回报的技能。在佩特洛尼乌斯（Petronius）所撰写的《萨蒂利卡》（*Satyricon*）一书③中，有位衣衫褴褛的商人厄喀翁（Echion）提到了阅读法律文书的能力并且评论说："这种能力可以帮你挣到面包。"④

甚至在莎士比亚（Shakespeare）和伊丽莎白（Elizabethan）女王

---

① Plato (1997), *Phaedrus*, 274e, p. 551.

② Fischer (2005), p. 32.

③ 佩特洛尼乌斯（Petronius）是公元一世纪的罗马讽刺作家，尼禄皇帝的密友。他在目前只存残篇的喜剧故事《萨蒂利卡》（*Satyricon*）中，讲述了两个男孩和一名年轻人的冒险经历。——译者注

④ 引自 Watson (2005), p. 209。

时代的英国，阅读仍然"首先是功利性的"和"纯然分析性的"。[①]
在一个世纪之后的斯图亚特王朝时期的英国，读者依然把阅读活动
视为一种获取那些对个人的职业和晋升有用的知识和信息的手段。[②]
进入 18 世纪之后，对于阅读的这种功利主义态度仍旧是西方阅读文
化的特征。那时的西方，阅读往往被主要视为一种服务于实践目的
的专门技能（technical skill）；在 20 世纪提出的那种关于功能性读写
能力（functional literacy）的观点则表明，时至今日，人们仍然看重
阅读的效用。

但阅读也是一种文化活动。人为构造的符号所传达的意义必须
被同时加以机械的解码和文化的解读。那些被镌刻在棺材、墓墙和
纪念碑上的埃及象形文字或许是对众神的献词。在埃及北部村庄塞
加拉（Saqqara）的乌纳斯金字塔（Pyramid of Unas）的前厅墙面上
发现的葬礼铭文"描绘了这位统治者经由地下到达众神所在的正义
之所的艰险旅程"[③]。尽管这些铭文向人们传达了强烈的政治信息，但
是它们也会引起人们对于死者的精神特征和神圣性质的关注。

人们常常把阅读看作一种工具，此外还有许多人把书面文字看
作一种可以提供智慧、道德真理乃至娱乐的资源。在罗马古城庞贝
的断壁残垣上发现的那些取笑知名人士的下流涂鸦表明，早在公元
前 1 世纪，写作和阅读已开始成为流行文化的一部分。[④]

罗马人对于诗歌的态度是暧昧的，他们把诗歌看作美丽的但
同时也是无意义的东西。根据一份记录，罗马人认为："只有当阅

---

① 这是 Robert Kintgen 的原话，引自 Dobranski (2005), p. 21。
② Sharpe (2000), pp. 65 and 83.
③ Fischer (2005), p. 33.
④ 参见 Watson (2005), p. 207。

读引发了写作并且被证明有道德上的用处时，阅读才是一种有用的活动。"[①]尽管罗马人在阅读的功用性与愉悦性的比较权衡中更看重前者，但是他们也对阅读的美学层面感兴趣。抒情诗人贺拉斯（Horace）声称，能够同时规劝并取悦读者是一项长处；那些"既能带来乐趣又能有益于生活"的诗人才是最有可能取得成功的诗人。[②]

大约在公元前 63 年左右，斯多亚派的哲学家塞涅卡在其著作中描述了自己通过阅读而获得的快乐和放松。塞涅卡或许不是第一位描述书籍具有不可抗拒的吸引力的作家，但他却是率先看到阅读对人类心灵具有强大影响的作家之一。他告诫新读者，要当心那种从一个文本跳到另一个文本的诱惑，并避免因此而导致的分心。塞涅卡呼吁年轻读者，要把注意力集中到思想大师们所撰写的有限的书籍上。[③]阅读的乐趣和兴奋传达出了一种对于高尚的情感体验的希冀；但是塞涅卡认为，像所有的快乐一样，这种快乐也会诱使读者忽视那条将精神秩序（spiritual order）同道德混乱（moral chaos）区分开来的边界。[④]

塞涅卡之所以呼吁读者保持克制，或许是因为他厌恶那种折磨着早期罗马帝国的公共朗读"狂热症"。这一时期出现了由散文作家和诗人所主导的诵读活动（recitatio）即公共文艺朗读（public literary reading）。作者和出版商把诵读当作一种（自我）推销的方

[①] Watson (2005), p. 210.

[②] Watson (2005), p. 210.

[③] 塞涅卡对卢基里乌斯（Lucilius）的告诫，可网上获取：http://www.stoics.com/seneca-epistles-book -1.html，访问时间为 2014 年 11 月 10 日。

[④] 他的 Moral letters to Lucilius 一文，可从网上获取：http://www.stoics.com/seneca_epistles_book_1.html。

式来加以利用，并使其"逐渐成为文艺的诅咒"[1]。那些妄自尊大而又虚荣的人士所进行的朗读开始成为讽刺挖苦的对象。按照罗马讽刺作家马夏尔（Martial）的说法，甚至连公共厕所也不是令公共朗读者止步的禁区。马夏尔在自己的一篇讽刺诗中写道：

> 无论我站着还是坐下，你都要对我朗读，
> 不管我跑步还是如厕，你都要对我朗读。
> 我逃进澡堂，你在我的耳边嗡嗡。
> 我跳入池塘，你又不肯让我游泳。
> 我赶去赴宴，你却挡住我的道路。
> 我开始吃饭，你的话语令我作呕。[2]

然而，对于那些试图为自己的书面思想寻找听众的公共朗读者来说，他们的表现却并不可笑。作者身份已经开始同权威性联系起来，而且书本的朗读也取得了令人敬畏的文化地位。值得注意的是，拉丁文中的权威性（auctoritas）一词是同作者或著述的概念密切相关的。在拉丁文经典文献中，作者一词指的是一个发表过权威性言论的权威人士。[3] 作者角色同权威地位之间的这种关联性表明，罗马社会已把写作、阅读同地位、声望联系了起来。

今天，任何人在研究塞涅卡思想丰富的书信《论阅读中的跑题》（On Discursiveness in Reading）时，都可能在它的诱导之下忽略这样一个事实：古罗马时代的阅读体验完全不同于我们现在的阅读体

---

[1] Carcopino (1991), p. 216.

[2] 马夏尔的这首讽刺诗引自 http:// www.believermag.com/issues/ 200309/?read=article_ perrottet，访问时间为 2014 年 11 月 10 日。

[3] Furedi (2013), p. 62.

验。当时的人们阅读的是一种用大约二十张纸莎草纸黏合而成的卷子（*volumina*）。它很难用手握起来诵读，并且容易遭到损坏。罗马人写出的文本没有单词的拆分，而且并不总是会对发言者的转换加以标示。阅读包含着一种大声地解释文本的体力活动。直到中世纪，当书面文本中的词语被拆分开来之后，主要的读者群体才能够以静默的和私下的方式来进行阅读。

正如诵读这种活动所表明的那样，罗马帝国时代的阅读非常不同于我们今天所进行的那种个人化的并且常常是独自进行的阅读。大约在奥古斯都（Augustus）皇帝的时代，罗马社会已经比当时的大多数社会拥有更高的读写能力，但当时到底有没有超过百分之十的罗马人能够进行阅读依然值得怀疑。罗马文化是一个产生了维吉尔（Virgil）、贺拉斯、奥维德（Ovid）等写作大师的杰出文化，但与此同时，记忆和口头交流依然在公共生活中扮演着重要的角色。因此，罗马人能够通过诵读之类的口头阅读，即"以一种'二手方式'来'了解书本'"，并在这一意义上被看作是拥有读写能力的人。[①]

在罗马的文化背景中，读者不只是在单纯地阅读书面的文本，而且可以从中聆听自己的声音和他人的声音，并且可以进行想象、做出解释、寻求线索及意义。按照《牛津英语词典》（*Oxford English Dictionary*）所列举的多种关于读者的定义，读者曾经被定义为"梦"或"神秘迹象"的"说明者或解释者"。《牛津英语词典》使我们注意到了"古人对于迹象和征兆的阅读"，并由此表明了阅读活动同解释活动之间的历史关联。作为一项历史性的文化成就，阅读

---

① Watson (2005), p. 208.

活动超越了对于文本的字面解释。阅读有时候可以与物质性的文本 [①] 无关。无论是小说家詹姆斯·乔伊斯（James Joyce）在《都柏林人》（*Dubliners*）中描写的那位"阅读人脸的读者"，还是小说家爱德华·布尔－沃利顿（Edward Bulwer-Lytton）笔下的那位"阅读男性特征的读者"，都至少具有书面文本的认真阅读者们所具有的一个重要特征——对于意义的探求。[②] 正如我们在本章中所指出的，这种探求所带来的奇特后果之一就是，它常常会改变读者的思维方式，并挑战他们看待自身的方式。

阅读的意义以及读者对于书面文本的态度都取决于阅读活动所发生的历史处境。那些试图解读一部笨重的手写卷（handwritten scroll）的罗马读者所面对的挑战，完全不同于那些独自精读一部小说的 19 世纪读者，以及那些老是盯着电脑屏幕的 21 世纪的青少年读者所面对的挑战。历史处境的限制，例如可以用于书面交流的技术、对观念（ideas）所持的文化态度、读写能力的普及范围等等，都是影响和决定人们阅读方式的因素。

宗教与文本的神圣化

在前现代时期，西方阅读观的发展所受到的最重大影响之一来自人们对宗教启示和宗教真理的追求。文本的形式从泥板书发展到纸莎草纸和羊皮纸的手抄卷，又发展到公元前 1 至 2 世纪出现的新式书籍——由纸莎草纸和羊皮纸的书页所组成的典籍；在此过程中，文本一直被人们赋予神秘的和神圣的性质。[③] 书面文字被认为是

---

① 物质性的文体（physical text），指具有物质载体的文本。——译者注

② 参见 *OED*，可从网上获取：http://www.oed.com.chain.kent.ac.uk/view/Entry/158857? redirected From=reader#eid，访问时间为 2014 年 10 月 7 日。

③ Lyons (2011), p. 21.

同神圣的知识相关联的，而阅读则被人们视为一种作为启示之前奏的精神体验。最早运用读写能力的，往往是神职的抄写员和宗教团体，而正是他们促进了文本的神圣化。

对于世界上的大多数重要宗教来说，书面文本都为它们提供了一种向信徒传授神圣知识和宗教教导的媒介。直到 18 世纪晚期，宗教著作仍然在主导并规范着西方世界的阅读。在地球上的许多地方，尤其是在伊斯兰教社会里，宗教性的主题依然在对阅读发挥着重大影响。读写能力同宗教之间的这种互动性加强了彼此的权威性，因为书面文本常常充当了神圣的宗教认同的象征。通过宣读一部宗教文本中的一个短语，就可以直接地传播那些具有神圣性和权威性的教导和指引。

犹太人把自己称为"经书之民"（People of the Book），以便强调他们的"文化和宗教认同在根本上扎根于作为《律法书》原本（the original book of the Law）的《妥拉》（Torah）之中"[①]，并由此突出他们同《妥拉》以及《密西拿》（*Mishnah*）和《塔木德》（*Talmud*）等其他几部阐明神圣律法的经书之间的关系。[②] 穆斯林则使用"经书之民"这个术语来表示那些像基督徒和犹太人一样服从于真主所启示的经书的人们。对阅读进行的系统性的神圣化或许起源于古代犹太文化。希腊人为阅读在文化上的合法化铺平了道路，而犹太人则不同，他们将阅读转化为一种神圣的活动；"书面文字 …… 成了犹太人

---

① Jeffrey (1996), p. xiii.

② 《妥拉》（Torah）是犹太教圣经《塔纳赫》（基督教称"旧约"）的前五卷，即包括《创世纪》《出埃及记》《利未记》《民数记》《申命记》，由于其中记载了上帝借犹太教先知摩西来颁布律法和教导，故又称"摩西五经"或"律法书"。而《密西拿》（Mishnah）和《塔纳赫》（Talmud）则是后来的犹太教拉比和文士们编写的用于解释《妥拉》及《塔纳赫》的权威性的释经大典。——译者注

身份认同的重要基础"①。

阅读的神圣化随着基督教的兴起而得到了进一步的发展。基督教的诞生及其在西方取得的稳固地位都同文本出版的技术密切相关。正如艾伦·雅各布斯（Alan Jacobs）所指出的那样，典籍"之所以能得到早期基督教的青睐，是由于四个主要原因：经济性、便携性、完整性和顺序性"②。典籍提供了一种媒介；通过它，大量冗长的材料可以被整合进一本书之中。这种新式文本的出现使《圣经》等宗教文本可以被完整地阅读，并且使读者可以找到文本中的任何部分，而无须铺开一长串相互关联的经卷。它还有助于基督教扩大其自身的影响，而书面文字也开始成为这个新宗教的权威性的一大来源。

基督教神学家赋予写作和阅读的巨大意义改变了罗马帝国时期的人们看待阅读的方式。文本阅读赢得了其作为一种媒介的权威性；通过对文本的阅读，人们可以得知或认识那些发生在现在的重要事件，并预知或理解未来。那种通过星宿、神祇、天气、预兆和魔法来认识未来的活动开始让位于这种通过阅读文本而得到的感悟。到了"古代晚期（late antiquity），因为阅读文化在基督徒中的兴起，认识未来的其他方式的合法性受到了限制"③。

基督徒的阅读

对于基督徒读者来说，书面文字的神圣地位使阅读具有了一个显而易见的精神转变的维度。阅读被定义为一种可以引导人通向启

---

① Fischer (2005), p. 60.

② Jacobs (2011), p. 19.

③ Stock (1998), p. 5.

示真理和个人拯救的体验。古代晚期和中世纪的基督徒均认为，正确地阅读《圣经》可以让他们得到皈依和拯救。对于早期基督徒来说，希波主教圣奥古斯丁（354—430 年）的著作对于阅读意义的阐释或许是最为系统的，并且肯定是最有说服力的。奥古斯丁在这一主题上的论述"催生了西方的第一个成熟的阅读理论"①，而他于公元427 年在《论基督教教义》（*On Christian Doctrine*）中的研究奠定了中世纪文艺理论的基础。②

在整个中世纪，奥古斯丁的相关著作一直影响着人们对于阅读在他们生活中的意义的看法。某些重要的早期人文主义者，如但丁（Dante，1265—1321 年）和彼特拉克等人都曾经受到奥古斯丁在这一方面的思想的直接影响。当代读者在阅读奥古斯丁于 397—398 年之间写成的《忏悔录》时，将会发现这部著作不仅试图探讨阅读对于人类想象的影响，而且还为自白式的当代文学体裁提供了一个早期样本。奥古斯丁展示了自己通过阅读而完成的拯救之旅，并由此揭示了自己从罪人转变为圣徒的个人经历。

不同于柏拉图的是，奥古斯丁认为，记忆并不足以为我们对过去的认识提供一个充分的基础。奥古斯丁承认记忆具有惊人的力量，但是他又认为，记忆并不足以让人认识到上帝的意志。他质问道："我的上帝，我该如何去过自己真正的生活？"而他给出的回答是："我应该超越这种内在于我的力量，也就是我称之为记忆的力量，以便我可以走向你。"③ 由于上帝和真理并非存在于记忆之中，所以奥古斯丁推论说，人们必须通过沉思和阅读《圣经》来完成这段超越记

---

① Stock (1998), p. 1.

② 参见 Jeffrey (1996), pp. 79–89。

③ Saint Augustine (1961), p. 224.

忆的旅程。对于这位教父来说，阅读可以成为人们获得拯救和上帝启示的前奏。奥古斯丁声称："如果心灵的沉思是我们在活着的时候所能具有的一种最为蒙福的生命体验，那么读者就是最有可能获得这种暂时的幸福的人。"①

奥古斯丁以工具化的方式把阅读描述为一项宗教义务——一种作为达到目的之手段的活动。对于奥古斯丁和其他教父来说，阅读是为了更好地认识自我和上帝的智慧。从这种立场来看，阅读应该充当一种教育手段，而《圣经》尽管具有其神圣的地位，但同样应被视为服务于这种目的的工具。②不过奥古斯丁也承认，阅读为人们提供了一种将他们的身体和意识紧密联系起来的精神性体验，并且有可能成为快乐的源泉。尽管奥古斯丁是以一种宗教性的叙述手法来表达自己的观点，但是他也充分认识到了这种体验的情感性和审美性的维度。凡是看过奥古斯丁对于阅读的相关论述的读者都会惊奇地发现，他常常将这种对于阅读的工具化描述转换为一种对于由此获得的精神性领悟的美学欣赏。

《忏悔录》经常探讨阅读所带来的心理上和身体上的影响，并指出这种影响可能彻底地征服读者。奥古斯丁报告说，他本人在阅读西塞罗的《荷滕西斯》（*Hortensius*）时，曾经被一种强烈的情感反应压倒，进而导致了一次改变其人生的事件。对西塞罗著作的阅读让他转向了哲学。阅读在奥古斯丁心中所引发的激情尽管是以宗教术语表达出来的，但是它同样可以在现代读者心中戏剧性地引发一种同陷入爱情类似的情感巨变。"当我读到大卫的《诗篇》时，我的上帝，我曾怎样地向您哭求。"奥古斯丁感叹道。他借用《圣经》中

---

① Stock (1998), p. 5.

② Jeffrey (1996), p.xviii.

关于火的隐喻来感叹《诗篇》如何"点燃了我对您的热爱之火"。[1]

当奥古斯丁转向使徒保罗（the Apostle Paul）的著作时，他通过阅读而展开的精神之旅达到了高潮。通过阅读这些文字而产生的狂热的情感体验，奥古斯丁皈依了基督教。他在描述这次意义重大的启示所发生的时刻时宣称："非常奇妙的是，当我读到'您的使徒中最小的一位'[2]时，这些真理对我显得是那么的熟悉，而且对您的作为的思考让我的心开始颤抖起来。"[3]这种通过阅读《圣经》而产生的情感上和身体上的激烈反应表明，对于奥古斯丁和真正的基督徒读者来说，那是一个命运攸关的时刻。

奥古斯丁本人并没有公开地将阅读描述为一种"精神转变的方式"。在表面上，他似乎将阅读看作一种工具性的东西。但是他通过阅读时的沉思而达到的精神转变表明，阅读本身已经具有了一种精神属性。因此，奥古斯丁的宗教皈依是以他"向阅读本身的皈依"作为前提的。[4]奥古斯丁公开承认，阅读改变了他旧有的本性。

整部《忏悔录》中贯穿着一个不断重复的信念，即相信人们可以通过阅读正确的书籍来发现真理。然而，这种阅读不仅仅是为了学习技艺，也不仅仅是为了满足自己对知识的渴求与好奇，而是为了接近真理。理性也不足以被用来指导阅读：事实上，奥古斯丁的《忏悔录》中的某些内容可以被解释为一种自我批判，即批判他年轻时代那种受好奇心驱使的阅读，以及他的怀疑主义态度和理性检验方法。他责备自己曾经采用怀疑论的和质问式的阅读方式，从而未

---

[1] Saint Augustine (1961), p. 186.

[2] 使徒保罗对自己的谦称。——译者注

[3] Saint Augustine (1961), p. 156. 保罗称呼自己为"您的使徒中最小的一位"，见 Corinthians 15 : 9。

[4] Stock (1998), p. 53.

能向《圣经》"俯首"并"跟随它的引导"。①

对奥古斯丁而言，真正的基督徒所进行的阅读活动是一种委身于信仰的活动。从这种视角来看，他们可以通过忠实地阅读一部权威著作来克服理性上的局限。他断言："由于我们无法单靠自己微弱的理性来发现真理"，所以"我们需要《圣经》的权威"。②

奥古斯丁以人类不可能单靠自己的理性来发现上帝的奥秘为理由，将他所理解的那种阅读定义为一种信仰行为。奥古斯丁式的基督教要求将信仰置于理性之前，以便让所有人都能同上帝建立一种精神上的联系。他评论说："尽管有些事情无法得到证明，但是教会要求我们去信仰它们，因为它们如果无法得到证明，那么所有人都无法得知它们的证据。"他坚信，一旦离开了对于教会的信任，"我们今生将注定一事无成"。③

奥古斯丁对信仰和信任的肯定，是他将阅读定义为一种精神追求的重要基础。对文本进行技术性解读，读者只能达到有限的领悟。唯有对文本进行精神性的阅读，读者才能领悟到那些无法通过技术性解读而领悟到的真理。奥古斯丁指出，尽管《圣经》可以被所有人"轻松地"阅读，但是它还"具有一种更深层的意义，其中蕴含着它那被封存起来的伟大奥秘"。④要想领悟这些奥秘，就需要以一种精神性的和沉思冥想的方式来阅读。因此，对于基督徒读者来说，阅读便成为一种用于寻求意义和真理的解释行为。一项关于基督教文艺理论的研究结论指出，因为"意义终归是内在于人的，而不仅

---

① Saint Augustine (1961), p. 60.

② Saint Augustine (1961), p. 117.

③ Saint Augustine (1961), pp. 116–117.

④ Saint Augustine (1961), p. 117.

仅是文字所固有的一种属性，所以'负责任的'阅读是一种'伦理活动'"。①

　　基督徒读者所面临的挑战是要超越文本的字面意义，进而沉浸于它的精神之中。米兰主教圣安布罗斯（St. Ambrose）于384年遇到奥古斯丁之后，经常向奥古斯丁讲述自己关于律法的精神要胜过律法的书面条文的观点。在他的启迪下，奥古斯丁相信，基督徒的阅读"应揭开经文的神秘面纱，并从那些在字面上似乎包含着最不可能的教义的经文中揭示出其中蕴藏着的精神性意义"。②在中世纪的大多数时期，奥古斯丁这种所谓的"在字里行间开悟"的阅读方式都在文化生活中发挥着主导性的影响。奥古斯丁认为，文本具有其字面意义（literal meaning）③，而且"文本的精神意义总是以字面意义为基础，并且每个文本都有一种字面意义"；但是，他把精神意义看作一种可以用来获得启迪的媒介。④

　　通过细读文本来寻求意义的活动，常常会赋予阅读以一种神秘的和宗教性的意义。由此而获得的关于上帝的作为及意图的认识和对于启示的体验，可以起到"改变人生"的作用。因此，阅读构成了一种关于个人转变的重要心理体验，而正是通过这种个人转变，虔诚的信徒获得了他们的自我认识。奥古斯丁关于如何发现信仰和获得拯救的论述是同自己的个人转变同时完成的。在安布罗斯的教导下，奥古斯丁开始把读者理解成这样的人：

　　……能够区分保罗所说的"属灵的"和"字面的"意义，并将

① Jeffrey (1996), p.11.
② Saint Augustine (1961), p. 156.
③ 这是莫里森（K. F.Morrison）的话，引自 Olson (1994), p. 143。
④ Olson (1994), p. 147.

它们同"内在的"和"外在的"自我相对照。经文和自我被相互贯通起来，从而有可能把新我的建立看作是一个释经和解释的过程。[①]

在经文和个人的内心世界之间实现的这种贯通，象征着一个既领悟到上帝之意图又领悟到自我之状态的时刻。

追溯自我的起源

大多数有关自我意识之发展进程的论述都把"个人"的出现同文艺复兴在意大利的兴起联系了起来。雅各布·布克哈特（Jacob Burckhardt）在一份有影响的研究报告中指出，大约是在临近 13 世纪的时候，意大利"开始充斥着个体性（individuality）的观念"，而且人性的主体性方面也开始彰显出来，以至于"人开始成为精神性的个人"。[②] 人文主义所赢得的胜利是同一种更为主观的阅读形式相关联的。[③] 然而，尽管世俗的主体性和个体的自我意识（self-consciousness）被正确地解释为文艺复兴的一项成果，但是在奥古斯丁以及中世纪早期的某些其他思想家的著作中，我们同样可能看到一丝寻求自我意识的微光。

以寻求意义和真理为精神动机的阅读在其发展过程中，促使一种关注自我的感觉（a sensibility oriented towards the self）开始出现。《忏悔录》希望利用自我反思（self-reflection）的方式来获取更多的知识和自我意识（self-awareness）。于是，通过阅读而实现的皈依行为及其对上帝意图的认识便不仅仅具有宗教性的意义，而且还具有

---

① Stock (1998), pp. 54–55.

② Burckhardt (1990), p. 98.

③ Manguel (1997), p. 86.

治疗的功效。奥古斯丁有一次在提到上帝是"我灵魂的医生"之后，随即又祈求全能的上帝帮助他发现真正的自我。①

正如一位研究者在探讨奥古斯丁对自我认识（self-knowledge）的寻求过程时所提出的那样："奥古斯丁在描述这种产生于古代晚期的自我时，对阅读和写作加以了现实的或想象的运用。"② 因为阅读是同自我感觉（sensibility of the self）的出现相关联的，所以它开始成为"意识主体性"（conscious subjectivity）得以逐渐实现和表达出来的一个重要媒介。③

《忏悔录》以及从宗教传记体裁中演化出来的其他作品给我们留下了一项重要遗产，那就是引起了读者对人物形象的关注。对于这种体验来说，精神的启迪同自我的教育和认识之间的并存是不可或缺的。对于言外之意的阅读、对于征兆的解释、对于文本所引起的情感反应的觉察都增强了读者的主体意识（the sense of subjectivity）。至少对于少数基督徒读者而言，同文本中的奥秘的接触使他们得以走进自己的内在生命。这一自我启迪（self-enlightenment）的进程不仅仅具有宗教的意义，也可以用来培育一种世俗的感受，而这种感受将在文艺复兴时期被理解为一种对于个体自我（individual self）的感受。

在阅读史上，被人们讲述最多的一个片段就是奥古斯丁同安布罗斯主教在公元384年的相遇。奥古斯丁在《忏悔录》中一个备受争议的段落里，向我们报告了他在偶然遇到这位正在全神贯注地默读一本书的圣人时所感到的惊奇："当他阅读的时候，他的眼睛注视

---

① Saint Augustine (1961), p. 208.

② Stock (1995), p. 717.

③ Stock (1995), p. 718.

着书页，他的心灵探究着意义，但他的声音是静默的，他的舌头是静止的。"[1] 奥古斯丁在看到一位安静的阅读者时所感到的惊奇常常被当作一项证据来说明：直到那个时候，默读（silent reading）即便不是无人知晓的，也至少是相当罕见的。19 世纪的德国学者爱德华·诺登（Eduard Norden）认为，这个段落证明了朗读（reading aloud）是整个古代的阅读模式；相反，其他学者则辩称，默读肯定已经为古代的观众所熟知，因为当欧里庇得斯（Euripides）和阿里斯托芬（Aristophanes）的剧本在剧场上演时，观众们可以看到剧中的某些人物在进行默读。

关于默读的出现时间的争论一直持续至今。但毫无疑问的是，由个人独自进行的默读逐渐取得优势的时间是在《忏悔录》出版了几个世纪之后。默读得以普及的技术前提是对文本中的单词进行拆分的技术的出现。这项技术可能起源于爱尔兰，并且在 9 世纪到 11 世纪期间逐渐扩张到了欧洲大陆。历史学家保罗·桑格尔（Paul Saenger）指出：对单词的拆分（word seperation）是"早期中世纪对于西方的书面交流技术的发展所做出的一项独特贡献"。[2] 在没有对单词进行拆分的情况下，人们需要通过大声朗读来理解文本，而默读对于他们则是非常困难的，并且肯定不是他们用来获取意义的一种有效方式。

可能到 11 世纪的时候，对单词的拆分已经在法国的修道院里得到了广泛的运用。伴随经院哲学而出现的一种包含复杂思想的文集是促进默读发展的一个重要因素。对于这样的文集，人们需要通过一种比大声朗读更为有效的方式来加以理解。当默读在宗教团体中

---

[1] Saint Augustine (1961), p. 114.

[2] Saenger (1982), p. 377.

得到逐渐普及的同时，一种"更为严谨的学术生活"出现在"12 世纪到 13 世纪初期的熙笃会修道院（Cistercian abbeys）"和教堂学校里，而未来的大学也将从它们发展而来。[①]

默读通过促进个体自我意识的发展，而得以对文化生活产生强大的影响。由于无声的个人行为极少受到外界的监管和注意，所以那种潜在于奥古斯丁式的精神性阅读之中的情感体验获得了一种不受制约的力量。在无声状态下进行的带有解释性的阅读行为极大地助长了读者从世界中抽身出来的倾向。这种从外在世界到内在世界的转向，使读者能够将自身同日常生活的压力隔绝开来，并且由此探索他们自己的主体性。

默读对于提升自学和个人反思的文化意义发挥了关键性的作用。研究表明，早在 12 世纪的时候，个体性的自我便已经开始引起一个具有文化素养的特定读者群体的兴趣。当熙笃会教团的创建者之一、克莱尔沃的伯纳德（Bernard of Clairvaux）告诉一名通信者"可以通过他的著作来了解他"的时候，他的这段话引起了人们对阅读和写作活动所具有的形塑身份（identity-forming）的潜能的关注。[②]

许多世纪以来，人们情感和智力活动关切的焦点已经从神学领域转向了心理学领域，而默读则同这一转向有着密切的关联。在中世纪的后期，"书籍对于个人情感的影响力受到了越来越多的重视"。伴随着人们对于这种情感的日益增长的认识，对于个人生活的新态度出现了。一项关于这一历史时刻的研究指出，阅读通过"勾画私人领域和公共领域之间的界限"，为个人的概念化提供了一种新方

---

① Saenger (1982), p. 384.

② Amtower (2000), p. 9.

式。① 正是在这一时刻，一种具有独特的身份和文化地位的读者形象出现了。中世纪晚期的阅读观的特征就是："把书籍看作一种用来确立自我意识和实现自我激励（self-actuation）的工具。"②

人们原本想通过阅读来寻找属灵的真理（spiritual truth），却最终发现了非常世俗化的个体自我。个人自我的发现是在阅读这一交流渠道的不断增长的用途中产生出来的一个出乎意料的结果。默读促进了人们对于想象以及对于思考不可思议之物（thinking the unthinkable）的探索，并且为人们提供了一种不必受到审查的交流媒介。它有助于开创一个不受公共机构和道德规范制约的世界。在这个世界上活跃着白日梦、性幻想、异端思想和颠覆性的观念。宗教异端运动在 11 世纪的增长是与默读得到普及的时间相吻合的。虽然默读仍然被局限在极少数人之中，但是它越来越被教会看作一种非常有威胁性和颠覆性的事物。书籍常常被当作一种"无声的异端"而遭到教会的鞭挞。

人文主义的阅读

奥古斯丁对于阅读的思考有助于说明这种行为的力量和重要性。他有关精神转变的自传体叙述赋予了阅读一种崇高的伦理属性。阅读作为一种用来领悟宗教文本的奥秘和揭示灵魂之需求的方法，而被奥古斯丁描述为唯一一种能够让人达到自我认识并形成个人特性的媒介。从阅读史的视角来看，奥古斯丁之所以是一位重要的人物，不仅仅是因为他撰写了关于这一主题的著作，而且因为他成了中世

---

① Amtower (2000), p. 38.
② Amtower (2000), p. 43.

纪的理想化读者的化身。[1]

《忏悔录》的历史意义就在于它启发了读者的想象力。奥古斯丁所采用的自白式写作方式已经超出了彼岸世界（otherworldly）的范围，从而迎合了文本世界（innerwordly）对于即将出现的自我的关注。正是在此种意义上，本笃会修士圣伯廷的歌瑟林（Goscelin of Saint-Bertin）在11世纪80年代撰写的《自由的安慰》（*Liber Confortatorius*）中，曾建议他在灵性上的女儿伊芙（Eve）采用《忏悔录》中的方式进行沉思冥想："不必细想奥古斯丁在《忏悔录》中论述不多的其他内容，这本书可以让神圣的情感涌入你的内心深处。"[2] 歌瑟林给予其门徒的建议提供了一个关于中世纪的宗教思想及灵性修炼的重要洞见。对于歌瑟林来说，《忏悔录》在触动灵魂方面的独一无二的力量形成了这种情感交流形式的价值。[3]

琳达·奥尔森（Linda Olson）在研究奥古斯丁对中世纪女性读者的影响时指出，修道团体把这种自白式的写作视为"一种对于激发读者的'情感'特别有效的体裁"[4]。她援引德赖堡的亚当（Adam of Dryburgh）在12世纪下半叶的著作作为例证。亚当将他从奥古斯丁那里借鉴而来的这种自白式写作方法运用于自己的《论三种类型的沉思》（*De triplici genere contemplationis*），并且将其说成是"一种对于激发读者的'情感'特别有效的体裁"[5]。中世纪经院哲学中的主

---

[1] 参见 Bosmajian (2006), pp. 59 and 66。

[2] 引自 Olson (2003), p. 69. *Liber Confortatorius* 的英文本为 *The Book of Encouragement and Consolation*；网上评论可见 http://scholarworks.iu.edu/dspace/ bitstream/handle/2022/5837/05.08.23.html?sequence=1，访问时间为 2014 年 9 月 26 日。

[3] 有关歌瑟林的讨论，参见 Canatella (2010)。

[4] Olson (2003), p.72.

[5] 引自 Olson (2003), p.72。

要神学家坎特伯雷的安瑟伦（Anselm of Canterbury）也把自白式写作视为一种可以激发读者对上帝的热爱的重要体裁。①

《忏悔录》对于早期的人文主义作家和哲学家的观点发挥了相当重要的影响。但丁的《新生》（*Vita Nuova*，1295 年）回顾了他自己充满情感的、类似奥古斯丁的亲身经历的精神转变。彼特拉克在1347 至 1353 年之间写成的颇有影响的《秘密》（*Secretum*）中则走得更远，他通过同《忏悔录》的作者进行的一次想象性对话来直接唤起奥古斯丁的精神。②彼特拉克之所以能向一部九百多年前的文本表示情感认同，其力量是由这样一种信念激发出来的：所有的人都可以体验到它所描述的那种来自阅读的精神转变能力。对于彼特拉克来说，阅读可以服务于自省（self-examination）的目的。③

尽管彼特拉克在情感上认同奥古斯丁及其对意义的精神追求，但是他对于阅读和自我之间的关系做出的认真细致的阐释却是由个人的动机所激发的。在彼特拉克的身上，现代读者形象的轮廓已经开始成形。彼特拉克理解《忏悔录》的方式产生于他对个体自我意识的强烈感受。布雷恩·斯托克（Brain Stock）宣称，彼特拉克对《忏悔录》予以了重新解释，以表现其中"关于自我的内在冲突"。从这种尚处于萌芽状态的"现代主义"的视角出发，阅读行为重新导向个体自我。阅读本身作为它自己的回报出场了。

彼特拉克于 1336 年 4 月登上了旺度山（Mont Ventoux），在他关于这件事的著名记述中，这位意大利诗人以最为感人的和饱含情感的方式表明了奥古斯丁对于他作为读者的自我身份认同所产生的影

---

① Olson (2003), p.73.

② 有关《秘密》的讨论，参见 Kahn (1985)。

③ Amtower (2000), p. 85.

响。在这封写于 1350 年的书信中，彼特拉克戏剧性地将身体如何艰难攀爬的描述同自己从阅读实践中获得的洞见交织在一起。尽管他渴望看到远处的全景，但是当他抵达山顶的时候，他的注意力却转向了自己始终随身携带的一本奥古斯丁《忏悔录》。他回忆了自己的目光如何落在了奥古斯丁所写的一段话语上："人们将会惊叹于山岳的高耸、大海的汹涌、河流的宽广、大洋的环流和星星的回旋，但是他们却没有考虑到他们自身。"从书中读到的这些话语说服了他，使他把自己关注的精神焦点从山岳的美丽转向了内在于自身的情感关怀："我将我的目光转向了我自己的内部。"①

当人们将目光转向他们自己的内部，阅读便具有了一个更加个人化和世俗化的维度。对于彼特拉克来说，阅读成为"一种用于沉思世界并同世界本身相结合的手段；此外，它还成为一种认识自我的方法"②。倘若阅读有启迪自我的能力，那么便可以利用这一精神性的和情感性的有益探索活动来赋予其参与者以一种价值更高的个性。正是因为如此，诗人和哲学家们开始以读者的形象把他们自己展现给世界。彼特拉克通过这幅在旺度山顶阅读奥古斯丁《忏悔录》的自画像，而把读者理想化为一个处在自我发现之旅中的朝圣者。对于中世纪晚期的乔叟（Chaucer）、克莉丝汀·德·皮桑（Christine de Pisan）和彼特拉克等作家来说，阅读的意义在于自我认同和道德完善。

在彼特拉克和其他人文主义者看来，认识自我需要个体从世界退隐。独自进行的阅读同僧侣生活中的那种精神退隐具有某些相似

---

① http://www.fordham.edu/ halsall/ source/ petrarch-ventoux.asp，访问时间为 2014 年 11 月 12 日。

② Amtower (2000), p. 205.

性。然而，彼特拉克的退隐观又完全不同于那些独自居住在不毛之地的古代隐修士的退隐观。一场重大转变已经发生，而且"破天荒第一次，人们认为这种独处的状态发生于世俗的图书馆，而不再是僧侣的洞穴"[①]。

当阅读转而服务于自我的需要，并开始关系到自我认同的形成时，它便具有了一种越来越大的心理上的和文化上的维度。既然基督徒读者也是文化意义上的读者，那么对于他们来说，宗教的义务和个人的拯救便与自我实现的情感需求相互交织在一起。崭露头角的读者主体把对宗教文本的阅读当作了他们在世俗背景下进行阅读的一种模式。

运用理性的阅读

那些以阅读的启示性为导向的宗教动机和心理动机仍在不断发展，而与此同时，试图对文本中发现的意义做出阐释的态度也在不断演进。在中世纪的阅读方式中，词语的解释同词语的字面意义之间的张力常常是按照有利于前者的方式来进行的。早期的基督徒在阅读经文时强调的是如何揭示经文的精神意义而非字面意义，而他们这么做的部分原因是为了反对那种恪守"律法条文"的犹太教传统。虔诚的信徒们也正是按照此种意义来解释使徒保罗提出的那句警告："字句是叫人死，精意是叫人活。"（《哥林多后书》3章6节）[②]奥古斯丁曾提醒他的读者说，安布罗斯经常重申保罗的这句警告；他还进一步指出，当经文被按照它们的字面意义来加以阅读时，它

---

① Stock (1995), p. 725.

② 本书中引用的《圣经》译文均出自当前国内基督教（新教）界广泛使用的"和合本"《圣经》。——译者注

们的精神意义可能会遭到曲解。[1]

直到中世纪，宗教性阅读的中心才开始偏向于揭示文字背后的意义。这使得阅读行为具有了一种不仅是精神性的而且是神秘性的性质。能够透过文字去发现其背后意义的天赋被基督徒读者视为他们所要达到的一个理想。天主教会的都灵大主教克劳狄乌斯（Claudius）指出："能够透过文字的遮挡而看见圣灵的眼睛是有福的。"[2]大卫·奥尔森（David Olson）对于阅读和写作的历史发展进行的一项重要研究表明，对于中世纪初期的学者们来说，"现实的文字或文字形式仅仅是思想的冰山一角，而真实的意义则深深地隐藏在表面之下，并且只有通过内化和冥想（internalization and meditation）才能被觉察到"[3]。

这种对于文本的高度主观性的阅读取向表明，意义是情感和直觉的产物，正如它也是理性能力的运用一样。文字和文本对情感的影响以及它们所激发的直觉和想象，为解释性阅读（interpretative reading）提供了某些精神源泉。在这样的读者看来，文本的字面意义"对于基督徒而言并无多少值得寻求的价值，而它们的精神意义才是重要的"[4]。

这种不受制约的主观性和神秘性是通过精神化的解释及其贬低字面意义的倾向而培育出来的，但是它从来没有得到过学者们的完全认同。奥古斯丁把文本的精神意义看得比字面意义更为重要，可是尽管如此，他又"坚持认为，精神意义总是以字面意义作为基础，

---

① Saint Augustine (1961), p. 116.

② Olson (1994), p. 144.

③ Olson (1994), p. 145.

④ Olson (1994), p. 148.

并且每个文本都具有一种字面意义"①。到了 13 世纪的时候，这种重视文本的字面意义的倾向由于欧洲的学术生活和文化生活的需要而得到了加强。13 世纪的人们对于亚里士多德的重新发现，以及他们所认同的"法律根植于自然本性并且可以通过理性来加以理解"的观念，都对欧洲的学术生活产生了影响。一种更为严谨的探究科学和知识的方法的发展及其得到的欣赏，导致了一种对于阅读和解释的更为学术化的态度。

一种更为注重字面意义的阅读方式所得到的支持，是同人们日益增长的学术研究兴趣相关联的。巴黎的圣维克多修道院（Abbey of St. Victor）为阐明一种更为严谨的宗教文本解释方式发挥了重要作用。圣维克多的雨果（Hugh of St. Victor，死于 1141 年）和他的学生圣维克多的安德鲁（Andrew of St. Victor，死于 1175 年）指引这所修道院在文本阅读中采用学术性取向。雨果主张，意义并非取决于"祈祷和灵修所带来的领悟"，而应诉诸"以文本的、历史的和地理的研究为基础的新的证据来源"。②

意大利多明我修会（Italian Dominican）的神学家和哲学家托马斯·阿奎那（Thomas Aquinas，1225—1274 年）将亚里士多德介绍给了基督教的欧洲，并且致力于促进一种更为注重字面意义的阅读方式。他有力地指出，"字面意义"之所以必须得到认真对待，是因为它构成了作者所试图表明的那种意义。阿奎那在写于 1267 年的那部很有影响的研究巨著《神学大全》（*Summa Theologica*）③中指出，对

---

① Olson (1994), p. 147.

② Olson (1994), p. 143.

③《神学大全》（*Summa Theologica*）是被誉为"天使博士"和"经院哲学之王"的阿奎那一生中最重要的著作。他从 1266 年开始撰写，至 1273 年停止，前后历时 8 年。全书分 3 集，分别以上帝论、伦理学和教理神学为主题。——译者注

文本的字面意义的揭示在逻辑上先于如何对其加以解释。在"通过文字来表示事物"的科学知识的领域里，情况尤其如此。

阿奎那承认，《圣经》中的词语可能具有不同的含义（意义），而且词语也可以用来表示其他的事物。然而他认为，作为"作者意图"的"字面意义"为我们对《圣经》的精神性理解提供了基础，而对于《圣经》的解释性阅读还可能导致混淆和困惑："因此很明显，在《圣经》的字面意义之下不可能存在任何虚假的东西。"[①]

大卫·奥尔森相信，在中世纪和文艺复兴之间发生了一次重大的转变，而这次转变可以被解释为"对于一种新的阅读方式的学习"。对阅读的看法"发生了转变，它曾被视为对于意义的揭示和领悟，如今则被视为对于作者意图的按部就班的识别"。[②] 阿奎那在作者意图（authorial intention）和精神启示（spiritual revelation）之间做出了区分，前者是学术研究的合法对象，而后者则是神学关注的焦点。

存在于字面性阅读和解释性阅读之间的张力是西方文化中的一个不断再现的主题。重要的东西不仅仅是在书本的具体页面上显示出来的，而且还包括读者以何种方式来理解它，这一事实总是会让人们认识文本意义的尝试变得复杂化。正如一位关注该主题的评论者所指出的那样："阅读的历史或许可以在一定程度上被看作是一系列对于书稿中未曾表现出来的那种东西进行识别和处理的尝试。"[③]

---

① Saint Thomas Aquinas (2008), 1a1.10, 在线版本见 http://www.newadvent.org/summa/1001.htm，访问时间为 2014 年 7 月 12 日。

② Olson (1994), p. 144.

③ Olson (1994), p. 93.

对阅读的重视

文艺复兴首先在 14 世纪的佛罗伦萨全面爆发。正是在文艺复兴期间，阅读具有了那些同现代形式的阅读有关的性质和优点。在这一时期，大部分的欧洲人还是文盲，但是商人、专业人士和艺术家开始把读写能力看作一种非同凡响的重要文化成就。佛罗伦萨人的读写能力 —— 据估计有 24% 至 35% 的佛罗伦萨人具备读写能力 —— 达到了异乎寻常的高水平。[1]

被雅各布·布克哈特称为"第一批真正的现代人之一"的彼特拉克对于阅读采取了一种积极主动的态度。直到 14 世纪，阅读还往往是一种让读者从文本中寻找隐含的或字面的意义的被动性活动。在彼特拉克和其他的人文主义者看来，文本是一种材料，它有待于人们处理，剖析，通过注释来重新焕发生机，以及与其他文本进行对勘。这些读者把文本视为一种可以通过运用理性来加以利用和吸收的材料。有时候，读者还感到自己有义务去质疑文本的真实性并寻找作者所表达的信息背后的原始出处。

人文主义读者对于自己在思想上的独立性感到自豪。他们以一种积极主动的方式去做注释，并且试图质疑他们所参阅的文本的权威性。他们常常无视那些从中世纪流传下来的备受推崇的评注，而选择去自行查询原始的文献。历史学家劳拉·安陶尔（Laura Amtower）对中世纪和文艺复兴时期的情况进行了对比：在中世纪，书籍"代表着一种不容挑战和不受审核的权威"，而在 14 世纪到 15 世纪，阅读则开始变得人性化（humanized）。[2]人文主义者对文本

---

[1] Graff (1987b), pp. 138–139.

[2] Amtower (2000), pp. 5–6.

所采取的这种更具主动性和批判性的态度改变了读者与书籍之间的关系。

对文本采取一种更为主动的态度并不意味着读者可以不再受到文本的影响。倒不如说，人们以一种更具多面性的方式来看待阅读行为。读者受到了多方面的影响：他们被要求进行更具分析性与合理性的阅读，但是文艺复兴时期的文化又激发了一种对于阅读的充满主观性的感受。书稿中的插图常常被用来描绘那些紧紧凝视着一部打开的书本中的秘密的人们。这些插图将阅读行为同一种精神性或伦理性的意义联系了起来，而书本则可以充当一个让那种非常人性化的启示活动得以发生的媒介。

阅读的客观（理性）层面和主观（精神）层面是并行发展的。布克哈特对个人在历史上的出现所做出的精彩描述说明，文艺复兴时期的文本不仅适宜于"对情况的客观处理和考量"，而且适宜于一种赞许"精神性个人"（sipiritual individual）的主观感受。1513年12月10日，处于流放生活中的现实主义政治理论家尼可罗·马基雅维利（Niccolò Machiavelli）在写给友人弗朗西斯科·维托里（Francesco Vettori）的一封著名书信中，说明了阅读如何为他打开了一条通往想象世界的道路。马基雅维利讲述了他在乡间散步的时候，如何始终在自己的胳膊下夹着一本出自某位伟大诗人之手的作品，并且指出："每当我读到他们那热烈的激情和爱恋时，便会想起我自己的激情和爱恋，并因为这种想法而自得其乐。"但是到了夜间，阅读又变成了一种仪式，帮助他排解流放生活的痛苦并给予他洞见，而这些洞见将在他的某些最重要的哲学研究著作中达到极致：

当夜幕来临之时，我返回家中开展自己的研究。我在大门口脱下白天所穿的沾满污渍和泥浆的衣服，并且换上华贵的礼服；重新穿戴得体之后，我便走进古人们所在的古代庭院，在那里接受他们的友好接待，并且享用只属于我一个人的和最适合于我的食物。在那里，我不会羞于同他们进行交谈，并且不会耻于询问他们行事的动因；他们则以人性作为对我的答复。在那里停留了四个多小时之后，我依然不会感到厌倦，并且忘记了痛苦，也不再害怕贫穷和死亡的威胁。我把自己完完全全地交付给了他们。①

马基雅维利以享用"只属于我一个人的食物"作为比喻，来强调他的阅读活动的个人性和身体性。与此同时，进行这样的阅读还有助于马基雅维利将自己的内在对话转向自己同古人之间的对话，并由此来发展和澄清自己的思想。

马基雅维利所遵循的是那些把自身当作主动型读者（active reader）之代表的人文主义思想家的道路。他解释道："因为但丁说过，毫无保留的领会并不足以形成知识，所以我对自己通过同他们之间的对话而领会到的主要思想做出了注释。"他在阅读和反思之后做出的注释，使他得以完成自己所说的"一点工作"——最早的现代政治学著作之一——即今天被称为"君主论"（*The Prince*）的那部著作。可以说，对于马基雅维利而言，阅读构成了一条将他对自我认识的存在主义探索同古代的知识遗产连接在一起的生命线。阅读还为他维系自己的主体性提供了精神上的营养。

从社会学的观点来看，具有自我意识的读者经历了重大的发展，

---

① 马基雅维利的信可从网上获取，参见 http://faculty.cua.edu/pennington/church-history220/Lecture13/Machiavelli Study.htm，访问时间为 2014 年 10 月 14 日。

它从 14 世纪开始滥觞，而主要发生在 15 世纪和 16 世纪。在这一时期，读者所进行的活动开始变得重要起来，而且这一活动在自我观念的形成中发挥了重要的作用。[①] 充斥在这一时期的手稿之中的"形象不仅仅同书籍有关，而且还同那些阅读书籍的人有关"[②]；在这些形象中，阅读被描绘成了一种具有深刻的精神意义和伦理意义的活动。绘制一位正手持书籍进行阅读或者正处于手稿的包围之中的人物的画像，传达出了一个由文化造就的、忠实于高尚道德情操的个人的理念。

在一幅描绘佛罗伦萨女诗人劳拉·巴蒂费里（Laura Battiferri, 1523—1584）的引人瞩目的画像中，画家按照其自我意识展示了巴蒂费里打开彼特拉克的十四行诗手稿的情景，以试图暗示她同这位生活在两个世纪以前的著名人文主义者之间的象征性联系。在这幅绘画（约完成于 1560 年）中，画家阿尼奥诺·布龙奇诺（Agnolo Bronzino）没有将打开的手稿当作一个道具，而是将它用作巴蒂费里个性的延伸。[③] 布龙奇诺的另一幅绘画《但丁的寓意肖像》（*Allegorical portrait of Dante*），描绘了这位诗人手持一本巨大的《神曲》的形象。这幅画像所描绘的不仅是但丁，而且也是这本书。[④]

关于读者和书籍的绘画有助于将阅读活动理想化为一种具有独特的审美性、精神性和潜在启示性的体验。从 14 世纪以来，这种体

[①] 参见 Kahn (1985), pp. 154–156。

[②] Amtower (2000), p. 5.

[③] 该画像的电子文件可从网上获取：http://www.artble.com/artists/agnolo_bronzino/ paintings/portrait_of_laura_battiferri。

[④]《但丁的寓意肖像》可从网上获取：http://www.artble.com/artists/ agnolo_bronzino/ paintings/ allegorical_portrait_of_dante。

验一直是通过一种对个人主体性的强烈意识而被感受到的。彼特拉克可以作为这方面的一个典范。对于他来说，"阅读能使读者对作者在物质困境时的道德反应感同身受，从而成为一种给自我赋权和培养个性的手段"[1]。

阅读兴趣

文艺复兴时期的作者常常将自己当作读者来加以描写。这种崇敬书籍的表现可以引发人们关注德行，以便能过一种客观公正的沉思生活。德国神学家托马斯·金碧士（Thomas à Kempis，1380—1471年）曾劝说他的读者以一种宗教性的狂热来崇敬书籍："拿起一本书放在你的手中，就像圣西蒙将童年的耶稣抱在他的臂膀中亲吻。"他还补充道："当你结束阅读之时，要合上书本并向每一个出自上帝口中的词语表示感谢；因为你在上帝的田地里发现了一个隐藏的宝藏。"[2]

彼特拉克的《隐逸生活》（*The Life of Solitude*，1346年）以一种自白式的口吻概述了他寻求自我认识的经历，同时也表达了对书籍的赞美："一个人可以从书籍的内容和作者那里找到令自己愉悦的和始终如一的伴侣。"这些伴侣"随时准备听从他的盼咐，前往公共场合或返回他的住所"；它们随时准备"同他交谈，告诉他自然的奥秘、值得铭记的历史事迹、生活的准则和死亡的渺小、成功时的克制、逆境中的坚强，以及行动时的淡定与沉稳"。

彼特拉克评论说，书本所提供的陪伴不需要索取高昂的物质代

---

① Amtower (2000), p. 85.

② 参见托尔斯·金碧士的 *Doctrinale Juvenum*。

价，因为"它们不需要吃喝，并且满足于简朴的服饰和屋内的狭小空间"。然而，"它们可以为主人提供无价的思想宝藏、宽敞的房屋、光鲜的衣服、赏心的娱乐和最可口的食物"。① 杰弗利·乔叟（Geoffrey Chaucer）在 14 世纪 80 年代撰写的诗集《贤妇传说》（*The Legend of Good Women*）中，以极富感染力的诗句宣布了阅读的独特意义：

> 尽管本人学识浅陋，
> 读书却是我的乐趣，
> 我给予它们信心和充分的信任，
> 我对它们心存敬畏，
> 如此由衷的快乐实在无与伦比。②

到了 14 世纪，表白对书本的热爱有时候似乎成为散文家和诗人们的标准情感。

李察·德·布里（Richard de Bury）的散文集《爱书》（*Philobiblion*）写于 1344 年，但直到 1473 年才得以出版，并且被称为"最早论述文学乐趣的英文著作"③。《爱书》读起来就像是一篇献给书籍的虔诚颂歌。德·布里是英国达拉谟地区的主教并曾以外交官的身份游历各地，他是中世纪晚期的书籍爱好者的典型。《爱书》很少谈及德·布里本人对阅读的现实体验：他真正的兴趣显然在于书籍的收藏，而

---

① *The Life of Solitude* 可从网上获取：http://www.humanistictexts.org/petrarch.htm，访问时间为 2014 年 11 月 4 日。

② http://www.poetryintranslation.com/PITBR/English/GoodWomen.htm，访问时间为 2014 年 10 月 15 日。

③ Lubbock (2005), 'A song of books', in Emerson and Lubock (2005), p. 31.

非对书籍的研究。作为一名热情的藏书家，他更关心的是鼓励学术，而非自己去专研学术。德·布里收藏书籍的热情之中存在着某种贪婪的因素。他的传记作者威廉·德·香柏尔（William de Chambre）宣称，德·布里住所内的所有房间都被书籍环绕，而且"在他的卧室里堆放着如此之多的书籍，以致他几乎无法在不踩着书籍的情况下站立或行走"①。

德·布里肯定已经预见到，他的这种无法压抑的藏书欲有可能会成为人们批评的靶子，因为在《爱书》的序言中，他明确地为自己对藏书的过度热爱进行了辩护。他宣称：对于书籍的"痴迷之爱"让他可以抛弃"一切关于其他世俗事物的想法"，所以他自己无法放弃"获取书籍的激情"。撰写《爱书》的目的就是要让子孙后代知道他的意图，并且"永久地制止那些长舌之人的无理指责"；他希望，这些有关他的藏书热情的报告可以"清楚地表明，不应该以过度为理由来指责我们对于书籍的热爱"。②

德·布里对于他所热爱的书籍表现出了一种近乎宗教性的激情，从而反映了一种将书籍视为声望和文化地位之象征的文化想象力。通过把作者描述为一名书籍爱好者，《爱书》为人们对书籍的渴望提供了一个早期的范例。怀着这种渴望，一些人试图通过自己对书籍的占有及其同书籍之间的联系来塑造一种受到高度尊重的身份。

炫耀性的阅读和炫耀性的藏书表现了一种强烈的渴望，即想证

---

① 参见 E.C.Thomas, 'Preface' to *Philobiblion*，网址为 http://ebooks.adelaide.edu.au/b/bury/richard/ philo/preface.html，访问时间为 2014 年 11 月 5 日。

② 'Prologue' to *Philobiblion*，网址为 https://ebooks.adelaide.edu.au/b/bury/richard/philo/preface.html，访问时间为 2014 年 11 月 5 日。

明自己拥有备受追捧的文化地位和成就。这样的行为可以将书籍的爱好者和阅读者同社会上的其他人区别开来。借助书籍进行的自我展示被看作一种媒介，通过这种媒介，个人可以利用文化资本（cultural capital）来抬高自己并证明其个人形象的合法性。一项研究指出："商人和中产阶级肯定已经意识到，书卷气是一条用来炫耀并展示那种越来越同他们高贵的社会地位有关联的优雅的有效途径，并因而能为他们赢得那种难以凭借赤裸裸的财富而赢得的社会认可。"[1]

大多数的历史记录显示，关于阅读兴趣的论述在欧洲的出现可以追溯到 18 世纪。[2] 根据它们的分析，这种有关阅读兴趣的论述在欧洲大行其道的时间要迟于印刷业的出现和读写能力的普及。毋庸置疑的是，在 18 世纪的欧洲，阅读兴趣不仅在上流社会中赢得了强大的文化认同，而且成为一种影响流行观念的理想。然而，对书籍的理想化是在经历了关于阅读意义的长达许多世纪的反思之后才得以出现的。

正如我们已经看到的那样，从古代晚期开始，阅读就已经被视为一种具有神圣性或准神圣性的、作为关于高级真理和自我的启示性预兆的活动。从 13 世纪以来，阅读又逐渐被视为一种具有其自身价值的文化活动，并由此成为被人们认同、喜悦乃至热爱的对象。到个人读者（individual reader）的形象出现在历史舞台上的时候，阅读活动已经掌握了重要的文化资本，并且有能力将非常高贵的身份赋予书籍的学习者。

重要的是要将有关阅读兴趣的论述置于真实的历史处境之中。

---

[1] Levine (2006), p.63.

[2] 参见 Fischer (2005), p. 253，以及 Mäkinen (2013)。

直到 18 世纪，甚至可能直到 19 世纪晚期，阅读兴趣才成为西方社会的内在文化根基的必要部分，并且还是通过少数人的努力才得以扎根于西方社会。在大多数人尚不具备读写能力的时代，阅读兴趣只能作为一个遥不可及的理想，其影响力仅限于相对人数较少的艺术家、受过教育的专业人士和富有的商人。然而，在文艺复兴时期以及随后的世代里，这一理想开始具有文化上的意义。尽管对于大多数的文化人来说，阅读只是一种实践性的和实用性的活动，但是将它视为一种具有丰厚回报的精神性和启示性体验的理想已显著地存在于公共生活中。

三、阅读民主化与读者的增长

宗教改革以及约翰内斯·古滕堡（Johannes Gutenberg）在 1440 年左右引入欧洲的活字印刷术改变了阅读文化。本章将要探讨这一系列的发展 —— 宗教改革的爆发、读写能力的普及、对自我意识的权威性的日益认同、崭新的阅读公众（public of readers）的形成 —— 同印刷术的引进之间的相互作用。所谓的"印刷革命"（print revolution）将读者的身份和地位问题转化成了一个公共问题，因为读者将对他们消费的文本做出何种反应已经成为宗教和政治当局所关注的要务。它导致的媒体影响问题至今仍是聚讼纷纭的焦点。

读者人数的增长

拥有读写能力的个人数量的急剧增长和规模庞大的阅读公众的出现，源于两个具有重大历史意义的发展：一是印刷术的运用及其带来的印刷革命；二是宗教改革。在随后的世纪里，印刷文本将成为西方社会借以获得关于所有重要事物之知识的一个媒介。文化生活和政治生活将越来越多地通过印刷文本来传达，而读者的集体意见常常被描述为公共舆论的新动力。从文艺复兴直到启蒙运动赢得胜利的这段时期，构成了阅读历史上的一个独特时代。在前面一章里，我们讨论了"阅读很重要"这一观念（the idea that reading mattered）的发展，而在本章所探讨的这个时代，读者们开始感到自己形成了一种强大的公众力量（public force）。

文艺复兴时期的活跃文化氛围促进了印刷术的采用与应用。公众对于新旧文献的阅读兴趣的高涨创造了对书籍的需求。与这种形势相交织的是，宗教改革所引发的思想交锋爆发了。印刷使宗教改革的波及范围超出了马丁·路德（Martin Luther）和约翰·加尔文（John Calvin）等杰出领袖直接领导之下的少数地区。路德宗[①]常常被描述为"印刷书籍的孩子"[②]。这种说法强调了"书籍和印刷在这场改写历史的宗教—文化变革中所发挥的核心作用"[③]。

印刷本的宗教书籍促进了新教的宗教改革，其读者几乎遍布欧洲所有地区。这是"在所有的宗教运动或世俗运动当中，第一次有人利用这种新式的出版物来公开宣扬和鼓动人们去反对一个既定的制度"[④]。反对宗教改革的天主教支持者们也认识到了印刷宣传品的影响，并转而决定利用这种新技术的力量来挑战新教教义的影响。在法国和其他一些地区，反对宗教改革的天主教徒们"用巨量的宗教宣传册淹没了整个图书市场"[⑤]。

印刷术同宗教、文化领域的骚动之间有着密切的关联，从而表明这种新技术促进了那些具有争议性的新思想的传播。充斥于16世

---

① 新教的三大主要宗派之一。——译者注

② Eisenstein (1979), p. 7.

③ Abel (2012), p. 79.

④ Eisenstein (1979), p. 304.

⑤ Martin (1996), p.12.

纪的宗教冲突和教义纷争也强化和深化了欧洲社会对阅读价值的评估。在法国和其他地区，"读写能力的普及历史就像学校的历史一样，根源于宗教改革与反宗教改革之间既相互冲突又彼此铺垫的对抗之中"[1]。在许多人的心目中，阅读已经开始被视为一项公共义务。

在宗教改革之后的岁月里，阅读和读写能力被人们视为进步、文化和科学发展、民主和政治解放的同义词。甚至连那些决心抵制进步思想之影响的人们，也认识到了读写能力的普及所释放出的强大社会力量。天主教会和反宗教改革的势力都开始非常严肃地看待书籍对于读者的权威性影响，并且试图利用书籍的影响来服务于他们自身的目的。与此同时，天主教会和反宗教改革势力还试图对那些被视为危险的或异端的出版物加以审核和控制；他们于1564年发布了禁书目录，并试图对书籍的阅读和《圣经》的翻译加以规范。[2]

同印刷在西欧的引进时间相重合的，还有其他一些具有重大历史意义的潮流，而它们的累积效应导致了文化和社会的现代化。印刷术的发展"是同对于公认观点（received opinion）的多重挑战相重合的"，并且见证了"新的批判性思维习惯"的诞生。[3]早在文艺复兴时期，那些同时对古典文本和新信息感兴趣的好奇读者促进了书籍需求的增长。

由于印刷术的出现，书籍将不再是一种稀缺的商品。在印刷术出现之前，欧洲仅有几千册手抄本书籍（Manuscript books）在流通。藏书的数量极少，而且即便是在梵蒂冈的图书馆里，也仅藏有不超过2000册书籍。[4]到了印刷术被引进欧洲50年之后的15世纪末，书

---

① Furet and Ozouf (1982), p. 58.

② 参见 Martin (1996), p.13。

③ Blair (2010), p. 47.

④ 具体讨论参见 Abel (2012), pp. x–xi。

籍的数量便增长到了超过 90 万册。印刷术是同当时的时代精神相吻合的，印刷术促使大量书籍出版，从而能成为正在展开的欧洲文化革命有效利用的资源。正如理查德·阿贝尔（Richard Abel）所指出的那样，"拥有众多副本的印刷书籍的出现"在 15 世纪晚期导致了一个突然出现的"思想形成和思想检验的高潮"。[1] 阿贝尔把印刷术描述为"一个全新的和强大的知识生成器"，它"导致了一个崭新的、以前未曾预见到的智识和道德世界的出现"。[2]

书籍的出版不再是为了极少数的神职人员、学者和艺术家。直到 1500 年的时候，大约 60% 到 65% 的书籍仍然是以拉丁文来印刷出版的；30 年之后，以通俗的民族语言印刷出版的书籍便远远超过了以拉丁文印刷出版的书籍。[3] 从拉丁文和希腊文向民族语言的转变对于民族性读者（national readerships）的形成具有重大的文化意义。它意味着读者开始认同于那些与他们讲述同一种语言的人们，从而逐渐地导致了民族性读者的出现。书籍的印刷出版可以满足各种不同读者群体的需求，并由此促进了"新的阅读公众"的发展。

印刷革命促进了阅读的民主化，并且将文化从"神父和书吏的控制之下"解放了出来。[4] 历史学家苏珊·阿钦斯坦（Susan Achinstein）注意到，在英国，"印刷文字在社会下层的传播是一个发生在现代早期的非凡故事"[5]。读写能力仍然是人们在社会阶层中具有地位和身份的一个重要标志，而从事体力劳动的穷人和农夫则很少有机会去学习如何阅读。然而到了 16 世纪，大约有 30% 的英国成

---

① Abel (2012), p. xi.

② Abel (2012), p. 121.

③ Bosmajian (2006), p. 65.

④ Himmelfarb (1997), p. 198.

⑤ Achinstein (2001), p. 52.

年男子已学会了阅读，而在伦敦地区的成年男子中，这一比例更是达到 60% 左右。妇女中的识字率则要低得多。尽管读写能力的全面普及仍为时尚早，但是阅读公众在规模和影响上的急剧增长却意味着，整个社会已开始处于印刷文化的统治之下。即便是不识字的人，也可以通过识字者公开宣读印刷的告示而受到印刷文化的影响。正如一位愤世嫉俗的人士在 1592 年所指出的那样："每个红鼻子的[①]打油诗人都成了一位作者，每个醉鬼的梦想都成了一本书。"[②]

新的出版物类型被创造出来了，以便迎合不同社会阶层（包括那些仅仅掌握了初步的读写能力的人们）的阅读需求。按照阿钦斯坦（Achinstein）的说法：

对于那些只具备最基本的读写能力的人来说，这里为他们提供了民谣、新闻资讯、单张的说明书、廉价的故事书、笑话集；各式各样的宗教阅读材料——圣经故事、布道集、教义问答、信仰入门和灵修作品；此外还有年历——到 1640 年的时候，年历的发行量已经达到 40 万本，足以满足四分之一家庭的需求。[③]

大众传媒（mass media）的时代已经到来，随之到来的是文学的黄金时代。生活在这个时代的人们见证了巴洛克诗歌的发展、剧院的增加，以及某些不朽的欧洲文学名著的出版。威廉·莎士比亚（William Shakespeare）于 1603 年和 1605 年先后出版了《哈姆雷特》（*Hamlet*）和《李尔王》（*King Lear*）。同这些剧作的出版时间相重合的是，米格尔·德·塞万提斯（Miguel de Cervantes）的《堂·吉

---

① 指小丑。——译者注
② Joseph Hall 的话，引自 Bushnell (1996), p. 119。
③ Achinstein (2001), p. 52.

诃德》（*Don Quixote*）于 1605 年出版。在法国，皮埃尔·高乃依（Pierre Corneille）于 1637 年发表了他的《熙德》（*Le Cid*）[①]。莫里哀（Moliere）和让·拉辛（Jean Racine）则在 17 世纪 60 年代写出了他们一生中最伟大的剧作。

出版物和读写能力的扩展不仅仅意味着有更多的人能够接触到书面文化，而且意味着人们的阅读方式以及人们赋予阅读的意义都发生了改变。具备娴熟的读写能力的精英群体对书面文化的垄断遭到了削弱，而这有助于创造出崭新的、不一定非要赞同上层人士意见的阅读公众。那些传达新思想和新理念的新式出版物的流通对于公共生活产生了强大的影响，并且营造出了一种辩论性和争论性的气氛。

英国内战（1642—1651 年）可以被称为一场由印刷书籍所主导的文字之战：在 1600 年，英国出版界总共只出版了 259 种出版物，但是到了 1642 年，英国出版物的数量达到了 2968 种之多。辩论和政治对立助长了印刷出版物的暴增。参与内战的所有党派都认识到了书面文本的力量，而且在英国有史以来第一次，"出版成了公开的政治斗争的工具"[②]。读者开始成为这场常常被称为"小册子之战"（pamphlet war）的战争的争夺目标，而旧秩序的许多支持者也在谴责新出现的阅读公众，并宣称后者得出的结论恰好违反了他们自己的论据。

彼特拉克式的人文主义者所采用的那种主动性的和批评性的阅读方式开始得到更广泛的运用。许多历史学家声称，后古腾堡时代的读者采用了一种更具质疑性的阅读方式，并且更难像以往那样消

---

① 法国第一部古典主义悲剧作品。——译者注
② Achinstein (2001), p. 51.

极地服从于文本的权威。可供阅读的众多不同文本营造出了一种新的阅读氛围，在这种氛围中，至少有一部分读者开始怀疑并试图重新解释文本的内容。[1]16世纪和17世纪的主要思想家都鼓励读者对书籍采取一种实用性的和主动性的态度。"阅读不是为了反驳和诘难，也不是为了信仰和理所当然地接受，同样不是为找人谈话和讨论，而是为了权衡和考量。"弗兰西斯·培根（Francis Bacon）建议说。[2]

人们很快就将清楚地看到，读者并不是总能按照官方的正统观点来解读文本。无论是政府还是教会，都无法控制阅读公众对一篇文章做出自己的反应。正因如此，对于群众性的《圣经》阅读，新教神学家起先表现出热情，随后则迟疑不决起来：他们担心，那些阅读《圣经》的个人可能会由此走上异端的道路。意识到了这一新事态的哲学家约翰·洛克（John Locke）曾写道：《圣经》的印刷出版不仅"切碎和绞碎了"信仰，并导致了"信仰的碎片化，而且还促进了对于信仰的个人化解释"。他指出，读者不再"要求自己的观点合乎《圣经》，也不再接受'永无谬误的规则'的审判。相反，他们要让《圣经》合乎自己的观点，并且竭尽所能地让《圣经》迎合自己"。[3]

印刷革命导致读者被重新定义为一种更具个人性、主动性和公共相关性的个体。作者们为了适应新的读者而改变了他们的创作方式，并期待读者能在家中私下消遣他们的著作。培根之所以赞美书

---

[1] Blair (2010), p. 59.

[2] Francs Bascon, 'Of studies' (1625)，可从网上获取：http:// www.authorama.com/essays -of-francis-bacon-50.html，访问时间为2014年11月13日。

[3] 引自 Dobranski (2005), p.30。

房，是因为书房为读者提供了一个"独处和隐逸"的空间。[①]从文艺复兴后期开始，作者们拟定出了一条直接诉诸理想化的读者身份来影响其读者的新策略。书籍的序言经常被作者用作一种同读者拉近关系的方式，而作者所采用的手法包括把读者称为"基督徒读者""谦卑有礼的读者""谨慎的读者""公正的读者"或"老练的读者"等。通过这种方式，作者可以诱使读者去接受一个由文本设计出来的身份，从而将读者的阅读引入作者所期望的方向。

英国诗人约翰·弥尔顿（John Milton）曾把英国比作一个属于批判性读者的国度，而这种极端化的解释是作者试图为读者建立一种新身份的最大胆尝试之一。在为出版自由所作的重要辩护《论出版自由》（*Areopagitica*）中，弥尔顿下意识地赞美了读者的理性判断能力。在整本著作中，弥尔顿都在质疑出版审查的支持者所声称的一个观点——读者没有足够的心智基础来评判他们所阅读的书籍的优劣。他讥讽说，假如"英国公民被认为是'迟钝的和呆板的'"，那么"每个新发行的小册子都可能轻易地动摇英国人对教义问答的信心"。[②]

尽管相对来说，只有为数不多的人能够理解弥尔顿的上述感受，但是他所提出的有关英国读者的批判性思维能力的问题却开始成为一个受到广泛关注的焦点。

宗教改革：内在化的阅读

全面扫盲运动的理想根源于宗教改革时期的文化想象。宗教改

---

① Francs Bascon, 'Of studies' (1625)，可从网上获取：http:// www.authorama.com/essays -of-francis-bacon-50.html，访问时间为 2014 年 11 月 13 日。

② 弥尔顿的话，引自 Achinstein (1994), p. 3。

革把掌握读写能力看作一项宗教义务，而且在许多受路德宗教会影响的欧洲地区，家长们还需要负责确保他们的孩子能够阅读基本的宗教文献。路德在敦促建立强制义务教育的时候指出：忽视学习可能导致"神的愤怒、自命不凡、瘟疫和梅毒、嗜血的暴君、战争和革命，整个国家将被土耳其人和鞑靼人夷为废墟，甚至还会让教皇重新掌权"[①]。

宗教改革及其所强调的阅读《圣经》的宗教义务，极大地促进了读写能力的普及化。正如瑞典历史学家埃吉尔·约翰逊（Egil Johansson）所说，宗教改革通过倡导民族语言而"促进了阅读的民主化"，因为"个人现在被要求以自己的母语来熟读《圣经》的话语"。[②]哈维·格拉夫（Harvey Graff）指出，宗教改革"代表了第一场伟大的扫盲运动"[③]。在许多情况下，扫盲运动确实都取得了很可观的成果。瑞典通过发起一场教导人们阅读《圣经》的运动，而在一个世纪的时间里成功完成了读写能力的基本普及。在17世纪，这场由路德宗教会发起的运动还促成了一部规定每个人都必须学会如何阅读的法律。

一个或许会让当代的观察者们感到惊讶的显著事实是，读写能力的基本普及是在正规的学校教育尚未建立起来的条件下完成的。这场扫盲运动依赖于法律的推行与教会的督促，其中"包括由教区牧师定期进行的个人考核"以及对家庭教育的扶持。[④]

关于这场由新教教会发起的扫盲运动，已经有学者指出了其背

---

① Olson (1994), p. 3.

② Johansson (2003), p.33.

③ Graff (2003), p.263.

④ Graff (2003), p.89.

后隐藏着的保守性的和工具性的动机。格拉夫在论及这一点的时候指出，瑞典国王查尔斯十一世（Charles XI）发起这场扫盲运动的动机是"保守主义的，虔敬、秩序和军事准备是其主要目的"[1]。然而，无论是何种政治上或意识形态上的力量促进了读写能力的普及，最终彻底改变了欧洲文化。在读写能力的帮助下，一个日益壮大的读者群体能够直接参与到那些席卷了现代早期欧洲的伟大的教义争论之中。

毋庸置疑，由教会主导的扫盲运动的精神动机是深化宗教教义对于宗教成员的影响。因此，其强调的重点是阅读教育，而写作则没有被视为一项必须传授的技能。尽管存在这些局限，在宗教改革的精神鼓舞下进行的扫盲运动依然代表了后来所说的"西方世界"的教育领域之中的一次重大发展。

事实上，宗教改革把阅读设定为一项人人都必须履行的重要宗教义务。正如弗朗索瓦·孚雷（Francois Furet）和莫娜·奥佐夫（Mona Ozouf）所指出的，中世纪的教义争论不会"逐渐扩散到"群众之中。相反，宗教改革对于阅读文化的意义在于：

（它）使得每一个人，甚至包括文盲都要面对教义上的难题。从此以后，每个人都有义务去求助于书籍，并以书籍来取代口述传统的地位；任何个人同上帝之间的关系都将不再被视为理所当然的关系……通过阅读，个人找到了一条通往现在所说的公民身份的途径，而就在这一时刻，印刷术的出现正在导致书籍的民主化。[2]

---

[1] Graff (2003), p.89.

[2] Furet and Ozouf (1982), p. 58.

孚雷和奥佐夫认为，古腾堡所引入的印刷出版同路德所倡导的《圣经》阅读之间的结合，是欧洲文化的一个变革性时刻。他们推论说："现代世界是这次相遇的果实，从此将其身体和灵魂都托付给了书面文字。"[1] 这是读者历史上的一个重要的转折性时刻。直到16世纪和17世纪早期，阅读仍然被局限在少数拥有特权或准特权的个人当中。然而，从这一时刻开始，"甚至连流行文化也要受到书面文字的主导"[2]。

对于大众阅读的扶持带来了有关如何控制《圣经》解释的问题。路德指出，由于"经文本身就是它们的解释者"，所以读者能够从经文本身得出正确的解释。[3] 他的反对者则担心，假如普通人被允许解释《圣经》，而且甚至更糟的是，假如普通人被允许获得其本国语言的《圣经》，那么基督教教义的纯正性将会受到威胁。托马斯·摩尔（Thonas More）爵士在最开始曾以开明的态度看待那种把《圣经》翻译为民族语言的想法，但是他最终却变成了这种想法的反对者，因为他担心这么做可能"在普通人当中激起争论而非虔敬"[4]。

摩尔预见到，向人们提供本国语《圣经》可能会带来颠覆性的影响，而他的预感被证明是有先见之明的。由于普通读者被允许直接阅读本国语《圣经》，所以神学上的解释和争论得到了更大范围的公开化。历史学家克里斯托弗·希尔（Christopher Hill）指出，《圣经》阅读"为谦卑的新教徒提供了一枚用来反对其前辈的定时炸弹"[5]。在英国内战即将爆发的年代，由读者个体按照自身倾向来解释

---

① Furet and Ozouf (1982), p. 58.

② Furet and Ozouf (1982), p. 308.

③ 路德的话引自 Dobranski (2005), p. 27。

④ Marius (1985), p. 428.

⑤ Hill (1986), p. 41.

经文的颠覆性意义开始变得日益明显。在那段时期，人们越来越容易得到各种热情地宣扬不同观点的印刷小册子和书籍，继续维持对出版的神学、学术审查因而变得更加复杂困难。希尔声称："印刷破坏了作为单一而连贯的信仰纲领的新教教义，因为书本的阅读甚至比手稿的阅读更难受到控制。"[①]

从现代早期开始，对阅读活动加以引导或控制的计划便成为一个经常性的讨论话题。人文主义者及后来的宗教思想家都将阅读看作一项需要在学术上和精神上予以引导的道德事业。人文主义的思想家将阅读同心灵和自我的培育联系在一起，然而他们又在向读者的建议中对阅读做出了相当全面的规定。德西德里乌斯·伊拉斯谟（Desiderius Erasmus，1466—1536 年）警告说："由于无声的字母可以通过阅读而化入道德观念和心境之中，所以假如一个天性执拗和暴力的男孩在没有得到预先指导的情况下阅读有关阿喀琉斯、亚历山大大帝、薛西斯或朱利叶斯·恺撒的著作，他可能会变得暴戾。"[②]一些人文主义者在其提供的建议中强调了对推荐书目的数量加以限制的必要性，同时也有其他人文主义者主张，读者特别是年轻读者需要避免受到小册子和言情小说的干扰。

在后宗教改革的时代，对读者的行为加以控制和引导的企图只能对日益增长的印刷书籍消费者产生有限的影响。一个属于阅读公众的时代已经到来，而阅读公众对印刷文本的反应和解释都取决于个人良知（individual conscience）。通过阅读得到的自主感受不可避免地导致了印刷文本向多种可能的解释开放。处在全盛时期的"新教人文主义曾宣扬一种新批判主义的必要性并培养了批判的技能，

---

① Hill (1986), p. 25.

② 伊拉斯谟的话引自 Bushnell (1996), p. 127。

即对意义的聆听和阅读、比较和融会贯通、分辨和运用"①。

通过阅读获得的并受到良知引导的知识和领悟又依靠以自我为权威的评估而得以合法化。约翰·班扬（John Bunyan）写于 1678 年的《天路历程》（*The Pilgrim's Progress*）②深刻地反映了这种对于自我的日益增长的兴趣，而且作为历史上拥有最多读者的著作之一，该书借助一个令人印象深刻的寓言来突出自我发现和自我实现的主题。

个人性阅读的增长导致了一个意外的后果，即促进了一种关于自我意识的感受在现代早期的出现。从 16 世纪到 18 世纪，阅读同这种对自我意识的新感受之间的关联常常引起主要思想家的共鸣。法国哲学家米歇尔·蒙田（Michel de Montaigne）指出，阅读和写作是"自我认识的进步"，并且请求他的读者"通过阅读行为把自己建构为一个主体"。③

与"通过阅读来培育自我"这一意识相平行的，是一种日益增强的关于主体和客体、内在世界和外在世界的概念区分。伊丽莎白·艾森斯坦（Elizabeth Eisenstein）认为，印刷书籍的供应强化了一种关于"私下的自我"（private self）的意识："私人生活和公共生活都经历了转变"，"事实上，这种新媒体突出了上述两个领域之间的鲜明区别"。④

英国哲学家托马斯·霍布斯（Thomas Hobbes）强烈地感受到了自主型读者（autonomous reader）的潜在破坏性影响。霍布斯把对

---

① Sharpe and Zwicker (2003a), p.4.

② 这是一本在海内外基督徒中流传甚广的灵修书籍，其英文名称 *The Pilgrim's Progress* 直译为"清教徒的进步"，但国内学术界和宗教界均习惯称其为"天路历程"。——译者注

③ 引自 Sharpe (2000), p.340。

④ Eisenstein (1979), p.133.

个人良知的赞美当作一种危险的愚蠢行为来加以指责，而且认为这种愚蠢行为助长了突发的政治危机并导致了英国内战的爆发。霍布斯在《利维坦》(Leviathan) 中的一个题名为"论那些使联邦受到削弱或趋于解体的事情"的章节里，谴责了那些声称"任何违反自身良知之举都是犯罪"的人士。[①] 在霍布斯所列举的几种"国家的疾病"当中，阅读错误著作的风险被他视为"最大的和最现实的"疾病之一。霍布斯毫不怀疑地认为，许多读者通过阅读古代经典而倒向了共和主义，并且指责这些读者因为阅读上述著作而挑起了内战。

霍布斯把那些依照个人良知来形成自身观点的读者视为对社会秩序之健全性的威胁；而且他还向那种通过阅读来做出个人判断的做法表示了忧虑，而这种忧虑成为读者历史上一个不断重复的主题。霍布斯认为，对于个人良知的授权将起到贬低外部权威的效果。他的担心——如果读者受鼓励去发展自我，那么他们将不大可能默许这一活动受到管控——被证明是富有洞察力的。尽管在英国内战前夕和内战期间的小册子之战中充斥着混乱的无政府主义气氛，但是阅读公众仍然在构建他们自己的那些常常存有分歧的思想观念。

阅读公众的形成

印刷革命所取得的最重大成果之一便是阅读公众的形成。随着数量庞大的印刷书籍的上市，拥有个人藏书的读者人口也在不断膨胀，越来越多的读者开始以无声的和私人的方式来消费他们的书籍。

---

① Hobbes (1985), chapter 29. 也可从网上获取，参见 http:// ebooks.adelaide.edu.au/h/ hobbes/ thomas/ h681/ chapter29.html，访问时间为 2015 年 1 月 10 日。

然而，尽管一个个的读者在其身体上处于相互隔离的状态，但是他们却可以通过对他们时代的重要著作的共同阅读体验而联合起来。他们对于宗教的、政治的和文学的著作做出的反应真正地变得重要起来。

宗教改革的支持者和反对者们围绕着印刷书籍而展开的宗教争论不仅影响了阅读公众，而且还扩充了阅读公众。正如艾森斯坦所指出的那样："人类有史以来第一次，伟大的阅读公众开始通过一个使用通俗的民族语言以及新闻和卡通艺术的大众传媒，来判断革命性思想的正确与否。"[1]

印刷出版的引进以及随之而来的书籍、小册子和文本的膨胀，对于一个被描述为公共舆论（public opinion）的崭新的现代力量的形成发挥了关键性的作用。[2] 自从 16 世纪以来，人们已经广泛地认识到了舆论的重要性及其力量：莎士比亚把舆论比喻为"成功的情人"，而法国哲学家布莱斯·帕斯卡尔（Blaise Pascal）则创造了一个后来常常被人引用的格言：舆论是"世界的女王"。在 18 世纪的时候，这种被人们描述为无所不能的、让任何统治者都不敢忽视的力量通过印刷的出版物而融入了公共生活之中。

美国历史社会学家大卫·扎雷特（David Zaret）精彩地叙述了印刷文本对于 17 世纪的英国公共生活所产生的变革性影响，他指出："印刷的政治材料激增，这既是公共舆论被赋予越来越大的重要性的原因，也是其所引发的结果。"[3] 印刷导致了阅读政治文献的读者的增多，并且在此过程中改变了公共事务的运作方式。扎雷特提出，在

---

[1] Eisenstein (1979), p. 303.

[2] 有关公共舆论的讨论，参见 Furedi (2013), pp. 222–234 和 pp. 247–272。

[3] Zaret (1996), p. 1,532.

英国革命之前，除了议会之外没有任何场所可供人们进行公开的政治辩论，而在议会里进行的辩论又受到保密规则的保护，一旦有人违反规则，就将被视为一种需要接受惩处的罪行。普通人被排除在政治生活之外，并且甚至连那些通过请愿书来表达不满的程序也要受制于某些精心制定的规则。

印刷技术在请愿活动中的运用所引发的最重要的后果之一，就是它似乎在无意之中改变了这一活动的内容和意义。按照关于请愿活动的传统规定，"应将地方上的不满提交给中央政府"。但是，印刷的请愿书诉诸公共舆论的权威性，其目的是影响新生的阅读公众，而不仅仅是提交给议会。通过公开地表达不满，印刷的请愿书向当时实施的保密规定以及有关公共政治生活的行为规范提出了挑战。[①]

人们之所以要发布印刷的请愿书，是因为他们猜想，读者至少潜在地具有对合理观点进行辨识的能力。正如扎雷特所写的那样："请愿书的作者将他们的文章发布给不知名的读者，并猜想阅读公众不仅具有理性思维的能力，而且具有一种在相互冲突的政治主张之间做出决断的道德能力。"[②] 那种向不知名的读者发布的呼吁，其中也还隐含着一种要求该读者将自身认同为阅读公众的诉求，尽管当时的阅读公众尚未形成充分的自我意识。一位学者在评论扎雷特的著作时写道："为了印刷的小册子而设想出来的那种普遍意义上的、常常没有受过教育的读者，几乎不可避免地导致了人们在话语中呼吁某种名义上的'公共舆论'。"[③]

---

① Zaret (1996), p. 1499.

② Zaret (1996), p. 1532.

③ Zaret and Brown (2001), p. 61.

在此意义上，印刷促进了阅读公众从一种观念向一种有影响的政治力量的转变。正如一位 17 世纪的英国历史学家所解释的那样："印刷使读者组成了一个富有凝聚力的共同体，虽然读者个体相互之间并不认识，但他们通过一项共同的改革使命而联系在了一起。"[1]

合格的读者？

正如请愿书的印刷出版史所表明的那样，读者身份不仅仅是通过个人与文本之间的互动而形成的。为了引导读者的解释，作者需要去想象或设想那些不知名的读者有何特征以及他们为何会有那些特征。关于读者的能力问题以及印刷文本对于读者观点的影响问题，人们存在截然不同的看法。

在 17 世纪的时候，阅读被认为"既可以解决麻烦，也可以带来麻烦，因为它既能促使人们达成谅解，也能激起危险的情绪"[2]。在英国，保皇派人士和贵族特权的支持者们曾经借用"巴别塔"[3]的比喻来诋毁刚刚形成的阅读公众。他们的反对者则对英国阅读公众的道德状况做出了正面的评论。读者身份之所以能够同道德品性（moral virtues）产生关联，是因为它有可能对民主化起到积极的促进作用。

弥尔顿曾提出一种理想化的"合格的读者"（the Fit Reader）观念，并试图通过宣扬这种观念来改善读者的道德状况和提升个人

---

[1] Achinstein (1994), p. 39.

[2] Dobranski (2005), p.45.

[3] 巴别塔（Babel）是《圣经·创世记》中的一个著名故事。根据这个故事，早期人类原本只有一种语言，但他们企图建立一座通天塔来传扬自己的名声，因而得罪了上帝。上帝为惩罚人类的野心，才"变乱"了人类的语言并迫使他们分散到世界各地。从此之后，那座没来得及建成的通天塔便被称为巴别塔（"巴别"一词在希伯来文中的意思就是"变乱"）。——译者注

的独立判断能力。这位曾在英国内战期间狂热地支持共和制的人士，"处心积虑地激发读者的独立性，并将其视为革命取得成功的关键"[①]。这一主题在他的史诗《失乐园》(*Paradise Lost*，1667年)中得到了最出色的展示。弥尔顿在这部史诗中表示，他希望为自己的诗"找到合格的读者"。当弥尔顿所倡导的这一"美好事业"遭到挫败之后，他依然将自己的希望寄托于读者的意见及判断所产生的影响。他希望读者个体能够"通过阅读这首诗"而成为"'合格的读者'中的一员"。[②]

弥尔顿试图建立和引导一个由革命性的读者所组成的国度，这是他在英国内战前夕和内战期间所撰写的著作的一个突出特征。弥尔顿使用"合格"一词来描述他心目中的理想读者，这表明他希望自己的读者能够灵活机变并且发挥自身的判断能力和独立思考能力。他对部分特殊的读者所寄予的希望不过是在暗示一种对于出类拔萃的精英读者的想象。在《失乐园》中，弥尔顿不得不勉强承认这样一个事实：仅有"极少数人"能成为这首诗的合格读者。尽管弥尔顿的政治观点遭到了挫败，但是他依然毫不动摇地相信，一种具有独立思想的读者将能够承担起并且必须承担起建立一个自由公正的社会的责任。

在弥尔顿的《论出版自由》一书中，我们可以看到史上对读者的理性判断能力做出的最为精彩的论述之一。弥尔顿的这本富有煽动性的小册子写作于英国内战正处于高潮时期的1644年，批评的是英国议会在1643年通过的出版许可证制度。按照这项制度，作者在把他们的著作提交出版之前，必须预先取得政府所颁发的出版许可

---

① Sharpe (2003), p.138.

② Achinstein (1994), p. 15.

证。《论出版自由》之所以要向整个出版审查制度提出异议，是因为这种制度不利于举行自由的、公开的和理性的辩论，而正是这样的辩论构成了一个正义社会的根基。

对弥尔顿来说，那些准备运用自身的独立判断来权衡现实问题的阅读公众是正义社会的最可靠守护者。正如一位评论者所指出的那样，弥尔顿的《论出版自由》设想了一个需要"在广大读者的面前举行"政治讨论的公共领域。弥尔顿关于阅读公众之重要作用的论断基于"一种将宗教的良知观念同古典的公民责任意识相结合的道德观"。[①]

《论出版自由》指责出版审查制度是对英国读者的聪明才智的侮辱，并试图以此来论证自由出版的权力。弥尔顿坚持认为，英国公民拥有足够的道德和理性能力来抵制不良书籍所可能散布的邪恶思想。他通过对《圣经》的解释得出了这样的结论："你可以阅读自己所得到的任何著作，因为你有足够的能力去做出正确的判断并权衡每件事情。"[②]弥尔顿充分信任他所说的合格读者，相信他们有能力去抵制有害书籍的腐蚀性影响。

弥尔顿对读者的理性判断能力给予了异乎寻常的信任，同时他也坚信，邪恶并不是那些包含在印刷书籍中的内容和论点所导致的，而仅仅是由于人们未能去质疑并拒绝那些带有误导性和腐蚀性的观点。他之所以要批判出版审查员的动机，是因为在他看来："只要意志和良知没有遭到玷污，那么知识就不是污秽的，书籍也不是污秽的。"品德高尚的读者将不会因为他们阅读的内容而遭到腐蚀。事实上，弥尔顿自始至终都认为，善于独立思考的读者可以通过接触那

---

① Achinstein (1994), p. 58.

② Milton (1999), p. 15.

些误导性的观点而进行真正的学习：

> 哪怕是以最为健康的方式来烹调坏肉，也难以让坏肉产生良好的营养。但是，这里所讨论的不良书籍的情况则有所不同：一个谨慎而又明智的读者可以从多方面利用不良书籍来进行探索、驳斥、预警和想象。[①]

即使是一本不良书籍，也可以被明智的读者用来澄清自身的思想。从这种视角来看，出版审查制度不仅仅是小看了读者的能力，而且还妨碍了社会从其对"坏"书做出的反应中汲取宝贵的教训。

弥尔顿对出版审查制度的批评，可以被理解为他对那种认为读者思想迟钝、容易上当和无力做出明智判断的观点的指责。他之所以要痛斥出版审查的支持者，是因为按照这些人的想法，英国读者"不适合被允许随意阅读一篇未经许可的三页纸的文章"[②]。弥尔顿认为，良好的阅读有助于养成一种自由运用良知的习惯，并且可以锻炼公众通过判断来做出自由选择的能力。这种观点是一种同批判性的启蒙思想有关的现代观念的早期表现。

弥尔顿把阅读看作一种积极性的和挑战性的过程，认为它可以让读者经受考验并且迫使他们进行独立思考。一名合格的读者就是一名通过接受"书籍的考验"而得到培养的人——"书籍在考验他，他也在考验书籍。"[③] 在弥尔顿看来，阅读活动是同推理活动直接相关的，而推理活动又是同判断活动密不可分的。在《论出版自由》中最值得铭记的一段文字里，弥尔顿提醒他的读者说：上帝

---

① Milton (1999), pp. 15 and 16.

② Milton (1999), p. 31.

③ Achinstein (1994), p. 65.

将理性赋予亚当，"便赋予了亚当以选择的自由，因为理性就是选择"①。他的"理性就是选择"的主张不仅为出版自由提供了一个强有力的辩护，而且为不受审查的阅读提供了一个道德上的理由，即把阅读公众的观点设想为道德权威的来源。正如阿钦斯坦所指出的那样："在为出版自由所作的辩护中，弥尔顿否定了外在的官员和政府监管的权威，而将权威交付给那些正在做出判断的读者的良知，并认为读者充分地拥有一种对事物做出独立的自我判断的责任。"②

值得注意的是，在弥尔顿写作这本书的时代，阅读常常同激进的价值观有关联。激进的平等派领导人之一约翰·李尔本（John Lilburne，1614—1657年）以自己的亲身经历论证了理想化的读者作为国家陪审团的作用。当李尔本于1649年因叛国罪遭到审判时，他曾呼吁那些坐在法庭上的陪审员按照他们的良知来做出裁决，而令法官感到惊愕的是，他居然被宣判无罪。当他于1653年再次接受审判时，他又把这起事件变成了一场争取公共舆论的斗争。他在自己撰写的小册子《一位陪审员的判决》（*A Jury-man's Judgment*）中，请求读者凭借其作为国家陪审团的道德权威来决定他的命运，并由此为他的极端立场争取公共舆论的支持。结果他又一次被无罪开释。根据一份相关记录，"在对约翰·李尔本的审判中，'读者的审判和裁决'，这种比喻开始成为一种政治现实，而良知则是公民做出裁决的基础"③。

弥尔顿真诚地信任读者的良知的力量，而他的信任产生于一个

---

① Milton (1999), p. 23.

② Achinstein (1994), p. 68.

③ Achinstein (1994), p. 58.

意义重大的历史时刻。在这一时刻，由于印刷技术以及激进的政治运动和宗教运动所累积的影响，加上新的公共舆论的力量的上升，从而共同导致了一个更加开明和更加自由的社会。阅读公众的出现增进了人们对于一个激进的未来的向往，因而产生了意义重大的影响。在17世纪的英国，印刷品的数量有了巨大的增长，而小册子的发行量也随之猛增：从1640年的22种猛增到1642年的1966种。有影响力的公众群体开始介入政治生活，而旧秩序的权威则遭到严厉的批判。

读写能力的发展本身就对公共事务产生了重大的和激进的影响。清教主义思想为读者运用个人良知提供了支持，而这种支持被当时的统治者视为对秩序的威胁。劳伦斯·斯通（Lawrence Stone）曾经将其描写为一种危险的发展倾向，因为"它激发了人们参与政治生活和宗教生活的期望，并且让数量庞大的卑微民众暴露在了《新约圣经》中那令人陶醉的平等主义之酒的面前"[1]。一份历史记录将这个时期描述为"一个非同寻常的、随着权威的凋零而到来的自由时期"[2]。一项关于这个时期的阅读情况的政治学研究则指出："正如我们所知道的那样，在英国内战的前夕，爆发了一场印刷之战、一场文字之战——而且是一场击败王权之战。"[3]在新的读者群体中展开了更广泛的争论，而这些争论产生了一个聚合效应，那就是普通人开始介入国家的政治生活。[4]

弥尔顿对于阅读之功用的概念化描述的意义就在于，他所描述

---

[1] Stone (1986), p. 96.

[2] Wilson (2009), p. 16.

[3] Sharpe (2000), p.31.

[4] 参见 Lake and Pincus (2007)。

的那种具有独立思想和理性的读者，激发了后来的启蒙思想家和教育家的想象。他对"合格的读者"的讨论和评判预示了一个关于公共领域的理想，而这一理想——尽管很少在实践中实现——启迪了很多同 18 世纪启蒙运动有关的人物。德国哲学家伊曼努尔·康德提出的"敢于认识"（*sapere aude*）的主张，正是对弥尔顿那种"敢于认识自我"的理想中包蕴着的美德的赞美。启蒙运动至少在原则上承认，通过阅读来普及知识将有助于世界的进步和变革。尽管启蒙运动的思想发生过阶段性的倒退，但是直到今天，弥尔顿的这种将具有独立思想的阅读公众同自由的德性和价值观相联系的主张一直在影响民主教育家的观点。

1660 年英国君主制复辟之后，事业遭到失败的弥尔顿幸运地躲过了死刑的惩罚。然而，他的著作却被判处了死刑——在熊熊大火中足足焚烧了一个夏季加上一个秋季。[①]17 世纪的焚书者们恰恰以此种方式证明了弥尔顿的观点：他们之所以不敢允许读者进行自由的阅读，是因为他们不能容忍自由的言论。

对于印刷革命的担忧

弥尔顿与霍布斯象征着人们在印刷革命的影响下做出的一系列反应中的两个极端。尽管大量有关阅读之影响的现代早期哲学观点和官方言论都以担心宗教异端和政治颠覆为核心内容，但也常常有人对阅读在学术、道德和心理上对社会生活的潜在腐蚀性影响表示担忧。

所以，虽说霍布斯批评的是武断任性的读者从古典著作中发

---

① 参见 Achinstein (1996), p. 1。

掘出了激进的思想，但宗教的卫道士们则在全力抨击通俗文学
（popular literature）对公众道德的腐蚀性影响。从新教的视角来看，
阅读构成了一项宗教义务，而不是一个用于消遣和娱乐的媒介。清
教徒尤其喜欢把通俗文学当作道德抨击的对象，而且他们从 16 世
纪以来"一直在不停地反对人们阅读那些只能提供无聊的娱乐的书
籍"[①]。

　　尽管有许多人乐于承认印刷有助于提升学术生活和文化生活的
质量，但是也常常有人对于这项新技术不可预测的后果表现出各
种不同的担忧。印刷机为第一代大众传媒提供了技术上的基本条
件——印刷文本的批量生产。

　　从那时开始，就有人对印刷所带来的那种在 20 世纪被称为"媒
介效应"的影响表示忧虑。有人指责印刷的发明导致了各种令人茫
然不知所措的悲惨状况，而阅读——尤其是对于批量生产的印刷文
本的无节制消费——常常被人们视为对个人、社会和文化的威胁。
今天的人们广泛地使用病理学的术语来讨论各种新媒介——小说、
新闻、广播、电影、电视、电脑游戏、互联网等，而这种描述早在
16 世纪的时候便已出现，并在 17 世纪和 18 世纪的时候发展成了一
种强势的话语。

　　对于印刷术的担忧就像对于后来的新媒介的担忧一样，都起因
于人们对于一种新出现的传播媒介的不确定性影响感到焦虑不安。
在 17 世纪的时候，对于事件的官方声明和说明常常遭到公众的怀
疑、不信任乃至误解。与此同时，常常会有一些小册子对事件做出
夸大其词的评论。在一个正在发生重大变革的世界里，不可避免地
弥漫着一种迷失方向的感觉，而这种感觉又常常起因于那些通过期

---

① Altick (1957), p. 26.

刊和小册子向读者灌输相互冲突的和夸大其词的消息。[1]

各种出版物中彼此冲突的主张和观点，进一步扩大了不同意见之间的分歧。有学者研究过新闻出版物所引发的担忧，他指出：在17世纪的时候，有许多人"指责印刷机或活字印刷的发明导致了新闻和小册子的泛滥，从而有可能助长煽动性的言论，并且破坏道德风气和善意的理解"[2]。负面新闻乃是大众传媒技术批判之中的永恒主题，其传播者所遭到的谴责，常常是人们在预感到此类新闻有可能对读者造成不可预测的和破坏性的影响时所做出的一种无意识反应。

天主教会对印刷书籍表现出了最强烈的敌视态度，并且对印刷书籍在读者中造成的有害影响表现出了焦虑不安的情绪。天主教会的审查员把印刷书籍称为"无声的异端"[3]。然而，担心民众接触到那些未经审核的信息和相互冲突的意见的人士并不仅限于天主教会。对于大众阅读的不可预测的影响，非宗教界的权威人士和精英阶层的看法也从最初的暧昧逐渐转变为公开的警告。在英国，获取新闻印刷品的渠道的拓宽引发了持续不断的警告。正如一项相关研究指出的那样，"新闻引起了一系列的焦虑不安"，因为它是"大众借以了解国家机密事务的渠道"。[4]

从人们对于印刷的发明所产生的恐慌性反应中，几乎可以看到所有那些伴随着人们对于一种新媒体的恐慌性反应而不断重复出现的话题。正如我们将在下一章中指出的那样，对于各种同阅读有关的身体损害和心理损害的探讨早在现代早期就已出现。印刷之所以

---

[1] Raymond (2003), p. 186.

[2] Raymond (2003), p. 186.

[3] Bosmajian (2006), p. 59.

[4] Raymond (2003), p. 188.

会受到指责，是因为有人认为它让阅读变得如此容易，从而削弱了人们阅读那些具有挑战性的著作的能力，而小册子之所以遭到批评，是由于有人认为它干扰了人们阅读那些更冗长、更有益的著作的精力。在 1647 年，一个小册子的作者曾将自己所处的时代称为"一个慵懒的时代，已经没有人愿意劳神阅读超过一页纸以上的小册子"。另一位作家和天主教神学家托马斯·莱特（Thomas Wright）写道："这些肤浅的和不敬虔的书籍"是"对德行的阻碍"。①

人们在抱怨今天的数码技术时常说的"信息过量"这句话具有悠久的历史，并且可以一直追溯到古代。然而，通过印刷技术进行的交流可以释放出巨大的力量，并由此营造出一种让新的出版物得以传播扩散的新局面，所以这个时代应该被视为一个信息过量的新时代。这是第一场媒介革命（media revolution），而且无疑是意义最为重大的一场媒介革命。

人们焦虑于新媒介的影响，这种焦虑具有历史的特殊性，并且是由当时的文化规范促成的。在 16 世纪至 17 世纪，人们曾普遍抱怨那些异端性的通俗著作败坏了读者的道德。由于出版物的数量和种类的增长，读者难以将那些具有权威和价值的书籍同那些没有多少学术价值和道德价值的书籍区分开来。教师们不知道怎样引导学生进行阅读。教育家胡安·路易斯·维夫斯（Juan Luis Vives）哀叹说："假如所有的知识都来自书籍"，那么由于"书籍的数目已经变得过于庞大"，"没有多少知识能够通过令人生畏的和让人厌烦的研究而为人们所掌握，因为人们在每一门学科里都会遇到数量庞大的、需要耗费无尽的精力去阅读的书籍"。②教师们和学生们已经开

---

① 引自 Raymond (2003), p. 188。

② 维夫斯的话引自 Bushnell (1996), p. 118。

始意识到他们不可能读完所有的书籍。由于有如此之多的图书可供选择，所以对读者的选择活动加以指导或引导便成为一项重要的事业。

安·布莱尔（Ann Blair）在其研究成果《要知道的太多：前现代的学术信息处理》（*Too Much to Know: Managing Scholarly Information before the Modern Age*）中发现："到16世纪中期的时候，关于印刷之影响力的评论常常会聚焦于印刷书籍庞大并且逐渐增长的数量。"[①] 这种对于书籍或信息的庞大数量的抱怨常常是以简练的形式来表达那种同书籍的学术权威性之争有关的担忧。由于作者们为"真理"提供了相互冲突的版本和解释，所以读者面临着如何区分值得阅读的书籍和不值得阅读的书籍的挑战。布莱尔解释说："数量过多不仅仅是指书籍的数量过多，而且意味着书籍中承载着很多不同的、新出现的和相互冲突的权威言论、观点和经验。"对于将哲学和宗教都"建立在掌握历史悠久的文本传统的基础之上"的欧洲社会而言，"由于新的以及最近重新发现的观点的印刷出版，它将再次面临一个以更为紧迫的形式提出的难题，即怎样调和那些相互冲突的权威言论"。[②]

人们对于信息量过于庞大的担忧之中存在着一个假设，即读者在面对数目众多的出版物时，可能会疲于应付它们的挑战。这种认为读者将同数目众多的书籍和随之而来的知识爆炸做斗争的假设，为阅读指南（reading guides）的产生提供了合法性。事实上，很少有作者能够克制住为阅读公众提供阅读指南的诱惑。有时候，作者会对那些没有价值的出版物的大量存在表示沮丧，并以此作为证明

① Blair (2010), p. 48.
② Blair (2010), p. 57.

自己的著作有价值的前奏；而且他们为此撰写的阅读指南和参考书目等等，都是为了帮助读者正确地选择阅读材料。在 17 世纪的时候，"关于书籍太多的警告开始变得比以往任何时候都更加危言耸听，其常见目的是向读者提供某种解答"，布莱尔写道。[①] 关于信息量过大的警告常常服务于宣传自身书籍的目的：吸引潜在的消费者和读者的注意力。

对于新式出版物的迅猛增长所带来的有害影响的担忧，并不仅仅是这项新技术的后果所引发的一种直接反应。在印刷时代之前，对于书籍过多的抱怨就已存在 —— 它们以不同的面貌重复出现在人们对新媒体的反应之中。现代早期的那些关于书籍过量的危耸言论，不过是为了证明各种对新出现的阅读公众加以控制、限制或至少是引导的企图具有合理性。

在 17 世纪至 18 世纪，最重要的思想家们都曾探讨过如何进行良好的阅读。著名的哲学家伊拉斯谟和康德等人向读者提出的建议是：要有选择性地阅读，以避免阅读过多的书籍。此类建议的目的是防止读者受到印刷出版的大众传媒所带来的诱惑，并且为读者塑造一种能够符合作者心理预期的身份。而那些对印刷的媒介效应做出的警告，则是为了以一种旁敲侧击的方式招揽读者。

关于印刷革命的争论

自从伊丽莎白·艾森斯坦的权威性研究成果《作为变革推动者的印刷革命》（ *The Printing Revolution as An Agent of Change* ）在 1979 年出版以来，她和其他学者所主张的印刷技术带来了积极的变革性

[①] Blair (2010), p. 58.

影响因而具有历史意义的评论便遭到了某些人的强烈反对。很多历史学家和评论家认为，印刷技术的发明并不足以表明一场告别过去的革命，而且它的影响受到了高估。除了对印刷革命这一概念提出批评外，还有人对读写能力的文化意义做出了悲观的评价，并且有人对于它促进人类进步和发展的积极进步意义加以贬低。正如我们将在第八章中指出的那样，自从 20 世纪 60 年代以来就一直存在一种贬低读写能力的明显倾向，而这种情绪也影响了人们对于读写能力之进步历史意义的看法。

在围绕印刷革命这一概念而展开的争论中，常常可以看到一种更为广泛的当代思潮的影响，而这种思潮代表着一种试图贬低那些同文艺复兴、宗教改革和启蒙运动有关的思想运动的文化力量。它从怀疑这些重大事件的历史成就开始，进一步发展到否定读写能力和阅读活动所带来的现代化和民主化传统的积极进步意义。

马丁·莱昂斯（Martyn Lyons）在论及他所说的"古腾堡神话"（Gutenberg Myth）时提出，"印刷革命的现代性意识主要是一种对法国大革命及 19 世纪的意识建构"。[①] 他认为，对于法国大革命来说，"印刷出版使现代思想得以摆脱蒙昧主义的、'哥特式的'和非理性的中世纪"。按照这种观点，印刷的可称道之处在于它同一种自我服务意识之间的紧密联系，正是这种意识使人们用印刷来促进阅读的普及、启蒙哲学的传播、法国大革命和文明、进步。

学者们对于所谓的古腾堡神话的主要批评，就是将它贬为一种出自"灵异因素"（The Eureka Factor）的幻觉；他们认为印刷书籍的传播速度受到了过高的估计，并且质疑它对人类、社会和文化生

---

① Lyons (2010), p.28.

活的影响。[1] 他们批评印刷革命这一概念，认为古腾堡并非是人文主义的英雄，而只是一个无足轻重的工匠。按照莱昂斯的说法，古腾堡只不过是一个"为教会当局打零工的印刷工"，而他的主要客户就是天主教会。[2]

然而，正如我们在本章的前半部分所指出的那样，印刷革命并不是一个单独的事件。至少在某些方面，它代表着一种对于认识论上的和思想上的时代需求的回应。印刷出版的潜在力量是通过宗教改革的兴起而得以实现的，而且这种新媒介的蓬勃发展是同西欧部分地区的经济活动的发展和繁荣昌盛相关联的。对于"灵异因素"的批评是一种无的放矢的批评，因为大多数严肃的历史著述都会承认，印刷技术的运用所产生的复杂的推动力量不能被简化为某个英雄般的天才人物的作用。

印刷革命的概念并不依赖于那种认为它在一夜之间就改变了世界的观点。历史性的变革总是通过相互冲突和彼此对抗的潮流而得以实现的，而印刷出版对于阅读的变革性影响也不能例外。毋庸置疑，印刷出版的影响、读写能力的普及以及它们二者对日常生活的影响都不是一帆风顺的。人们对于印刷的反应是复杂多变的，而霍布斯和弥尔顿的反应则分别代表了其中的两个极端。

莱昂斯认为，印刷文化乃是一种处于精英特权主导之下的文化。因而在他看来，虽然印刷出版有助于改变"学者的生活"，但是"并未触及那些仍然保留着某些丰富的口传文化的普通人的生活"。[3] 这种认为印刷没有"触及"欧洲广大民众的观点忽略了一个事实，即

---

[1] Lyons (2010) 的第三章清晰地阐述了针对印刷革命概念的这些批评。

[2] Lyons (2010), p.28.

[3] Lyons (2010), pp.27 and 35.

阅读文本的新机会对欧洲社会造成了强大的直接影响。虽然读写能力的普及还为时尚早，但是日益壮大的阅读公众已在文化生活和政治生活中发挥了巨大的作用。既然为普通人创作的出版物已经出现，那么阅读便不再仅仅是学者、贵族和富商们的特权。到 16 世纪的时候，"人们已认识到自己生活在一个'印刷时代'"①。

　　毫不令人惊奇的是，印刷革命的遗产只有在事后才能被人们认识到。那些直接经历技术创新和变革的人们并不总能理解变革的意义；只有极少数具有非凡的敏锐性和预见性的人们才可能领悟到它的影响。正如理查德·阿贝尔所指出的那样："在为英国大革命时代的出版自由权做出的声辩中，双目失明的弥尔顿成为极少数认识到这一巨大而有力的知识引擎的极端重要性的人物之一，而这一引擎又是古腾堡所带来的文化的产物。"②

　　最近，某些人在对印刷革命这一概念提出批评时，开始提及一些在印刷革命之后才出现的媒介技术上的创新。电子通信和数字技术的进步常常被他们当作一个着眼点来贬低印刷这一遗产的重要性。艾德里安·约翰斯（Adrian Johns）在批评艾森斯坦的著作时提出，20 世纪和 21 世纪的经验为我们认识更早期的交流技术的出现提供了新的启示。约翰斯在回顾阅读的历史时指出："电子通信的出现不可避免地为我们对印刷时代的认识提供了新的亮光。"③媒介技术上不断出现的科技创新被他当作证据来质疑印刷技术所取得的独特成就。艾森斯坦在回应这一批评时指出，约翰斯对过去的评价受到了现时代价值观的影响：他对"印刷革命"的看法"受到了似乎听不到那

---

① Bushnell (1996), p. 119.

② Abel (2012), p. 10.

③ Johns (2002), p. 106.

个时代之音乐的某种（后现代的？）感知力的影响"。[1]

对于印刷革命的历史意义的贬低不仅是一种时髦的论调，而且反映了一种更为广泛的反对欧洲启蒙运动的文化思潮。对于人文主义的文艺复兴和启蒙运动的乐观评价在今天可能会被蔑视为一种天真幼稚的和意识形态化的想法，而人们曾经对阅读的力量所寄予的信任则常常让位于那种将读写能力同带有操纵和歧视色彩的精英意识相关联的观点。[2]然而，正如弥尔顿的例子所表明的那样，印刷技术将文字从天上带到了人间。

印刷文字的去神圣化应该被视为阅读的常态化及其所暗含的民主化的一个征兆。然而，正如我们将在下一章中谈到的那样，当印刷文字的去神圣化完成之后，阅读行为将很快变成世俗崇拜的对象。

---

[1] Eisenstein (2002), p. 128.

[2] 这一观点得到了托马斯的认同，参见 Thomas (1986), pp. 119 and 121。

四、启蒙运动：一场读者革命

有点吊诡的是，阅读正是通过那种造就了启蒙运动的世俗化想象才获得了文化上的神圣性。在 18 世纪的时候，"阅读兴趣"的理念赢得了文化上的合法性，以至于某些评论家和官方人士开始担忧所谓的"阅读狂热"的潜在影响。阅读仍然被主要看作一种服务于特定目的的手段——主要是为了获取知识，但是它也常常被说成是一种具有内在价值乃至快乐的活动。启蒙运动和它的核心支持者——那些活跃的和有影响力的阅读公众——给阅读赋予了前所未有的积极意义，并且为阅读的民主化提供了重要的契机。

18 世纪常常被描述为一个进步的时代。[①]一位苏格兰作家和神学家休·布莱尔（Hugh Blair，1718—1800 年）有一篇布道词《论时代的进步》（On the Improvement of Time），将进步认定为这个时代的突出特征。[②]阅读被当作一种重要的媒介，而自我完善（self-improvement）

---

① 参见 Briggs' *The Age of Improvement* (1979) 中的经典描述。
② Blair's *Sermons* (1790) 可从网上获取，见 https://archive.org/details/sermonsby-hughb 100 conggoog，访问时间为 2014 年 12 月 11 日。

的理想应该通过它来加以追求。[1] 也就是说，阅读已经直接同启蒙和解放关联了起来，而且一个日益壮大的社会群体正致力于掌握同阅读相关联的知识和文化资本。尽管普及教育的时代远未到来，但是为了满足人们对阅读和知识的日益增长的需求，新的学校已经建立起来。然而，阅读虽然被赋予了如此之高的价值，但还是无法避免遭到监督、管理乃至审查。

阅读革命

在 18 世纪的许多欧洲评论家眼中，似乎每个人都在阅读。他们看到了一场由于小说和报纸之类的新式出版物的不断涌现而引发的名副其实的媒介大爆炸。在 1789 年到 1799 年的十年间，就有超过两千种新报纸在巴黎出版发行，而英国的报纸发行量则在 1712 年至 1757 年之间增长了八倍。出版的商业化首先出现在英国，并且逐渐形成了一个为日益增长的读者服务的文学市场。一份关于刚刚形成的阅读公众的历史记录提到：阅读公众刺激了对于书籍的需求，"广告也在激发人们猎奇的欲望"[2]。在 18 世纪的后半期，随着租赁图书馆（lending libraries）和阅读俱乐部的兴起，这场媒体革命得以更顺利地开展下去。

在 18 世纪的欧洲，读写能力的普及意味着阅读习惯已逐渐地融入流行文化之中。大批的城市居民渴望掌握阅读的技巧。在伦敦，一位名叫查尔斯·阿克斯（Charles Ackers）的出版商仅在 1730 年至 1758 年之间就将一本介绍英文语法的图书印刷并销售了 27500 册之

---

① Towsey (2007), p. 262.

② Van Horn Melton (2001), p.93.

多。① 欧洲的工匠、商人、自耕农和妇女构成了新的阅读公众，并且为故事书、年鉴和新闻期刊等通俗出版物提供了广阔的市场。"提升文化素质"的愿望同尊崇知识的态度相互交织在一起，提升了人们的阅读兴趣。② 由平民所组成的新的读者群体的出现表明，对于阅读的文化尊崇已经成功地吸引了更广大的民众去掌握读写的技能。

最近几十年来，"民众在阅读什么"这一问题已成为那些对读写能力同法国大革命和启蒙运动之间的关系感兴趣的历史学家们的争论焦点。狄德罗（Diderot）、孟德斯鸠（Montesquieu）、伏尔泰（Voltaire）等启蒙运动时期的哲学家所撰写的文章和著作究竟在多大程度上影响了法国大革命时期普通民众的心态？在历史学家罗伯特·达顿（Robert Darton）的著作的启发下，学者们常常试图把那些含有"高级的启蒙思想"的严肃出版物同"低级的文学作品"区分开来。他们往往发现，以旧政权（*ancien régime*）的统治者的可耻行径为内容的传闻类和绯闻类出版物要远比启蒙运动时代的几位领袖人物的著作更有影响。③ 围绕着当时法国民众在阅读什么、哪些著作对他们影响最大、他们在阅读中形成的观念同法国大革命的影响之间有何关系等问题的争论仍在持续，而且似乎无法解决，因为学者们实在难以通过回顾历史来了解当时法国各阶层的读者的内在思想。

历史学家对于"高级"文学和"低级"文学之间到底有何明显的差异也远未达成共识，因为这些不同类型的著作似乎不大可能存在于一个平行宇宙之中。不同类型的文学作品吸引着各自不同的读

---

① Fischer (2005), p. 257.
② 参见 Eisenstein (2011) 中的一章：Eighteenth-Century Attitudes。
③ 有关这一讨论的有趣综述，参见 Mason (1999)。

者群体，而且它们之间虽然存在着差异，但是都处在那个被称为"理性时代"或"进步时代"的时代的文化氛围的影响之下。事实上，正是由于所谓的低级文学的泛滥，才使批判精神成为可能，而这种批判精神恰恰是启蒙运动时期的思想家所赞同并宣扬的。

正在上升的中产阶级主导着阅读和写作的公共领域，并且从自身的知识和文化成就中获得了自信。爱尔兰作家、《旁观者》(*The Spectator*)杂志的创办人之一理查德·斯蒂尔（Richard Steele，1671—1729 年）以自己的言论回应了这种时代精神："阅读有益于心灵，运动有益于身体。"阅读能力已经被看作现代人必备的一项基本技能，而通过读写来获取某种反思能力则被视为一种值得拥有的宝贵文化资本。

对于新兴的中产阶级而言，掌握这种文化资本将有助于他们质疑旧秩序的权威。正如彼得·霍恩达尔（Peter Hohendahl）所评论的那样："文学作为一种赢得自身尊严的工具而服务于中产阶级的解放运动，并且可以用来表达他们反抗专制政府和等级社会的人性需求。"[①]其他社会群体也把阅读看作一把可以用来开启新的机会、知识和冒险之门的钥匙。

在 18 世纪，具备了读写能力的人们对于欧洲公共舆论的形成发挥了意义重大的作用。人们的阅读方式，他们从书面文字中得出的结论，他们对于日常事务做出的判断，所有这一切都对公共舆论的形成产生着日益重要的影响。在这一新势力的力量得到承认的同时，绝对主义君权秩序在道德和思想上的权威性则开始走向衰落。印刷出版的书籍和小册子构成了新的媒介，而它们传播的观念和价值向

---

① 霍思达尔的评论引自 Eagleton (1984), p. 10。

旧秩序提出了质疑——有时还是公开的质疑，例如托马斯·潘恩（Thomas Paine）等作家就曾直接向旧秩序提出过一些挑战性的问题。

更为重要的是，阅读使读者有机会去反对、吸收和探讨不同的思想，并且常常可以从中得出意想不到的结论。阅读使个人可以按照自身的处境和倾向来形成思想，而他们的思想有时候并不符合官方的主张，从而导致自我的权威（the authority of the self）同流行的道德秩序之间出现某种张力。

在这个理性的时代，对理性力量的运用是同那种通过阅读而得出的判断联系在一起的。正如特里·伊格尔顿（Terry Eagleton）所指出的那样："每个判断都是专门针对一类公众而设计的，同读者的交流是这个系统中不可或缺的一部分。"他还补充道："正是通过同阅读公众的交流，批判性的反思才失去了它的个人化特征。"① 无论是具备了读写能力的公众的出现，还是关于公共舆论之权威性的新观念的形成，都是这个时代的思想风气的产物，它要求人们必须"学会依靠其本性或理性所提供的证据，而不是依靠传统所提供的论据"②。

批判精神及其对新思想的开放性强化了这样一种信念：阅读公众的意见远比过去的智慧更有价值。对新知识的追求促进了哲学上、政治上和科学上的新思想的发表，而作者们也需要求得"公共舆论"的认可。有时候，就好像每一位作家都在充当阅读公众的代言人。一项关于法国大革命前夕的公共舆论的研究表明："突然之间，它成了权威的新来源；无论是专制的君主还是他们的批评者，都不得不向这个最高法庭提出申诉。"③ 公共舆论的合法化直接提升

---

① Eagleton (1984), p. 10.

② Cragg (1964), p. 2.

③ Baker (1994), p. 186.

了读者的文化地位，特别是提升了那些擅长读写的读者的地位。尤尔根·哈贝马斯（Jürgen Habermas）在其开创性的研究专著《公共领域的结构变革》（*The Structural Transformation of Public Sphere*）中提出了一个令人信服的论点：中产阶级的公共舆论是通过文学作品展现出来的。中产阶级试图通过书面文化来建构其鲜明的独特性。[①]

作者和公众人物为了维护自身在文学上或政治上的权威，都在想方设法地表明自己是公共舆论的代言人。这种做法含蓄地质疑了传统权威所依赖的基础。因此，对公共舆论的申诉意味着："越过合法设立的权威，去博取占人口多数的阅读公众的好感。"[②]

对于如何把握不同的读者群体、阅读公众的观点和公共舆论之间的关系问题，历史学家和文学理论家们经常发生争论。从一种社会学的视角来看，18世纪的阅读革命既展示了一股使统一的阅读公众得以产生的潮流，也表现了一种使不同阶层的读者得以形成的趋势。一方面，一项研究表明："到18世纪末，不仅仅那些出身于中产阶级的专业人士在进行阅读，而且商人、手艺人、出身于贵族阶层或农民家庭的妇女、城市公务员也在进行阅读，甚至连劳工都在进行阅读。"但是，在阅读公众之间也存在着社会经济方面和文化方面的差异：并不是所有的读者都能买得起书籍，而"能够阅读不仅仅代表着一种能力"。它需要有获得书籍的途径、可用的资源和闲暇的时间，而且还关系到一种"让你所阅读的东西有意义的社会背景"。[③]

---

① 参见 Habermas (1992)。

② Eisenstein (2011), p. 136.

③ Benedict (2001), pp. 382–383.

许多最新的研究指出，启蒙运动时期的主要批评家们所采用的那种有局限性的和极为独特的批判旧秩序的方式孕育出了一种关于阅读公众的观念。他们"坚持认为，只有那些具有足够的文化水平和教育水平的人士才能形成可靠的审美判断"，而且"启蒙运动的批评家们所依仗的公众归根结底只是那些受过教育的富裕阶层的读者，即主要是中产阶级和贵族出身的读者"。① 所有的相关记录都表明，到18世纪末期的时候，读者这一社会群体的两极分化日趋严重，而中产阶级的读者开始担心一种大众化倾向的阅读文化的日益增长的影响。实际上，上层文化同大众文化或流行文化之间的道德差异也正是产生于这一时刻。

尽管启蒙运动的领袖人物们所依仗的公众是有局限性的，但是他们却使用了理性和进步等更具普遍性的术语来表达自身的思想观念。《旁观者》杂志的合作创办人之一、散文家约瑟夫·艾迪生（Joseph Addison，1672—1719年）声称，假如古代的伟大哲学家们能得到印刷机的帮助，他们将会利用它来"博取大多数人的好感"。艾迪生因为《旁观者》能向更广大的民众传播知识而自豪，他在1711年写道："据说苏格拉底将哲学从天上带到了人间，而我的雄心是把这种说法用在自己身上，即我将让哲学从密室、图书馆、中学和大学里走出来，使其出现在俱乐部和集会中、茶桌上和咖啡屋里。"②

俱乐部和咖啡屋的顾客是正在增长的中产阶级的成员，而他们在英国人口中的比例相对较少。然而，一旦这种向更广大的民众传播知识的计划被理解为一条改良社会的路线，那么它就将超越阶级的局限，而成为一种可以在不断扩大的社会群体中创造教育需求的

---

① Van Horn Melton (2001), pp. 116–117.

② 引自 Eisenstein (2011), p. 120。

雄心。

有时候，"阅读之国"（nation of reading）的理念是同强大的文化潮流相一致的。诚然，在 18 世纪的前几十年里，通过阅读的媒介作用，一个具有相对共识的公共领域在英国形成了。亚历山大·贝尔雅姆（Alexandre Beljame）在研究 18 世纪的英国公共生活时强调了阅读的整合性功能，并且假设了一种可供阅读公众进行批判性的、同时又是理性的和彬彬有礼的思想交流的读者文化。他评论说："读者不再被隔离到那些分属于清教徒和骑士、院落和城市、大都会和外省的不同水密舱里。所有的英国人现在都成了读者。"[①]这是他对阅读公众的规模及其同质性所做出的一种夸大其词的评论。特里·伊格尔顿则指出，在这一时期很有影响的《旁观者》杂志在这个拥有 550 万人口的国家里仅仅销售了大约 3000 册，而且买得起图书的公众人数"估计只有区区几万人，而大多数的英国人并没有读写能力或者完全目不识丁"。[②]

并非每一个拥有读写能力的人都可以被整合进这个由受过教育的批评家和有理性的读者所构成的公共领域。那些被整合进这一公共领域的人士能分享一个以"共识性"为特征的网络。在 18 世纪的前几十年里，"对于何种事物具有文化，人们的观点是相对一致的。这是因为，提出并传播这些观点的英国知识阶层具有其内在的向心力"。[③]由于多种原因，这种具有共识的文学公众（literary public）在 18 世纪末的时候开始分崩离析。文学公众并不完全是按照阶级的划分而走向分裂的；它还受到了文学爱好者们所追求的审美趣味和实

---

① 贝尔雅姆的话引自 Eagleton (1984), p. 14。

② Eagleton (1984), p. 14.

③ Collins (1989), p. 4.

际利益的影响。对阅读的不同态度促进了不同类型的阅读公众的发展，而且加大了"高级的"和"低级的"文学品味在伦理和心理上的距离。

人们如何阅读以及人们阅读什么，开始越来越多地关系到个人身份的构建。并不是所有类型的阅读都会受到同等的评价，也不是每个能看懂书面文本的人都会被视为有文化素养的读者。伊格尔顿指出："在18世纪的英国，读写能力自然地分为许多不同的层次，但是那些能够在这个术语所必然带有的高贵典雅的意义上进行'阅读'的人，明显地优越于那些没有能力进行这种'阅读'的人。"[①]

不同类型的读者之间的区分对于个人的自我展示有着至关重要的影响，并且可以用来划分人们的不同身份。附加在读写能力上的声望和地位意味着，读者类型上的区别具有重要的社会影响，并且是同社会的和阶级的立场相一致的。为了显示自己在阅读方面训练有素、教养良好，有的读者常常从审美的角度贬损他人的读写能力。德国诗人和哲学家弗里德里希·席勒（Friedrich Schiller，1759—1805年）生动地描绘了这种将大众性的阅读文化视为一种威胁的思想倾向。他曾经宣称："公众就是我的一切，是我的学校、我的教育、我的主权和我信赖的朋友。"然而，在谈到自己的生活目标时，他又坚持认为："在我与公众之间，唯一合理的、让人无法抱憾的关系就是战争。"[②]

18世纪公共领域的分裂是同"阅读公众分裂为受过教育的少数人（the educated minority）和大众（the masses）"相同步的，而这一分裂为后来发生的关于印刷之地位和影响的问题以及读者能力的问

---

① Eagleton (1984), pp. 51–52.

② 引自 Van Horn Melton (2001), p. 117。

题的争论提供了基础。阅读公众的分裂一旦固定下来，他们便会忽略或遗忘自己曾经对于阅读之国的积极和进步作用所寄予的巨大希望。这种对理性、教育和阅读的力量所寄予的希望是启蒙运动的基本精神，也是人类通过对教育和读写能力的普及——特别是在英国和美国——而取得的重大成果。

塞缪尔·约翰逊在 1748 年写道，"那个时代曾规划过如此之多的教育方案"，"有如此之多的学校向普遍知识敞开了大门，有如此之多的教师出现在特定学科的讲台上"。他还提到了一项具有重大意义的发展：知识开始通过"普通的交谈"而得到传播。[1] 到 1755 年时，阅读已经发展到了"儿童拥有大量文学作品"的程度。妇女在阅读公众中发挥着越来越大的作用，以至于约翰逊在 1778 年惊叹道："我们所有的女士如今都在阅读。这是一个巨大的发展。"[2] 印刷出版物的价格下跌也有助于阅读公众的发展。相对便宜的商业图书馆的增加使下层民众有机会得到书籍，并且"使思想的洞察力有可能通过印刷文本同时展现给男女两性以及那些不属于精英阶层的社会成员"[3]。

泛读[4]

对于阅读的热情在 18 世纪早期的英国已变得非常显著。法国很快赶了上来，而德国也紧随其后。18 世纪到 19 世纪之交的时候，

---

[1] 约翰逊博士的话引自 Collins (1926), p. 429。

[2] 引自 Collins (1926), p. 430。

[3] Outram (2013), p. 16.

[4] 此处提到的"泛读"（extensive reading）亦可译为"广泛阅读"或"一般性阅读"，而下文中与之对应的"精读"（intensive reading）亦可译为"细致阅读"或"仔细阅读"。但为保持本书内容的一致性和连贯性，统一将两者分别译为"泛读"和"精读"。——译者注

阅读已开始成为一种流行的消遣方式，以至于那些对阅读感到担心的人经常谈论的事情不再是最初那种对于"阅读障碍"（reading-bug）的诊断，而是它"向一种集体性的'阅读流行病'（reading epidemic）的快速升级"。[①]

德国历史学家罗尔夫·恩格尔辛（Rolf Engelsing）将18世纪出现的大众化阅读以及阅读公众的日益增长的影响称为一场阅读革命。[②]恩格尔辛在一项关于德国不来梅市（Bremen）的中产阶级读者的研究中得出结论说，在18世纪中期到18世纪晚期之间，人们的阅读方式以及人们体验这种活动的方式发生了一次实质性的转变，即从精读向泛读的转变。

恩格尔辛认为，直到18世纪下半叶之前，大部分具备读写能力的人仍在进行精读：阅读并反复地阅读数量很少的书籍。大部分人能拥有的或者能接触到的书籍数量仍是相对有限的，所以他们会一遍又一遍地默读这些书籍，但有时候，他们也会对着家庭成员或朋友大声朗读这些书籍。精读时代的经典书籍是《圣经》，而正如恩格尔辛所指出的那样，一些人会把《圣经》读上五十遍之多。精读具有虔敬性的和反思性的特征："作为一种表示宗教虔敬的工具，阅读常常是一种家庭性的活动，而非社会性的活动"，并且常常是由一家之长对着自己的家庭成员朗读。[③]口头阅读通常是缓慢的和谨慎的，从而加强了阅读的细致性。这种阅读方式常常被描述为后来出现的那种阅读习惯——消费图书并且快速地从阅读一本书转向阅读另一本书——的道德对立面。

---

① Wittmann (1999), p. 285.

② 参见 Engelsing (1974)。

③ Van Horn Melton (2001), pp. 89–90.

相对便宜的出版物的大量供应，为人们采用新的阅读习惯提供了物质基础，并且由此改变了人们反复精读少量书籍的那种习惯。读者们开始翻阅各种不同的、涉及同一主题的书籍，有时候还会比较并评估其中观点的优劣。根据一份历史记录，"在18世纪的时候，阅读开始变得更为灵活和多样"①。

阅读的风格还取决于18世纪文化态度的重要发展。掌握了读写能力的公众依然会阅读宗教性的书籍，但是他们越来越为世俗性的书籍所吸引。读者们有兴趣获得新的知识、提升自我、逃避现实或寻找乐趣，而现在他们终于得到了体裁广泛的各种书籍。批量出版的文本的充分供应，是与出于及时娱乐目的而非出于精读目的的新的文学体裁和新的出版物的出现同时发生的。

恩格尔辛看重报纸和其他文学期刊，认为它们是导致大众阅读习惯从精读转向泛读的文学革新。报纸的出版不是为了得到细致的研究，而是为了提供某些将很快过时的消息，并且邀请公众通过泛读它们来参与各种话题的讨论。②那些渴望得到新信息和最新消息的人快速地浏览一个又一个文本，而这种阅读风格正是泛读的特点。

从精读到泛读的转变意味着人们不再像过去那样进行苦思冥想式的阅读，而是开始通过对不同书籍加以浅尝辄止的浏览，来进行更加实用和更具选择性的、以寻求信息和知识为目的的阅读——这是向高度世俗化的书籍消费的转变。反对泛读的批评家们则担心，对于一部分易受影响的公众，尤其是对于那些沉迷于新奇事物的公众来说，这种不受约束的和难以控制的阅读方式将可能带来某些无法预测的潜在干扰性影响。

---

① Van Horn Melton (2001), p. 91.

② Van Horn Melton (2001), p. 92.

　　时间观念的转变对于泛读习惯的形成起到了一定的影响。在印刷出版物的数量不断增多的同时，钟表的产量也在不断增长。日益增强的时间观念和历史意识助长了那种把时间视为一种宝贵的商品的情感。作为这种情感的表现形式之一，读者开始具有了更强的时间意识，并且不再认为自己必须从头到尾地看完一本书。约翰逊博士在表达这种情感的时候问道："一本书可能没有任何益处，或者仅有一点点值得了解的内容，那么我们为何还要把它读完呢？"约翰逊的《字典》（Dictinary）[①]对于英语的语言要素的界定做出了重要贡献。总的来看，他代表了泛读者的立场。[②]

　　美国历史学家大卫·霍尔（David Hall）的一项研究为恩格尔辛的上述观点提供了佐证。霍尔指出，在18世纪的时候，他所研究的新英格兰[③]社会似乎已经放弃了昔日那种对于极少数代表宗教虔敬的著作的依赖，而开始去消费那些由一个繁荣的文学市场（literary market）所提供的新式出版物——报纸、期刊、小说。霍尔认为，这种从精读到泛读的转变是同一系列正在席卷整个西方社会的重要且广泛的文化变革密切相关的。这些文化变革当中，既有"从宗教化到世俗化"的变革，也有"从自给自足到'商业化'，或者说从商品稀缺到商品丰富"的变革。[④]

　　关于这种从精读到泛读的转变具有何种意义的问题，尽管目前仍然存在着争论，但是几乎没有疑问的是，印刷的商业化所产生的

---

① 指约翰逊于1755年主编的、产生了巨大影响的英文字典，也就是人们常说的《约翰逊字典》。——译者注

② 参见 DeMaria (1997)。

③ 此处的新英格兰（New England）是对美国东北部的六个州的总称，包括马萨诸塞州、缅因州、佛蒙特州、新罕布什尔州、康涅狄格州和罗得岛州。——译者注

④ Hall (1999), p. 234.

影响之一就是为读者提供了更多可供选择的出版物，进而为人们创造了这种可以随时改变自己阅读习惯的机会。[①] 当然，18世纪的人们并没有完全停止精读。恩格尔辛警告人们不要过分地夸大阅读革命的规模和速度：各种历史记录都表明，不同的阅读习惯之间存在着同时并存的情况，甚至连口头阅读也一直持续到了19世纪之后的很长一段时间。

尽管在新的阅读习惯之中，存在着某些同旧的阅读习惯具有连续性的重要因素，但是不能因此而掩盖这个时代的阅读态度所发生的实质性转变。正如简·柯伦（Jane Curran）在一项针对德国启蒙运动的研究中评价的那样，"在17世纪和18世纪，确实发生了一场阅读习惯上的革命"。她指出，这场革命不仅仅是出版物的大量供应所引发的结果，而且也是一场以"阅读兴趣的扩展"（spread of the love of reading）为表现形式的文化变革的后果。[②]

"阅读兴趣"的扩展及其理想化表明了读者历史上的一次重大发展。在此前的那些世纪里，阅读都是同强大的道德品质、精神品质和情感品质相关联的；但是正如埃卡·马基宁（Ilkka Mäkinen）所说明的那样，关于阅读兴趣的正式讨论是在18世纪的时候充分形成的，而且在当时欧洲的许多社会里都能够感受到这一点：

在欧洲的各主要语言中，都有一些高度概念化的短语和术语用来描述阅读的习惯和动机。在法语中，最常用来表示自发性阅读动机的术语是"阅读趣味"（*goût de la lecture*）；在英语中则是"阅读兴趣"（love of reading）、"阅读习惯"（habit of reading）和"阅读欲

---

① Fischer (2005).

② Curran (2005), p. 696.

望"(desire of reading); 而在德语中是"阅读欲"(*Leselust*)。[1]

关于阅读兴趣的热烈讨论可能被误以为仅仅是关于传统精读方式的一种新讨论。但是现在阅读已经同快乐和情感之间有了密切的关联,而这一事实表明:那种用于表示宗教虔敬的阅读中所必然具有的道德约束力已经丧失了其大部分的力量。正如马基宁所指出的那样,阅读革命或许"还可以被称为一场阅读兴趣的革命"。[2]

从长远的历史发展的观点来看,发生在18世纪的阅读习惯转变具有一个显著特征,那就是出现了一系列不同的阅读行为。读者现在可以在不同的阅读行为之间做出自己的选择,而且他们常常倾向于采用不同的方式来接触不同的文本。多种类型的出版物的供应以及阅读行为的多样化,不仅改变了阅读的意义,而且改变了阅读的活动。对阅读的多样化描述,导致人们开始争论什么是良好的阅读、什么是不良的阅读,并且提出了他们对于阅读公众的可能发展动态的看法,同时还导致了各种试图对阅读活动加以指导或规范的动机。

正如我们在讨论那些关于阅读的文化冲突时所评论的那样,对于阅读的担忧和怀疑是同对于阅读的正面评价并存的。某些针对阅读的危言耸听的评论在18世纪的时候仍然有其影响,但是它们已不再是主导性的言论。马基宁在谈到各种关于书籍对读者之影响的相互冲突的评论时,得出了一个比较公允的结论:

讨论不仅可以反映现实,也可以遮蔽现实。以何种方式来讨论

---

[1] Mäkinen (2013), p .128.

[2] Mäkinen (2013), p .134.

阅读，确实非常重要。如果使用"阅读狂躁"（英语为 reading rage，法语为 *rage de lire*，德语为 *lesewut*）之类的带有负面含义的术语来讨论阅读，而不是使用"阅读兴趣"等中性的或肯定性的术语来讨论它，那么便会对阅读产生更为负面的想象。尽管在阅读历史上，常常有人对阅读的状况发表一些富有煽动性和戏剧性的声明，但是我的研究却对其做出了比较客观和比较积极的描绘。[1]

那些用来警告阅读之风险的危言忧语所依赖的前提恰恰在于，阅读带来了一种脱胎换骨式的迷人体验。许多道德家把人们对于越来越多的阅读材料——尤其是小说——的明显需求视为一种威胁，但是其他人却认为这种需求恰好证明了一点：对于教育的渴望意味着人类走向进步的可能性。

在某种意义上，道德家们是正确的。阅读兴趣的影响和发展动向是不可预测的。作为一种动机性的因素，阅读兴趣是以个人意愿的形式表达出来的，并且无须得到体制的赞同或任何一种外在形式的法律许可。苏格拉底绝不是最后一位担心书籍会对读者造成随机影响的人：制定阅读规范和引导读者成了启蒙运动时期文学文化的整体特征。

阅读规范

18 世纪的作家和评论家们一直试图影响公众的阅读品味和阅读行为。小说家塞缪尔·理查森（Samuel Richardson，1689—1761 年）经常修订自己的小说，以便能够用正确的道德信息来引导读者。他甚至为自己长达 18 卷的小说集专门撰写和发表了一篇题名为"道德

---

[1] Mäkinen (2013), p.134.

的和有教益的观点、格言、警句和反思"的文摘，以便向那些没有时间阅读其小说的人士概括自身的观点。[①] 作家和出版商占据了道德仲裁者的地位，并且承担了为公众的阅读品味和阅读习惯提供指引的责任。"以智慧来激活道德，以道德来驯服智慧"正是艾迪生对自己的著作所肩负的道德使命的描述。[②]

作家和出版商们所提供的道德指引是为了促使读者参与启蒙运动所主张的那种文学实践。它所依赖的前提是这样一种信念：存在着良好的阅读行为和不良的阅读行为。不良的阅读行为常常被描述为缺少目的性和责任感的阅读，以及对于浅显易懂的文本的无节制消费。阅读小说常常被特别指出是一种可能受到诱惑和迷惑并误入歧途的行为。

在严谨的读者和自由散漫的读者之间做出区分总是含有某种道德审判的意味。启蒙运动时期形成的阅读规范所倡导的基本价值观是要求读者进行有目的的阅读并从中获得教益。影响最大的英文阅读指南之一是约翰·洛克的《摘录书籍的新方法》(*New Method of a Common-place Book*)。[③] 该书于 1676 年首先以法文出版，随后被译成英文并于 1706 年出版。洛克鼓励人们做读书摘录并认真整理，以养成批判性的和有条理的思维。他提出的方法被证明在读者中大受欢迎，并且《新方法》一书也历经了多次印刷和改版。

洛克的阅读指南所倡导的价值观同文学界所持有的阅读观是一致的，它被认为不仅仅让学者和"文人墨客"受益匪浅，而且还可

---

① 参见 Brewer (1997), p. 128。
② 艾迪生的话引自 Van Horn Melton (2001), p. 96。
③ 该书可从网上获取，参见 https://archive.org/details/gu_newmethod-maki00lock，访问时间为 2014 年 6 月 4 日。

以让全体读者都受益。在 1770 年出版的该指南的最新版本中，编辑约翰·贝尔（John Bell）宣称：

> 本书不仅仅针对神职人员、律师、诗人、哲学家或历史学家，它的效用已得到了这些人士的检验和广泛认可。它所适用的并且可以施惠的读者包括：商人和文人，时髦的富人和研究者，旅行者、经纪人——总之，所有那些以自己的特定方式来建构一个有效的和适当的知识体系的人，而无论他们的目的是追求利润还是快乐。①

洛克的阅读指南之所以能够取得巨大的成功，是因为它对贯穿于那个时代的自我完善精神做出了回应。

塞缪尔·约翰逊堪称洛克所倡导的这种具有自我批判性和条理性的读者的主要代表之一。约翰逊博士是一位有目的性的印刷书籍消费者，他相信"真正的"阅读是为了寻求教益，而不是为了寻求乐趣。与此同时，他也相当现实地认识到，印刷出版的商业化将会导致各种不同于他本人的其他阅读方式的兴起。约翰逊从概念上区分了四种不同类型的阅读：学习型的研读、细心的批判性阅读、单纯的浏览性阅读和猎奇型的阅读。② 虽然他担心的是那种伴随着小说的出现而出现的漫不经心的、缺乏目的性的猎奇型阅读，但是他也理解在不同的阅读方式之间保持某种平衡的必要性，并且承认人们只有按照那种合乎自身喜好的方式进行阅读，才能从中获益。约翰逊博士对此做出的解释是：相对于那些"不符合自身喜好的"阅读而

---

① 贝尔的话引自 Towsey (2007), p. 191。
② 有关对这四种阅读类型的讨论，参见 DeMaria (1997)。

言，"我们以自己乐意的方式进行阅读时可以产生更强的想象"。①

约翰逊博士和其他一些作者认识到，读者并不仅仅是作者所提供的建议的被动接受者：读者拥有自身的影响力和权威，而作者也需要得到他们的支持。②正是由于这一原因，"在整个 18 世纪，作者们一直在竞相争夺文学价值观的主导权"，并且试图"通过强调在有益的出版物和无益的新出版物之间做出甄别的必要性，来主导那个时代的读者对于新兴出版物的兴趣"。③作者们通过说明何种读者才是他们心目中理想的和有教养的读者，来强调他们各自提出的针对不良出版物的辨别方法和指导意见。他们还以"不够坚定的和缺乏道德感的人物"作为道德上的反衬，来说明如何才能成为"值得尊重的读者"。④

阅读行为的道德化有助于形成一种文学的等级标准，但是作者们提出的这些各不相同的指导意见究竟会对阅读公众的习惯和行为产生何种影响，我们仍然不得而知。人们按照自身的喜好来理解这些指导意见，并且可能在专注于阅读行为的时候忘掉它们。

正如帕特里克·布拉特林格（Patrick Bratlinger）在另一种绝然不同的语境中所写到的那样，"没有任何一种关于读者的社会学理论能够准确地预测出读者将对文本做出何种现实反应"⑤。发生在 18 世纪的读者心灵中的过程不可能被外部的观察者准确地把握。正如珍妮丝·拉德威（Janice Radway）所指出的那样，"阅读不是进食"，而且尽管现代早期的许多评论家曾经用进食来类比阅读，但

---

① 引自 Fischer (2005), p. 365。
② Brewer (1997), pp. 191–192.
③ Benedict (2001), pp. 389–390.
④ Brewer (1997), p. 194.
⑤ Bratlinger (1998), p. 17.

是读者却不可能通过一种类似于消化食物的方式来吸收他们所消费的书籍。[①] 因此，文化精英们所倡导的解释方法和文学价值观并不能对读者产生直接的影响。在消费书籍的过程中，读者对于流行的阅读规范既可能做出回应或予以接受，也可能会无视它们或拒绝它们。

文学精英们所提出的阅读规范有助于人们构想出一种理想化的阅读文化。对于良好阅读和不良阅读的区分悄然导致了对于读者的不同类型的区分。以正确的方式阅读优秀的文学作品成了一种权威的文化观念。在此意义上，它的主要影响就是在文学精英们的意识中强化了对于优秀读者的期望。阅读规范所无法解决的难题在于，它既无法预测读者将会对不同类型的出版物做出何种反应，也无法预见大众化阅读将带来何种社会影响和政治后果。

脆弱的平衡

在启蒙运动期间，人们对于阅读公众的作用及其可能的演化路径的看法不仅是复杂的，而且常常是矛盾的；同时，人们对于阅读的影响也有着各种相互冲突的解释。启蒙运动孕育了一种鼓励教育和阅读的氛围，在这种氛围下，阅读不仅被视为一种具有解放性的活动，而且成了一种赢得文化上的地位和权威的媒介。莱茵哈德·威特曼（Reinhard Wittmann）提出：

阅读具有了一种解放性的功能，并且成了一种创造性的社会力量：它扩展了人在道德上和思想上的境界。它使读者成为社会的一名有用成员，使读者得以更好地把控其职责范围，甚至还有助于其

[①] 引自 Jackson (2004), p. 1046。

职业生涯。印刷语言成为资产阶级文化的交流媒介。[①]

在今天的知识界，人们对于启蒙运动的遗产普遍持有怀疑态度，所以我们很有必要重新回顾一下启蒙运动的一项重大成就，那就是它激发了人们进行阅读和学习的强烈愿望。就是说，启蒙运动时期，无论是读者个体还是读者群体都对阅读活动有着强烈的兴趣。对于那些含有颠覆性思想的出版物的阅读或许是导致法国大革命爆发的原因，但是在这次事件之后，有很多人开始试图去控制不安分的读者，尤其是那些"对在政治上和社会上占统治地位且日益坚决地反对思想解放的阶级感到不满的读者"[②]。

几乎所有的重要哲学家和评论家对读者都曾表现出矛盾的态度。他们总是会赞美那些以学习或自我完善为目的的读者，同时又会去谴责那些任性的、不加选择的阅读行为。即便是像德国哲学家伊曼努尔·康德那样的相对开明的思想家，也常常会对那些以娱乐为目的的阅读行为采取一种"进步主义的"批判态度。他们为自己的批判提出的主要依据是，假如人们毫无限制地去阅读那些逃避现实的文学作品，就会有损于"启蒙运动所追求的解放"。[③]塞缪尔·约翰逊较为典型地表现出了重要思想家们对待阅读公众时的轻度精神分裂。他在自己主编的《英语词典》中指出："我很乐于赞同普通读者的意见。"但与此同时，他又经常对那些据说受到了"激情的控制或偏见的影响"的"大多数人"表现出极度蔑视的态度。[④]

---

① Wittmann (1999), p. 288.

② Wittmann (1999), p. 291.

③ Van Horn Melton (2001), p. 113.

④ 引自 Small (1996), p. 264。

总的来看，约翰逊博士是一位热情地讴歌阅读之价值的思想家，而且他坚持把"文人墨客"视为自己的理想读者。有一段时期，当某些文化悲观主义者试图去复活或论证口述传统和口头对话的长处时，约翰逊却提出了迥然不同的看法。[①] 在《论学习》(On Study, 1753 年) 一文中，他直截了当地反驳了那种声称阅读会"妨碍天性的力量，以牺牲判断力来增进记忆，把理性埋葬在未经消化的学习的混乱之中"的说法。约翰逊的观点是非常反苏格拉底的，而且他所反对的不仅仅是苏格拉底关于阅读会削弱记忆力的主张。

约翰逊认为，口头辩论常能促使参与者通过表演来赢得听众的好印象，并且能促使他们不惜牺牲辩论的清晰性来为自己赢得虚假的支持。约翰逊不仅反对通过辞藻华丽的诡辩来混淆视听，而且坚持认为，通过阅读得出的结论要比通过辩论得出的结论高出一筹：

通过写作的方式保存思想，并且让思想接受经常性的检验和评论，这不仅是让心灵发现自身谬误的最佳方法，而且还可以防止心灵将这些谬误运用于他人；在交谈的时候，我们会自然而然地发散自身的思想，而在写作的时候我们则会收拢自己的思想；写作的优势在于方法，而交谈的魅力在于不受拘束。[②]

约翰逊相信，阅读为读者提供了一种用来探求那些必须遵循的真理的媒介。无论是他对于书面语言的肯定，还是他对于口头语言

---

① 切斯特菲尔德勋爵（Lord Chesterfield）是口头对话的倡导者，他在 1752 年这样告诫自己的儿子："你现在应该阅读得少一些，但是要多与人交谈。"参见 http://www.gutenberg.org/files/ 3361/3361-h/336/-h.htm，访问时间为 2014 年 7 月 21 日。

② 见塞缪尔·约翰逊的 On Studies，该文 1753 年刊于 *The Adventure*，目前可从网上获取。参见 http://grammar.about.com/od/classicessays /a/JohnsonStudies.htm，访问时间为 2014 年 12 月 2 日。

的冷淡，都涉及一场发生在 18 世纪、关于这两种交流方式之利弊得失的更大范围的争论。

启蒙运动的许多代表人物都相信，争论的合理解决更有可能是通过阅读书面文本的方式来实现的，而非是通过口头争论的方式。在法国，"政治演说被印刷出来的书面讨论取代了，而这一变化受到了法国知识分子的欢迎，因为他们一方面将煽动性的、宗教性的'狂热'同演说联系了起来，另一方面又将深思熟虑的评论同阅读联系了起来"[1]。法国政治哲学家孔多塞侯爵（Marquis de Condorcet，1743—1794 年）可以说是启蒙运动和进步思想的最为雄辩的宣传者，而他相信阅读必将带来理性和科学的胜利。孔多塞把口头语言等同于"激情和偏见，而把书面语言等同于科学和进步"[2]。

有时候，对于口头对话和书面文本各自优点的反思会直接涉及古代世界在这一问题上曾经进行过的辩论。政治家马勒塞布（Malesherbes，1721—1794 年）在其入选法兰西学院时发表的致辞中，将他所在的"18 世纪"描述为"每个公民都可以利用印刷出版的方式来向整个国家发言的世纪"。他还补充道，"文人墨客"就存在于"分散的公众之中"，而非存在于"罗马和雅典的演说家"发表演说的集市之上。[3] 语言学家阿贝·阿诺德（Abbé Arnaud，1721—1784 年）于 1771 年在对法兰西学院的演讲中指出："同那些容易受到煽动的狂热的雅典人相比，法国民众是冷静的读者。"他写道："什么是雅典人？就是由听众和狂徒构成的人民。""什么是今天的我

---

[1] Eisenstein (2011), p. 99.

[2] Baker (1975), p. 298.

[3] 马勒塞布的话引自 Eisenstein (2011), p. 137。

们？就是平静又明智的读者。"①

1789 年法国大革命的支持者们赞美了阅读的力量。许多最重要的法国激进思想家都承认，印刷出版对于大革命的爆发负有直接责任。通过阅读特别是反复阅读那些在灵感袭来时以书面形式保存下来的思想，人们有机会对观点加以认真的评估。书面文本离不开理性的运用，并且有助于读者对论据加以重新审视，以免得出极端的和匆忙的结论。相反，演说则往往会刺激人们对当前事件产生直接的情感反应，并由此造成困惑和混乱。不仅仅只有法国人才以这种乐观的态度认为，开明的知识分子有能力通过理性的思想交流来影响阅读公众。苏格兰哲学家大卫·休谟（David Hume，1711—1776年）也曾在他发表的第一篇关于这一主题的重要声明（statement）中指出，他更为担心的是那些有魅力的暴民领袖的话语霸权，而不是那些沉浸在私下的阅读行为之中的个人。在 1741 年发表的《论出版自由》（Of the Liberty of the Press）一文中，休谟利用古今对比的方式论证了他自己对出版自由的支持态度，他宣称："我们需要担心的是雅典的民众煽动家和罗马的保民官们所发表的那种高谈阔论，而不是这种出版自由所带来的任何不良影响。"②

让休谟感到不安的是言论和观念在谣言中散发出的力量。虽然休谟对于大众的同情并不亚于他对雅典的民众煽动家的同情，但是他认为，大众对于那些在理性上和智慧上高于他们的权威人士的"天然"遵从可能会对他们的思想方向产生影响，而那些独自进行阅读的个人则可以很好地避免受到颠覆性的政治力量的影响：

---

① 引自 Eisenstein (2011), p. 138。

② 引自 Hanvelt (2010), p. 13。

个人可以独自且冷静地阅读一本书或小册子。没有任何人会出现在他的身边并感染他的情绪⋯⋯因此，出版自由即使遭到了滥用，也很少会激起大规模的骚乱⋯⋯"人民"并不是某些人所说的那种危险的恶魔，所以应该像对待理性的生物一样从各方面对其加以更好的指导，而不是把他们当成野兽一样来加以操纵和煽动。[①]

休谟在这里想象了一名独自坐在书桌前安静地反思书稿中段落的读者的形象，而他的想象一直延续至今。这种沉浸在书籍之中的自学者的形象常常被用来象征那种展开在读者面前的无尽的可能性。它流露出了一种把阅读当作逃避现实生活之喧嚣的情感，并且邀请个人通过阅读开启一段完全私人化的精神之旅。

受这种图景的鼓舞，休谟在这篇文章中表明，他希望这种独自进行阅读的读者能够转化成一种抗衡君主专制权力的必要力量。按照某位学者的评论，这一时期的休谟不仅"把出版看作一个预警系统"，而且认为它可以防止国家受到专制权力的操纵。[②]按照休谟本人的设想，出版自由有助于读者培养认真思考公共事务的能力，并因而让他们"更加难以受到各种没有根据的谣言和流行的鼓噪之声的蛊惑"[③]。

休谟对于出版自由之价值的宣扬并没有持续太久。在18世纪六七十年代，英国发生了一系列严重的城市骚乱，其中尤以伦敦的威尔克斯骚乱（Wilkes riots）最为恶劣。它们摧毁了休谟对阅读公众之能力的信任，使他不再相信阅读公众能够以客观理性的方式来

---

① 引自 Porter (2000), pp. 192。
② Haakonssen (1994), p. 3.
③ 引自 Hanvelt (2010), p. 3。

回应那些通过印刷出版而传播开来的激进思想。当休谟于1770年再次发表文章时，他从原稿中删除了包括其最有特色的结束语在内的赞同出版自由的内容，并在新增的结束语中把出版自由描述为这个国家不得不忍受的"一种邪恶"①。他对出版自由的态度之所以会发生这种激烈的转变，是因为他预感到阅读公众可能会轻易地受到危险思想的操纵。

在法国大革命结束之后的一段时期，人们开始越来越担心印刷语言对于那些"未受过教育的""未受过完整教育的"和"不守规范的"读者产生煽动性影响。在法国大革命之前，对于"不守规范的"阅读的声讨针对的是它对读者个体的道德观念和行为的负面影响，然而在法国大革命之后，人们担心的则是颠覆性的文学作品会带来政治威胁。在英国，托马斯·潘恩最为畅销的著作《人权》(*The Rights of Human*，1791年)非常成功地在那些对小册子的影响力心存担忧的统治精英中激起了一种不安和恐惧感。宗教宣传家汉娜·摩尔(Hannah More，1745—1833年)是通过出版廉价的道德手册来抵消"不道德的"和颠覆性的文学作品之影响的先驱者之一，她警告说："每一个来自社会较低阶层的新读者都意味着一个受到极端思想感染的牺牲品。"②

在许多具有保守主义思想倾向的公众人物看来，法国大革命的爆发印证了他们此前所担心的书面文字对于下层社会读者之行为的影响。按照保守主义者对18世纪晚期和19世纪早期的想象，启蒙运动时期的知识分子已经变异为古代雅典和罗马的民众煽动家。阅读再一次被定义为一条传播煽动性言论的渠道。托马斯·霍布斯曾

① Haakonssen (1994), p. 5.
② Altick (1957), p. 76.

经对那些善于煽动的知识分子表示担忧，而他的担忧又以一种更为危言耸听的方式再现于保守主义政治哲学家埃德蒙·伯克（Edmund Burke，1729—1797 年）的著作之中。伯克在自己撰写的《反思法国大革命》（*Reflection on the Revolution in France*）一书中，谴责了知识分子企图抹黑旧秩序并操纵读者的阴谋。他深信不疑的是，作者拥有一种可怕的煽动能力。伯克指出，当作者通过组成一个集团的形式来开展活动时，他们将会拥有"对于公众思想的强大影响力"。而且他还指责说，作者们一方面吹捧阅读公众，另一方面却在诋毁教会的崇高。他声称："他们变成了蛊惑民心的煽动者。"①

伯克相信，印刷文本非但远远不能促进一种审慎的和理性的公众文化，反而可能悄悄地操纵个别读者的情感。正如艾森斯坦所指出的那样，伯克通过分析发生在法国的事件，得出了这样一个关于印刷文本的结论："作为一种无声的媒介，它甚至比雄辩（oratory）更具颠覆性。"②在某些方面，伯克对于大众传媒的病理性解释同他的许多对手的信念具有共同点，即双方都把法国大革命的主要根源归因于印刷文本对阅读公众的影响力。在英国，那些反对旧秩序的激进批评家们也同样相信，印刷出版具有一种能够改变世界的巨大力量。威廉·葛德文（William Godwin）于 1793 年写道："很少有引擎比文学更强大，与此同时，也很少有引擎比文学更有益。"③

正是在法国大革命之后的数十年间，意识形态上两极分化，社会上形成了左翼同右翼相互对峙的局面。意识形态上的分歧还表现

---

① Burke (2009), pp. 112–113.

② Eisenstein (2011), p. 144.

③ 引自 Keen (1999), p. 28。

在人们对阅读和教育采取了截然相反的看法。18 世纪晚期的英国改革派人士认为，阅读和文学是"能够让人们在理性的争论中进行彼此互动的最有效方法"[①]。他们的保守派对手则把阅读的普及化视为对社会稳定的潜在威胁。

但是在 18 世纪和 19 世纪之交的时候，阅读已经变得如此普及，以至连那些反对大众阅读和普及教育的人士也认识到，他们将不得不忍受这一令他们不快的生活现实。旧秩序的支持者们所面对的问题是："如何才能让人们的阅读变得安全？"福音派[②]基督徒（Evangelical Christians）试图"用良好的阅读来取代不良的阅读"，并且"向'危险的'出版物发起一场永不停歇的战争，尽管这些出版物在普通读者眼里不仅是无害的，而且甚至是非常有趣的"。[③] 即便那些对启蒙思想和阅读公众的崛起感到不快的人士也被迫去适应这些发展，而这一点恰好证明了阅读公众的文化权威。无论是从政治的还是从文化的视角来看，现在的问题都在于如何适应读者。

从政治到道德

关于印刷出版这一新媒介的地位及其对读者的影响问题，人们的看法之所以会发生转变，是因为他们受到了 18 世纪晚期的社会风貌和政治格局的启发。人们对于印刷出版之作用的感受经历了一种从相对乐观的心态到更为悲观的心态的明显转变，而这一转变是

---

① Keen (1999), p. 32.

② "福音派"（evangelicalism/evangelical）这个基督教术语在教会内外均无一个公认的定义，而传统意义上的"福音派"指的是那些反对天主教并且注重重生得救的教义的新教教会和信徒。——译者注

③ Altick (1957), pp.76 and 104.

同不断加剧的社会对立和政治对抗以及一种政治危机感的爆发相关联的。

直到这一时刻，精英阶层对于新媒介的担心仍然停留在相对克制的状态，究其原因就在于，当时的印刷出版界还很少向普遍的道德权威的规范性基础提出质疑。只有当出版物变得更为复杂多样而且社会变得更加两极分化之后，人们才会开始担心印刷出版的道德影响。出版的商业化同阅读公众的增长结合在一起，共同导致了人们对于这种新媒介的可能影响的疑虑。一种更为复杂多样的并具有商业动机的媒介导致了道德秩序的危机，而宗教活动家们对此难免有着最为强烈的感受。到 18 世纪末的时候，宗教团体仍然在担忧印刷出版的威胁，但是它们也开始把印刷出版看作一种可以用来遏制不道德行为的潜在手段。

宗教活动家们，尤其是福音派的宗教活动家们，站在了抵制这些价格低廉的、批量生产的流行出版物的道德腐蚀作用的最前沿。汉娜·摩尔发起了一场以出版"价格低廉的知识宝典"（Cheap Repository Tracts）为内容的著名运动，以试图抗衡那些"庸俗的和淫秽的出版物"。这些所谓的庸俗出版物都是面向大众市场的廉价小册子（Chapbooks）[①]，并被摩尔及其同道视为对中产阶级基督徒的道德秩序的直接威胁。一项关于两种相互竞争的出版物的比较研究指出："廉价小册子向读者描绘了一个虚幻的世界，其中的性关系和社会秩序都是不固定的和可变的。为了抵制它们的影响，福音派人士呼吁人们严明家庭内部的等级秩序并安于自身的社会地位。"[②]

---

① 有关中产阶级精英对这些廉价小册子反应的讨论，参见 Pendersen (1986)。

② Pendersen (1986), p. 106.

大众文学已经开始被人们视为一个亟须得到道德上的规范管理的难题。此外，在美国独立战争以及法国大革命的背景之下，通俗出版物还常被描述为"有毒的和有害的东西"[1]。正是在这一时刻，对于媒介的恐慌开始具备那些在 20 世纪被称为道德恐慌的特征。

发生在 18 世纪的这一剧变虽然引起了保守派的反对，但是后者的反对并不足以削弱启蒙运动对于读写能力的巨大变革性力量所抱有的乐观主义态度。在整个西方世界，阅读都已经被人们同启蒙和知识密切地联系在一起。蕴藏于读写能力之中的民主化力量得到了人们的普遍承认，而阅读则成为一种有助于实现思想解放和社会进步的媒介。那些对读写能力的民主化进程感到不快的人士也已认识到了这一大众阅读时代的到来，而他们所能做的仅仅是去防范并尽可能减少它的破坏性影响。文盲被等同于无知和迷信；甚至连那些对大众阅读表示怀疑的人士，也不可能再去鼓吹人类重新退回到读写能力产生之前的时代。

这些态度影响着人们的社会交往方式，并且促使人们去养成健康的阅读习惯。关于阅读的劝勉仍然具有相当巨大的影响力，但是它们将不得不面临道德生活的日益个人化的挑战，而个人的道德生活主要取决于个人的思想倾向，却没有服从于外部权威的义务。因此，尽管官方人士继续通过各种不同的出版物来表达他们对阅读风险的担忧，但是越来越多的人却选择忽视他们的建议并继续阅读。

同阅读革命以及有关阅读兴趣的叙事并存的，是对于阅读的道德焦虑，而这只会让关于读写能力之作用的文化叙事内部的矛盾变

---

[1] Bratlinger (1998), p. 5.

得更为突出。在接下来的一章，我们将探讨某些服务于道德说教的迫切需要的阅读形式，而且我们将详细讨论第一场以媒体为焦点的大众道德恐慌。这一讨论将围绕歌德的书信体小说《少年维特之烦恼》（*The Sorrows of Young Werther*）而展开。

五、维特的影响：阅读的风险

对于阅读之影响的担忧会升华为道德焦虑，这种焦虑构成了第一次由大众媒介所引发的道德恐慌的基础。本章将会探讨在1774年发表的歌德小说《少年维特之烦恼》所引起的道德焦虑。这部小说之所以会在大西洋两岸同时遭到强烈的批评，是因为当时的人们受到了一股把阅读视为对道德秩序的主要威胁之一的思想潮流的影响。

在历史上，有关阅读的道德焦虑曾经是针对宗教异端。自从18世纪以来，它开始转变为针对阅读中潜在的颠覆性影响，随后又集中针对淫秽读物的腐蚀性影响。这种转变在一定程度上反映了人们对于传统道德权威已经难以左右初露端倪的现代世界的感受，并且促使一些人相信：阅读将会"对个人的心理素质及道德品质产生深远影响，进而影响到个人所在的社会"①。在反思19世纪的文化生活和政治生活的过程中，关于阅读在不断增长的阅读公众当中产生了何种长远影响的争论一直在持续。

---

① Vincent (1993), p. 6.

　　尽管颠覆性（subversion）在今天意味着对政治制度和政治秩序的威胁，但是在历史上，它也曾被用来影射那些给人的灵魂带来的道德风险。自从15世纪以来，人们便将颠覆性一词同"精神上的腐败和堕落"以及"道德上的败坏"联系在一起。[①]埃德蒙·伯克之所以敌视作者以及阅读的民主化，是因为他担心传统的道德秩序岌岌可危。伯克把大众传媒的发展和阅读公众的增长看作是麻烦，因为它们将使"学习"不再发生于"合适的场所"，而且他还警告说，读者对于传统权威的拒斥将给社会造成破坏性的影响，因为社会的"天然保护者和监护人将会被投入火焰之中，并且遭到那些自私贪婪的大众的践踏"。[②]

　　伯克对于"自私贪婪的大众"的责难非常生动地表现了传统秩序的维护者们所持有的等级观念。阅读对于道德秩序的影响不仅仅是伯克式的传统主义者们所高度关注的问题，而且是所有那些文化、政治和经济上的精英人士所共同关注的问题。通过对大众传媒——尤其是报刊和通俗文学——及其领导权表示怀疑和不祥预感，他们表达出了对于一个正处于转变之中的世界的发展方向的普遍焦虑。随着出版业的日益商业化以及成本低廉的书籍的充分供应，这些焦虑开始变得更为强烈。

对阅读可能带来精神腐蚀的道德焦虑

　　当切斯特菲尔德勋爵（Lord Chesterfield）警告自己的儿子要"当心藏书癖（Bibliomania）"的时候，他知道自己的儿子能够听懂

---

① 参见 *Oxford English Dictionary*，网络版的访问时间为2014年11月4日。
② Burke (2009), p. 117.

他所提到的这种危险的阅读行为。"藏书癖""图书热"和"阅读狂"之类的术语表明了这样一种担忧：如果以错误的方式来进行阅读，那么阅读可能同时对读者个人及其所在的社会构成一种威胁。随着阅读公众的人数剧增，那种对文本不加选择地进行阅读的方式也开始遭到更多的批评和警告。对阅读的热爱激发了大众的想象力，同时也激发了新生的读者群体对于新兴的商业文学市场所供应的小说和其他出版物的消费兴趣。

阅读不再仅仅被视为一种实现自我完善的媒介，它还成了一种寻求快乐、逃避现实和获得满足的途径。相应地，不仅仅读者被暴露在了当权者所担心的颠覆性思想的面前，而且普遍的道德规范和文化准则也开始受到某些迎合"低级本能"的通俗文学的影响。

阅读通俗文学作品的习惯遭到了谴责，而且这种谴责似乎得到了文化精英和政治精英的支持。那些对通俗文学读者提出批评的保守派宗教人士相信，这些出版物把一批易受影响的和缺乏教育的读者暴露在了颠覆性的和不道德的思想及情感的面前。在法国，同大革命有关的公众人物们经常指责通俗小说"通过激发出一种追求享乐和安逸的低级趣味而败坏了共和国的道德风气"。[①] 在德国，启蒙运动和进步事业的支持者们认为通俗文学作品分散了公众阅读那些严肃的和有教益的著作的精力，并且明确地区分了以自我教育为目的的阅读和以寻求快乐或逃避现实为目的的阅读。

在 18 世纪和 19 世纪之交的时候，大众化的阅读品味所遭受的这种指责表明，存在于高雅文化同受市场驱动的大众文化之间的反差已发展到了一个重要的阶段。德国的康德主义哲学家约翰·亚

---

① Van Horn Melton (2001), p. 112.

当·贝克（Johann Adam Bergk）在其撰写的《阅读艺术》（*Art of Reading*，1799年）一书中，对通俗小说的读者提出了谴责，批评他们"用盲目的和庸俗的小说来麻醉自己，并且不知道一个人除了追求物质性的食物和快乐之外，还能有什么更高级的追求"[①]。贝克不仅对通俗文学读者的低俗品味做出了一种审美判断，而且还指责这些读者具有低劣的动机和本能，缺乏品味和麻木不仁。

玛莎·伍德曼西（Martha Woodmansee）在研究18世纪90年代发生于德国的一场有关阅读的争论时发现：这场"名副其实的阅读之战"促使大批的评论家向一种显然正在"席卷这个国家的阅读流行病"提出挑战。[②]尽管评论家们往往会非难他们所认定的那些不合规范的公众阅读习惯，但是他们众说纷纭，在这些习惯的长期影响的看法上显示出"尖锐的分歧"。[③]在保守派评论家看来，"泛读对于既定的道德和社会秩序构成了一种威胁"，并导致读者抛弃自己对亲人、家庭和职业的责任。[④]自由主义者和亲启蒙运动的人士对于阅读"狂热"的批评则是为了指责某些企图通过阅读来寻求快感和娱乐的读者，因为这些读者将这种本应用来追求教育和解放的活动变成了一种耽溺于快感的纯娱乐活动。

反对狂热阅读的批评家们相信，他们所描述的阅读狂躁（*lesewut*）、阅读渴望（*lesesucht*）或阅读狂热（*leserei*）现象表明了一种需要引起重视的道德风险——特别是当它影响到了女性读者、年少无知的读者以及那些出身于较低社会阶层的读者之时。阅

① 引自 Van Horn Melton (2001), p. 113。
② Woodmansee (1988–1989), p. 206.
③ Woodmansee (1988–1989), p. 208.
④ Woodmansee (1988–1989), p. 208.

读那些有逃避现实之嫌的文学作品被他们描述为某些追求感性刺激的读者所患有的一种疾病，而这种描述构成了那些一直持续到20世纪、围绕着大众、流行文化以及教育作用的问题而展开的反复争论的中心。阅读流行病的说法起源于18世纪与19世纪之交的德国，而在整个19世纪乃至此后的一个多世纪里，文学领域的道德家们一直执迷于这种说法。苏格兰记者和批评家亚历山大·英尼斯·尚德（Alexander Innes Shand，1832—1907年）于1879年写道，这种由德国人首先认定的流行病现在已经传遍了整个西方世界：

随着形形色色的图书的印刷和流通，这个发端于德国的恶疾就像14世纪的黑死病一样，通过潜伏性的传染而向四处蔓延开来。但不同于那场飘忽不定的致死性瘟疫的是，它自此之后一直在不停地发展，并且逐渐蔓延到了社会的各个阶层。[①]

尚德在描述大众阅读的发展时所使用的"潜伏性的传染"（insidious contagion）一词既没有得到任何证明，也没有得到任何解释。他或许认为，自己的中产阶级读者能够明白19世纪晚期的文学生态中潜伏着怎样的隐患。这个把大众阅读同黑死病相提并论的危言耸听的和富有戏剧性的类比，是人们在强调流行文化的风险时常用的一种叙事方法。

独立战争时期的美国人一开始似乎没有像欧洲的文化精英们那样对小说抱以怀疑主义的态度。托马斯·杰斐逊（Thomas Jefferson）

[①] Alexander Innes Shand, 'Contemporary literature, VII; Readers', *Blackwood's Magazine*, vol.126 (August 1879), pp. 238–239.

和本杰明·拉什（Benjamin Rush）^① 等美国国父曾一度试图利用言情小说对民众的感染力来弘扬美德和积极的道德观念。根据一项研究：

> 当未婚先孕的比例已经达到了创纪录的水平时，这些新兴小说的早期支持者们还曾表示：希望小说能够以扣人心弦的力量来展示通奸所导致的严重后果，从而将那些有关女性贞操和男性自律的教导悄悄地灌输到青少年读者的心灵之中。^②

某些提倡阅读小说的人士曾试图利用这一媒体来促进公民的道德责任和爱国主义；并且在事实上，这种对于"小说的社会效用"（social utility of fiction）的正面看法在 18 世纪 80 年代中期已经变得非常普遍。然而在短短几年之后，这种乐观主义的看法就被失望和反感取代了。他们开始担心，对于小说的阅读会激发出一种过于强烈的激情和情感，从而可能导致读者丧失明确的道德观念并采取自我毁灭的行为。

曾经热情地提倡文学阅读的杰斐逊清楚地表明了美国政治精英们对于文学阅读的态度的转变。在 1818 年的一封写给弗吉尼亚州著名公众人物纳萨尼尔·伯维尔（Nathaniel Burwell）的书信中，杰斐逊提出警告说："良好的教育所面临的一个巨大障碍便是人们对于阅读小说的普遍的和过度的热衷，而且人们浪费在小说阅读上的时间本来应该是他们用来接受教育的时间。"他所担心的事情并不仅仅是小说阅读浪费了读者的时间；他还把小说描述为一种道德上的

---

① 本杰明·拉什（Benjamin Rush，1746—1813 年）是在年龄和资历上略低于本杰明·富兰克林（Benjamin Franklin，1706—1790 年）的另一位美国国父，他也曾在《独立宣言》上签字并曾担任大陆军的总军医。——译者注
② Bell (2011), p. 98.

毒药，认为它会"污染心灵，摧毁心灵的健康，妨碍人们进行有益的和健康的阅读"。杰斐逊最后得出的结论是："由此导致的结果便是不着边际的想象、苍白无力的判断以及对生活中一切真实事物的厌烦。"[①]

在杰斐逊看来，阅读行为关系到在"垃圾阅读"和"健康阅读"中进行的选择。既然这种选择可能让公众的道德观念面临风险，就不能放任公众去自行选择阅读内容，而需要对他们的选择加以悉心的指导。正是在这种意义上，他向自己的收信人指出："英国人蒲柏（Pope）、德莱顿（Dryden）、汤普森（Thompson）和莎士比亚的作品，以及法国人莫里哀（Moliere）、拉辛（Racine）和高乃依兄弟（the Corneilles）的作品，不仅可以给阅读者带来乐趣，而且还可以提升人的道德水准。"[②]

阅读总是容易招致人们的担忧和各种监管。随着商业化出版在18 世纪的出现以及一个日益壮大的读者群体的形成，这样的担忧开始变得愈发强烈。读者将会对自己消费的出版物做出何种反应开始变成一个长期争论的主题。在 19 世纪的欧洲，文化精英和政治精英都曾不断地表达对"你将变成你所读到的那种人"的担忧。[③]他们对于大众社会运作方式的不安和焦虑仿佛被他们转移到了阅读公众上；对于社会问题和道德问题的各种担忧都被他们同阅读随意地联系起

① 'Letter to Nathaniel Burwell', Monticello, 14 March 1818, 可从网上获取：http:// www. let.rug.nl/usa/presidents/thomas-jefferson/letters-of-thomas-jefferson/jefl251.php，访问时间为 2014 年 12 月 23 日。

② 'Letter to Nathaniel Burwell', Monticello, 14 March 1818, 可从网上获取：http:// www. let.rug.nl/ usa/ presidents/ thomas-jefferson/ letters-of-thomas-jefferson/jefl251.php，访问时间为 2014 年 12 月 23 日。

③ Bratlinger (1998), p. 12.

来。正如杰奎琳·皮尔逊（Jacqueline Pearson）在一项有关人们对女性读者充满担忧的研究报告中所指出的那样：

> 似乎存在一种完全站不住脚的担忧，即某些不够谨慎的阅读行为可能直接或间接地导致一种严重的罪行、罪恶或个人悲剧——从谋杀、自杀、强奸和暴力革命，直到卖淫、通奸和离婚，再到骄傲、虚荣和做家务活时粗心马虎。①

皮尔逊绝非是要劳神费力地一一列举所有那些被人们同阅读联系在一起的不道德行为。女性读者、年轻读者以及出身于较低阶层的读者常常被诊断为特别容易受到道德腐蚀。似乎没有人能对小说、通俗文学和报刊的腐蚀性影响具有免疫力。

对于阅读能带来道德腐蚀的焦虑感慢慢升华，悄悄地导致了对于读者能够以一种冷静的、反思的和理性的方式来阅读印刷文本——小说和期刊的能力的怀疑。"阅读狂热"一词的含义中包含着过度痴迷小说的意思，并常常被用来表明文学读者容易失去对自身生活的控制。按照这样一种解释，印刷文本的作用似乎就是通过激发读者的情感和满足读者的本能，来削弱读者的自主能力和自我控制能力。如果认为文学作品必然有腐蚀性的作用，就会在事实上导致对人文主义者所向往的那种自我反思、批判性思考和独立自主的个人能力的怀疑。

批评家们所担心的那些可能在阅读中丧失自主能力的读者不仅仅包括女性、青少年和未受完整教育的人士。每个人都是这种担心的潜在对象，甚至受过教育的中产阶级男子也被认为有可能在阅读

---

① Pearson (1999), p.27.

中失去对自身道德方向的把握。批评家们声称，过量的阅读会让年轻人"承受太多的心理刺激"，从而陷入一种"处于小说的束缚之下的衰弱无力状态"，也就是一位批评家在 1867 年提到的那种"精神堕落"（mental debauch）状态。①

在 19 世纪，有许多受过教育的年轻男子曾试图通过自己令人不安的亲身经历来警示他人：一旦阅读了错误的文本，就有受到误导和丧失道德的风险。信奉天主教的诗人考文垂·帕特摩尔（Coventry Patmore，1823—1896 年）承认，自己曾经因为阅读西班牙裔英国作家和诗人约瑟夫·布兰科·怀特（Joseph Blanco White，1775—1841 年）的作品，而陷入绝望并几乎自杀。在 25 岁那年，帕特摩尔在写给一位朋友的信件中提到："请接受我的建议并且不要把那本书推荐给年轻人。我几乎因为它而丧命。令我感到惊奇的是，在受到它引诱而接受了无神论之后的三个月里，我居然没有自杀。"②

这些对阅读的不良影响的夸大其词的描述是为了强调，读者根本无力去抗拒印刷文本对他们的想象力的俘获和奴役。或许是为了强调阅读甚至可以给某些生活舒适的有产者带来风险，某位匿名的美国作者曾经在一篇名为"一位小说阅读者的忏悔"（Confessions of a Novel Reader）的文章中特别指出："我出身于一个受人尊敬的家庭。"不同于圣奥古斯丁的《忏悔录》，这篇文章不是在向读者讲述自己如何获得拯救的故事：阅读并没有让作者走向宗教的皈依，反而导致了他的道德败坏。在这个警示性的故事中，阅读被描述成一

---

① Gettelman (2011), p. 64.

② 见帕特摩尔 1848 年 5 月 24 日写给萨顿（H. S. Sutton）的信，可从网上获取：http:// www.forgottenbooks.org/ readbook_text/ Memoirs_and_Correspondence_of_Coventry_ Patmore_v2_1000500613/179，访问时间为 2014 年 9 月 12 日。

项危险的事业，而过度的阅读则被描述为一条通往道德毁灭的道路。即便是像作者这样一位出身于优越的弗吉尼亚州家庭的人士，也难免会受到阅读的引诱而"陷入这种悲惨凄楚的境地，乃至没有能力从事一份稳定的职业"。[①]

这些文学理论提出，对文学作品的阅读会削弱读者的主体性；它们还常常提醒人们注意，文学作品可以轻易地激发读者的情感和激情，从而令他们无法将现实同小说区分开来。这种观点早在 17 世纪初出版的《堂·吉诃德》（1605 年）的故事中便得到了生动的表达，后来又作为一个不断重复的主题出现于那些有关阅读小说的不良影响的讨论中。《堂·吉诃德》向人们讲述了一位骑士如何因为迷恋小说而丧其现实感的故事，并通过这个动人心魄的故事而对阅读小说的魔力做出了一个有代表性的描述。在这部小说中，塞万提斯向人们传达了一个在黄金时代的西班牙曾经被广泛引用的信念，即认为小说可以"诱使读者陷入一种近乎虚幻的疯狂状态"[②]。

按照这种在 18 世纪和 19 世纪的时候很少受到质疑的观点，过度阅读小说可能使读者丧失自己的现实感。然而颇为矛盾的是，现实主义的小说却遭到了最严厉的谴责。正如卡琳·利陶（Karin Littau）在她的研究专著《阅读理论》（*The Theories of Reading*）中所解释的："担心读者会像堂·吉诃德那样把自己完全等同于他们在小说中读到的人物"，进而"形成虚假的生活预期，是小说兴起的那个时代的人们的普遍担心"。[③]塞缪尔·约翰逊对于现实主义文学作品

[①] 'Confessions of a novel reader', by A *Southern Literary Messenger* (March 1839), pp. 179–193。可从网上获取：http://www.merrycoz.org/books/CONFESSN.HTM，访问时间为 2014 年 5 月 23 日。

[②] Ife (1985), p. 12.

[③] Littau (2006), p. 64.

在年轻人中的影响表达了极度的忧虑，而这种忧虑预示了一个经常出现在有关媒体影响的讨论中的独特主题。按照约翰逊的观点，"对于熟悉的世界的准确观察"要比昔日的"英雄浪漫主义"更为危险。为什么会如此？因为它直接关系到读者的体验，从而对读者有着更大的影响力。[①] 让约翰逊感到不安的是，文学作品为易受影响的年轻人提供的道德指导可能会违背并损害那些占主导地位的道德规范。

约翰逊所担忧的是媒介为人们提供了另类（alternatin）的行为指导，而不是它构成了对特定价值观的威胁。一部分社会成员有可能在一系列另类的价值观的影响下误入歧途，而正是这种可能性加剧了人们对于如何维护占主导地位的道德秩序的担忧。正因如此，在历史上，媒介常常被描述为对当权者的威胁，并常常被某些人以危言耸听的方式来加以评论。[②] 在 19 世纪的时候，约翰逊对小说影响力的负面评价已经在中产阶级的文化精英中得到了广泛传播。从那时起，各种不同形式的通俗文学就常常遭到道德上的贬低，这一点颇像通俗小报在 20 世纪晚期和 21 世纪初期的遭遇。

小说可以成为一种媒介，而道德焦虑的转换经常是通过这种媒介而表现出来的。文学评论家和历史学家们经常通过研究小说来深化自己对于 18 世纪和 19 世纪的基本状况的认识。然而，通过研究那个时代的评论家和公众人物对于小说在读者中的影响力究竟持何种态度，我们同样可以获得有益的见解。这些态度充分展示了读者和阅读的概念化过程，而且正是通过那些评论家和公众人物所提出

---

① 见塞缪尔·约翰逊的 *The Rambler* (31 March 1750)，网络获取地址为 http://www.english.upenn.edu/~mgamer/Etexts/johnson.ramblet.html，访问时间为 2014 年 4 月 27 日。

② 有关"驯服公共舆论"的讨论，参见 Furedi (2013) 的第 11 章。

的阅读风险问题，他们对于道德秩序的潜在焦虑才得到了澄清和定义。在关于自杀问题的讨论中，这些焦虑达到了一种最为极端化的表现形式。

自杀——读者的风险

在 1790 年，神学家查尔斯·摩尔（Charles Moore）发表了一部两卷本的大型研究专著《针对自杀问题的全面研究》（*A Full Inquiry into the Subject of Suicide*）。在这部献给坎特伯雷大主教（Archbishop of Canterbury）的专著中，摩尔全面地评述了一个令关心英国道德秩序的人士感到忧心忡忡的问题。人们对于自杀问题的看法已经陷入了分歧，而所谓的"自由思考"（free thinking）和"自由主义原则"（liberal principles）的日益上升的影响力更让摩尔感到困扰，因为在他看来，正是"自由思考"和"自由主义原则"导致了英国人开始容忍自杀这种曾经被他们视为一项不可饶恕的罪恶的行为。早在摩尔这部著作出版的七年之前，大卫·休谟就曾在自己的《论自杀》（Of Suicide）一文中提出了一种对于自杀的功利主义论证。休谟不仅宣称自杀行为并没有违背理性的道德规范，而且认为这种行为"或许可以免于引起内疚和指责"[①]。在摩尔看来，休谟的这篇文章表现了一种对于"不受道德和宗教约束的自由"的不负责任的追求。[②]

尽管摩尔关注的核心问题是自杀现象，但他的讨论是以一种对于传统道德价值之流失和相互冲突的自由主义价值体系之兴起的更全面的评估作为背景的。据他说，那些在出版物中煽动读者接受不

[①] 该文可从网上获取，参见 http://www.davidhume.org/ texts/suis.html，访问时间为 2015 年 1 月 12 日。

[②] Moore (1790), vol.2, pp. 68–70.

道德观念的作家让他感到不安。摩尔以赞同的态度引用了一位匿名作者的警告："当今时代道德堕落"的"最重要的迹象之一"就是，"是与非"之间的区别"总是在彬彬有礼的交谈中被一扫而空"。[1] 为了给这一论点提供证据，摩尔宣称：对于自杀行为的容忍在一定程度上依赖于"无神论及自由思考"的发展。[2]

在题名为"关于某些企图通过激发我们的同情心来妨碍我们的判断的相关出版物的评论"的一章里，摩尔概述了他自己提出的一种即将发展为小说批评和文学理论的观点，而他的这种观点把小说对读者的影响同自杀的风险关联了起来。摩尔向一切有可能因为维特的行为而"遭到可耻冒犯"的读者发出了公开的警告[3]，他指出，歌德讲述了一个以主人翁走向自杀为结局的动人心魄的和充满激情的爱情挫折故事，而这个故事对于读者和社会的健康构成的风险要远远大于休谟的怀疑主义哲学理论的风险。

像 18 世纪的大多数著名的书信体小说一样，《少年维特之烦恼》也以书信的方式叙述其主人翁的遭遇。摩尔认为，较之于那些以"冰冷的理性判断"为基础的作品，这种以"人们熟悉的书信体"来激发"内心情感"的作品可以对读者的心理状态构成更大的威胁；休谟所追求的理性推理"对于众多的一般读者来说是一项过于艰辛的任务"，然而维特的书信则"直接地和纯粹地作用于情感，因而可以轻易地打动每个人的心灵"。[4] 摩尔警告说：

读者因为阅读了这些可憎的书信之中描绘的那种常见场景和构

---

[1] Moore (1790), vol.2, p.125.

[2] Moore (1790), vol.2, p. 341.

[3] Moore (1790), vol.2, p.153.

[4] Moore (1790), vol.2, pp.121–122.

思而受到伤害，而这些书信的目的就是利用那种宣称爱情无比纯洁的观点来引诱无知的读者，并且在友情的伪装之下损害美德和夫妻之间的忠贞。[①]

在摩尔对歌德小说的心灵感染力做出的评论中，隐含着这样一种信念：读者，尤其是女性读者，常常不能同那些打动其情感的故事保持心理上的距离。摩尔相信，读者会将故事中的人物所表达的情感内化为他们自身的情感，从而令自己失去对现实的感受力。因此，正是由于《少年维特之烦恼》所具有的审美力量以及它所虚拟出来的一种同读者之间的亲密联系，才使这部小说对读者的心理状态构成了巨大的威胁。摩尔评论道："这个伤心的故事被以如此温暖和热情的方式讲述出来，从而导致几乎所有读者都会因为维特生不逢时的命运而流下同情的泪水。"摩尔在此处使用的"导致"一词特别值得注意，因为他坚持认为，歌德需要为某些读者"非法的和放荡的"行为承担责任。[②]

最令摩尔感到愤怒的"非法的和放荡的"行为便是在整个欧洲的年轻读者中爆发的一种模仿性的自杀行为，而这些年轻读者都对维特的困境有着极其强烈的感受。根据各种相关记载，《少年维特之烦恼》的出版几乎立刻成为一个重大新闻事件，并引起现代欧洲第一次有历史记录的文坛轰动。这部小说被翻译为法文（1788年）、英文（1779年）、意大利文（1781年）和俄文（1788年），并且多个版本不断再版。在这部小说诞生于德国之后的短短12年里，就出现了超过20种以上的盗版。《少年维特之烦恼》在美国也取得了引入注

---

① Moore (1790), vol.2, p.153.

② Moore (1790), vol.2, p.123.

目的巨大成功，它成为 1812 年战争 ① 之前最为畅销的小说之一，并对早期美国的阅读公众产生了巨大影响。

《少年维特之烦恼》为那种在 20 世纪被称为青年亚文化（youth subculture）的现象提供了一个重要的初始样板。整整一代崇尚自由主义和浪漫主义的年轻人都曾把维特当成他们的英雄，其中许多人能够熟记维特书信的很多段落并且模仿那种同他们的悲剧偶像有关的爱情。据当时的媒体报道，年轻的男子和女子曾一连几天乃至几周因为维特的悲剧性死亡而哭泣。成群的年轻男子为了模仿这位英雄的外表而接受了穿黄色裤子并搭配蓝色燕尾服和高筒靴的时尚，而且这部小说还催生了一种专门生产同维特有关的纪念品的家庭手工业。

这种常常被称为"维特热"的现象是通过各种以这部小说中的场景为点缀的绘画、雕刻和日常用品的大众营销而展现出来的。② 这种对包括碗和碟在内的"粉丝产品"（fans products）的商业化运作是由一家名为麦森陶瓷（Meissen China）的生产商发起的，一位企业主甚至设法借助"维特牌香水"（Eau de Werther）的商标来兜售自家生产的香水。对于维特的热衷并非只是昙花一现的暂时现象：它一直持续到了 19 世纪的初期，并且直到这部小说已经出版了几十年之后，拿破仑还宣称自己是维特的崇拜者，并承认自己把这部小说阅读过七遍之多。

维特所引起的这种充满激情的狂热症的巨大规模令整个欧洲的当权者忧心忡忡。在众多的官方人士和批评家们看来，歌德在描写维特走向自我毁灭的过程时所采用的那种生动的和富有同情心的描

---

① 指 1812 年至 1815 年的第二次美国独立战争。——译者注
② Swales (1987), p. 94.

写手法是一种对自杀行为的合理化证明，而且这部小说因为在年轻读者中产生了误导性影响而对公众构成了一种威胁。很多要求查禁这部小说的倡议中都指明，当局正在认真地考虑它们所提出的要求。在 1755 年，莱比锡大学神学院向当局提交了一个要求查禁《少年维特之烦恼》的请求，而其依据的理由便是这部小说的流传将导致自杀率的上升。莱比锡市议会批准了这一请求，并且以自杀率的上升为理由，下令查禁这部小说并禁止人们穿戴维特式的服装。这份禁令从 1775 年开始生效，而且直到 1825 年才失效。在意大利和丹麦等国，这部小说也同样遭到了查禁。

汉堡的新教牧师约翰·歌策（Johann Goeze）指责这部小说是一本"邪恶的书籍"。"请看在上帝的分上考虑一下：我们有多少年轻人可能最终落入维特式的下场？"他在呼吁查禁这部小说以保护公共道德时问道。[1] 天主教的米兰主教也同这位德国新教牧师有着同样的担心，并且因为《少年维特之烦恼》对公众道德构成的威胁而感到极其不安，以至他为了防止米兰读者受到这部小说的影响而买下了它在当地的所有副本。[2] 对这部小说感到不安的人士并不仅仅限于神学家和公共道德家。瑞典诗人约翰·凯尔格伦（Johan Kellgren，1751—1795 年）在一次关于这部小说的争论中指出，令他感到忧虑的是，"维特的自杀可能通过暗示而变得具传染性，而且对于这部煽情的文学作品，读者应保持警惕"[3]。

甚至连启蒙运动时代最杰出的代表人物之一、德国作家和哲学家戈特霍尔德·以法莲·莱辛（Gotthold Ephraim Lessing，1729—

---

[1] 歌策的话引自 Swales (1987), pp. 95–96。

[2] Thorson and Öberg (2003), p.70.

[3] Thorson and Öberg (2003), p.70.

1781 年）也对《少年维特之烦恼》在敏感的读者中产生的影响感到不安。莱辛承认自己也喜欢阅读《少年维特之烦恼》，但是他又在写给一位朋友的书信中指出：这部"小说所造成的伤害超过了它所带来的益处"；令他感到不安的是这部小说以同情的手法来描述主人翁及其死亡方式，而且他还担心"一个具有类似倾向的年轻人"可能会采取一种类似的行动。[1] 虽然莱辛所具有的思想和道德观念完全不同于那些批评《少年维特之烦恼》的宗教界人士，但是他们都本能地认为，歌德对于浪漫主义的自杀行为持一种宽容态度，其影响力是读者无法抵制的。

这种认为《少年维特之烦恼》的读者面临着自杀风险的观点一直持续到了 19 世纪之后的很长一段时间。在 1865 年，德国作家阿普尔（J.W.Appel）还曾专门列举过两起因为阅读这部小说而走上自杀之路的案例。其中的一起案例是，一位跳楼自杀身亡的年轻人拥有一本《少年维特之烦恼》；另一起案例则是，一位自杀者的母亲"曾经在《少年维特之烦恼》的某些内容下面画线"。[2]

"英国病"和小说的影响

颇为矛盾的是，公众之所以会关注到自杀问题及其同印刷媒介（printed media）之间的关联，在某种程度上正是那些描述这一问题的报刊、小说和其他出版物所导致的。"英国病"这一概念指的是英国人特别容易受到抑郁症的折磨，所以英国的人均自杀率要比其他地方高出许多，而这一传闻本身正是通过印刷媒介才得以扩散开来的。

---

① Batley (1992), p. 870.
② 阿普尔的话引自 Thorson and Öberg (2003), p.71。

报纸和期刊在 18 世纪的增长"改变了人们看待自杀行为的社会背景"，而且"新闻界将自杀行为变成了一个前所未有的公众性事件"。①对自杀所具有的传染性的恐惧常常是通过新闻界对英国各地的模仿性自杀事件的报道而散布开来的，而且有关自杀事件的轰动性报道或许可以为新闻界创造一个赢得更多新读者的机会。有关这种令人不安的疾病的报道还常常通过公布死者的绝命书来撩拨读者的兴致。②今天的媒介可能会把这种对自杀行为的炒作辩解为一种帮助公众"提高认识"（raising awareness）的服务，可是在 18 世纪，很少有人要求新兴的大众传媒为它们发表的轰动性言论提供合理性证明。

在那个时期，评论家们经常将新闻界报道英国病的兴致看作这种病症的严重程度的证据。《每月镜报》（Monthly Mirror）曾在 1796 年以"频繁的自杀事件充斥着每天的报刊"为依据，来推论这种发展状态"必然会震撼每个善于反思的读者的心灵"。③就在新闻界长期关注自杀问题的文化背景之下，《少年维特之烦恼》于 1779 年以英文出版了。阅读公众早已习惯了新闻界对于自杀事件的兴趣，而且当这篇小说的首部英文版的编辑宣称"本书的目的是展示一种在我们国家极为常见的精神紊乱的现象"④时，他似乎已经认定读者将会同他自己一样，把自杀看成一种非常普遍的现象。不出所料，《少年维特之烦恼》的出版促发了关于自杀问题的进一步讨论，而且必然有人指责说，这部小说助长了人们的自杀行为。

---

① McGuire (2011), p. 59.
② Parisot (2014), p. 277.
③ Long (1915), p. 171.
④ Long (1915), p. 170.

在首部英文版《少年维特之烦恼》正式出版五年之后的 1784 年 9 月，《绅士杂志》（*The Gentleman's Magazine*）在它发布的讣告下面添加了如下一则公告：

> 已故的前著名舞蹈大师格罗夫先生之女格罗夫小姐（Miss Glover）于南门附近的切斯德街突然自杀身亡。在她的口袋里发现了一本《少年维特之烦恼》。我们之所以要澄清这一细节，正是为了尽可能克服这部有害作品中的邪恶倾向。[①]

在谴责这部"有害作品"并声称它应为格罗夫小姐之死负责的基础上，形成了一种有关这部小说为英国读者带来了毁灭性影响的传言。通过向公众"澄清这一细节"，这份公告的作者想象出了一个同那则民间自杀传闻密切相关的故事。这份格罗夫小姐死亡公告激发一位名叫提阿非罗（Theophilius）的通讯记者撰写一封来信，指责"那种搅扰并折磨着维特心灵的忧郁而强烈的情感"[②]。向这部小说表达道德义愤很快变成了一种表明个人道义的证据。

1785 年的 2 月和 4 月，有两位愤怒的通讯记者在《欧洲人杂志》（*European Magazine*）上发表了一封来信，指责《少年维特之烦恼》败坏了英国年轻人的道德。[③]《分析评论》（*Analytical Reviews*）的一位撰稿人则在 1788 年发表的一篇同主题的文章中声称："我非常遗憾地看到，某些受到广泛追捧的小说展示出了矫揉造作的悲惨景象，并且散发了一种追求伤感的情调。"为了强调自己所说的这种情形，他还以《少年维特之烦恼》为例，指出这种小说"注定会带来虚假的

---

① *Gentleman's Magazine*, vol. LIV (November 1784), p. 876.

② *Gentleman's Magazine*, vol. LIV (November 1784), pp. 965–966.

③ *European Magazine*, vol. VII (February and April 1785), pp. 107–112, 261–263.

敏感、造作的高雅和对于自我的偶像崇拜，同时还会加剧痛苦的感受"。① 等到查尔斯·摩尔那本关于自杀的论著于 1790 年出版的时候，格罗夫小姐的悲惨死亡已经被改编成一个讲述《少年维特之烦恼》的年轻读者群中自杀流行病盛行的都市传奇，而这个都市传奇又可以充当一则针对潜在的小说阅读者的警示故事。

　　事实上，摩尔为了证明《少年维特之烦恼》会导致自杀问题而提出的唯一证据，便是《绅士杂志》上发表的那篇时至今日仍经常被人引用的格罗斯小姐讣告。为了引用这篇讣告来加强自身观点的可信性，摩尔把格罗斯小姐称为歌德的小说所导致的"众多可怜自戕者之一"。摩尔显得颇有把握地宣称："人们发现，许多上当受骗的妇女直到她们自杀之前的那一刻，仍然在歪斜着她们那发痛的头颅来阅读这部有害的小说。"② 无助的女性读者的尸体躺在一张床上，而在床边摆放着一本《少年维特之烦恼》，如此这般的想象虽然缺乏事实依据，却可以同公众的想象力产生共鸣。正如凯莉·麦奎尔（Kelly McGuire）在研究那些有关自杀传染（suicide contagion）的言论时所指出的那样："报纸上常常报道说，当某个英国男子或女子在翻越窗户跳楼时或吞食过量的鸦片酊时，手里仍然紧握着一本据说是其死亡诱因的小说。"然而，"尽管此类情况极其罕见，但是对于那些宁愿相信自杀具有社会传染性的人来说，这一事实既无须考虑，也毫无意义"。③

　　早在 1777 年就曾有报道说，当一位叫卡尔斯滕斯（Karstens）的"瑞典年轻人"用手枪自杀的时候，随身还携带着一本《少年维

---

① *Analytical Review*, vol. I (1788), p. 95.

② Moore (1790), vol.2, p.147.

③ McGuire (2011), p. 62.

特之烦恼》。① 或许正是通过这一传闻所提供的富有戏剧性的情节，自杀同小说阅读之间的关联才在随后的几十年间被想象出来。对于一名紧握着《少年维特之烦恼》而死去的男子或女人的悲情想象或许是围绕着 1778 年 1 月 16 日在魏玛市的伊尔姆河投河自尽的克里斯特尔·冯·拉斯贝格（Christel von Lassberg）的自杀故事而设想出来的。据报道，拉斯贝格遭到了她所深爱的一名男子的抛弃，而且人们在她的口袋里找到了一本《少年维特之烦恼》。从那个时刻开始，以极度痛苦的读者的"伤心事"为重点的自杀故事成了一种扣人心弦的文化传说。

一次又一次地，在人们谈到某个轰动一时的由维特所诱发的自杀行为的故事时，总会有人复述一段据说是出自法国著名女作家斯塔尔夫人（Madame de Staël，1766—1817 年）关于维特效应的评论：它"所导致的自杀比世界上最美貌的女人所导致的还要多"。不知道拜伦是否真的说过，"与拿破仑比起来"，《少年维特之烦恼》"需要为更多的死亡负责"？② 在某种意义上，这些评论的真实出处是无关紧要的，因为就像其他众多针对这部小说的指责一样，它们都轻易地成为这个关于自杀的都市传奇的一部分。

在美国，这场充满道德义愤的反《少年维特之烦恼》运动进行得比欧洲更加无所顾忌。在 18 世纪的最后 10 年，美国出版商需要定期向主管部门汇报《少年维特之烦恼》的灾难性影响。在 1798 年，以费城为基地的《每周杂志》（*Weekly Magazine*）的一名撰稿人曾试图"以这本书显然已成为本州中'不止一个家庭的祸根'为

---

① 参见 Minois (1999), pp, 267–268。

② 引自 Bell (2012), p. 56。

由"，来说服图书销售商们"把这部小说从他们的书架上移除"。① 但直到进入 19 世纪之后，这部小说仍然是最为畅销的图书，而它的批判者则越来越歇斯底里地把攻击目标转向了它的作者。他们指控歌德创作了一部"似乎要纵容乃至提倡自我谋杀"的小说。② 美国人的道德焦虑似乎通过他们对这部小说的反应而得到了升级。正如理查德·贝尔（Richard Bell）所写的那样："少年儿童的父母过去因为那些重塑了早期美国社会的重大变革烟消云散了而产生理想破灭感，现在他们则把理想破灭的责任转嫁到了维特纤细的肩膀之上。"③

无论这些有关《少年维特之烦恼》对读者造成了致命性影响的传言是否属实，围绕着这部小说的争论都向我们揭示了现实与小说之间的"滑移"（slippage）。批评家们运用想象力创造出了一篇虚构的都市传奇，却又以现实主义的语气来讲述它。查尔斯·摩尔明确承认自己并不关心歌德笔下的维特到底是一个真实的人物还是一个虚构的角色，他对读者声称，自己的目的就是"迎合普遍的观点，即维特不是一个虚构的角色，而是一个真实的人物。无论这种看法是真是假，都丝毫不会影响眼前的观点。只有将这部小说当作一个真实的故事来阅读，它才会吸引更多的注意力并带来更大的危害"④。

摩尔决定把维特当作一个真实人物并把这部小说当作一部现实主义作品来对待，而他的这一决定导致了矛盾性的后果。在 18 世纪

① Bell (2012), p. 106.

② Bell (2012), p. 55.

③ Bell (2012), p. 80.

④ Moore (1790), vol.2, p.147.

和19世纪，对于小说的常见批评之一就是，由于它们以非常现实主义的方式来讲述故事，以至于读者很容易陷入一个虚幻的世界，并丧失对自身真实存在的感受。小说被看作一种对妇女的引诱和一种对易受影响的年轻人的腐蚀。事实上，摩尔本人便曾经像一名看不见小说同现实之间的区别的读者那样行事。在他撰写的这部讨论自杀问题的论著中，他用了长达43页的篇幅来同一部小说的主人翁对话，以试图将《少年维特之烦恼》变成一个可以用来证明其科学论断的实证性研究个案。

另外值得一提的是，摩尔还将《少年维特之烦恼》添加到了他所列举的关于自杀的"科学"文献之中，以便将其作为一种可供其他研究者参考的原始资料。德国医生约翰·彼得·弗兰克（Johann Peter Frank，1745—1821年）则在其六卷本的研究专著《一个完备的医疗监察体制》（*A System of Complete Medical Police*）中，对自杀问题进行了综合性评述。在弗兰克所列举的导致自杀的多种原因之中，包括"没有宗教信仰、纵情声色、游手好闲、奢侈浪费以及伴之而来的异乎寻常的痛苦，尤其是对有害小说的阅读"——这类小说把自杀行为描述成一种"蔑视世俗事务的英勇表现"。[①]

围绕《少年维特之烦恼》而展开的争论，其最令人感兴趣的特征之一就是，印刷媒介以一种几乎无法察觉的方式向读者警示所谓的"媒介效应"，而这种效应正是18世纪的人们在叙述这部小说的影响时形成的。为了对阅读行为和文学作品的内容进行监督，小说及期刊文章的作者投入了大量时间和精力，这就好像印刷媒介正在警告读者当心自己的内容有毒。

---

① Tierney (2010), p. 368.

摩尔本人也曾引用某些批评《少年维特之烦恼》的虚构文学作品来证明自己的论点。在对自杀问题的研究中，他很喜欢将赫伯特·克劳馥（Herbert Croft）的书信体小说《爱情与疯狂》（*Love and Madness*）或《太真实的故事》（*A Story Too True*，1780 年）同"《少年维特之烦恼》这部有害小说的典型"做对比，因为前者"对于各种形式的自杀行为似乎非常焦虑，并且始终对它们表现出深恶痛绝的态度"。[①]在他看来，克劳馥不仅把维特这个人物当作一名"非常坏的男人"来加以谴责，而且把该小说的作者歌德当作一名"不太好的男人"来加以批评。克劳馥把歌德不是当作一部小说的作者来加以批评，而是当作一本自传的作者来加以批评，这种批评方式为摩尔批评歌德提供了借鉴。[②]

没有多少证据能够证明英国社会的自杀率明显地高于其他的欧洲国家。然而，新闻媒介似乎开始执迷于这个关于英国病的神话，并毫不怀疑地声称：阅读小说可能给读者带来自杀的风险和道德的腐蚀。对于阅读导致自杀行为的耸人听闻的叙述成为人们探索小说时的常见话题，而将维特当成道德败坏的化身的说法也得到了英国作家的广泛认可。例如，在夏洛特·特纳·史密斯（Charlotte Turner Smith）的小说《艾米林：城堡孤儿》（*Emmeline: The Orphan of the Castle*，1788 年）中，德拉米尔勋爵（Lord Delamere）试图利用《少年维特之烦恼》来"对女主角进行情感敲诈"——幸运的是，她的德行足以令她抵制这种腐蚀性影响。[③]亚当·希比特（Adam Sibbit）则在其撰写的《关于离婚率的思考》（*Thoughts on the Frequency of*

---

① Moore (1790), vol.2, p.156–157.

② 参见 McGuire (2011), p. 67。

③ Pearson (1999), p.99.

Divorces，1800 年）中指责说，《少年维特之烦恼》之类的小说破坏
了家庭生活。[1]

19 世纪的英国文学中比比皆是热衷于阅读《少年维特之烦恼》
的读者的形象，我们不难从"赫伯特·克劳馥、玛丽亚·埃奇沃思
（Maria Edgeworth）、夏洛特·史密斯、简·奥斯汀、摩根夫人（Lady
Morgan，即雪梨·欧文森［Sydeny Owenson］）的作品中，以及威
廉·葛德文、伊丽莎白·汤姆林斯（Elizabeth Tomlins）、简·波特
（Jane Porter）、拜伦勋爵、乔治·克拉布（George Crabbe）、海伦·玛
丽亚·威廉斯（Helen Maria Williams）、苏珊娜·罗森（Susannah
Rowson）、克拉拉·里夫（Clara Reeve）、威廉·希尔·布朗（William
Hill Brown）、查尔斯·莫塔林（Charles Mautarin）、凯瑟琳·赫顿
（Catherine Hutton）和托马斯·洛夫·皮科克（Thomas Love Peacock）
的作品中"发现这些人物形象[2]。

在美国，围绕《少年维特之烦恼》而产生的道德恐慌也呼应着
那些风行欧洲的热门话题，并且以美国人的方式对它们加以重复利
用。理查德·贝尔在研究文学界对于发生在美利坚这一新建国家中
的自杀现象的焦虑时指出："《少年维特之烦恼》的影响是不可遏制
的。"贝尔还引用了《每周杂志》上那名撰稿人的评论：歌德的这
部小说"显然已成为宾夕法利亚州'不止一个家庭的祸根'"。[3]身
为化学教授和《美国独立宣言》签署者之一的本杰明·拉什于 1787
年 7 月在费城青年女子学院发表了一场名为"关于妇女教育的思考"
（Thoughts upon Female Education）的演讲。在这场演讲中，他要求

---

[1] Pearson (1999), p.111.

[2] Schiffman (2010), pp. 217–218.

[3] Bell (2012), p. 58.

台下的女听众不要阅读小说，因为在他看来，小说对美国的道德秩序构成了威胁，而《少年维特之烦恼》则是最让他愤慨的对象。[①]

在 1800 年前后的十年间，"某些人开始像相信真理一样相信：如果阅读歌德的小说，就可能导致模仿性的自杀"。贝尔曾提到过一篇在众多报纸上广泛流传的抨击《少年维特之烦恼》的文章，这篇文章声称："该小说所导致的致命性后果已在过去的短短几年间降临到了'数以百计的家庭'。"据撰写此文的作者透露，他曾亲眼见到自己的两位熟人"在《少年维特之烦恼》为自杀行为所提供的巧妙论证或辩解的蒙骗之下，心甘情愿地奔向死亡"。[②]这两起自杀事件都是典型的"关于维特主义的教科书案例"——在死者的胸部都发现了这部小说。

在这些奇谈怪论的影响下，早期的美国文学作品也常常含沙射影地抨击《少年维特之烦恼》的灾难性影响。甚至有人声称："在 1780 年到 1810 年间，自杀行为通过这部风靡一时的小说而像黄热病一样蔓延开来。"据贝尔估算，在美国作家于 1810 年之前创作的 45 部小说中，就有 15 部小说曾描绘过一位"死于他（她）人之手的"人物[③]，此外有几部小说描绘了某位自杀者专心致志地阅读《少年维特之烦恼》的情景。

威廉·希尔·布朗的小说《同情心的力量》（*Power of Sympathy*，1789 年）常常被人们称为美国的第一部小说。据一位评论家说，这部关于道德和爱情的书信体小说是"最早致力于美国青年道德复兴

---

① Schiffman (2010), pp. 216.
② 引自 Bell (2012), p. 58。
③ Bell (2012), p. 60.

的尝试之一"①。在这部小说的序言中，作者布朗炫耀他自己成功地揭示了"诱奸的危险后果"并阐明了"女性教育的好处"。②这部小说试图揭示，如果一个人任凭自己被激情征服，将会导致灾难性的后果。不出所料，过度的同情心导致了小说中的主要人物之一哈林顿（Harrington）的自杀。小说中的另一位拥有理性的主要人物沃西（Worthy）则在描述哈林顿的死亡场景时指出："桌子上摆着他留给我的一封没有封口的信，而在信的旁边放着一本《少年维特之烦恼》。"③正如贝尔所指出的那样，布朗小说的读者"无须任何解释就能明白"这部出现在自杀现场的"歌德小说意味着什么"。④

一位自称"美国女子"的匿名作者在其撰写的《不幸的孤儿》（*The Hapless Orphan*，1793 年）中，以当时的常见手法描述了一起由《少年维特之烦恼》所诱发的自杀事件的现场。作者沿着这种习惯性的写作思路描述说，早在故事的高潮——阿什利（Ashley）谋杀范妮（Fanny）之前的几个星期，阿什利就已沉迷于阅读《少年维特之烦恼》。作者还以一种现在很常见的描述手法提到，阿什利曾在其遗书中声明："我的桌上正放着一本打开的《少年维特之烦恼》。它驱动我的心灵，它鼓舞我的灵魂，它促使我来到我即将采取行动的那个地方。"⑤理查德·贝尔指出，"当时在美国发行的几部小说描绘了一种相似的场景：《少年维特之烦恼》似乎不只是一本指导手册——它已经成为终极的文学辅料。"⑥

---

① Long (1916), p. 203.

② Brown (1969), p. 5.

③ Brown (1969), p. xxxv.

④ Bell (2012), p. 59.

⑤ 引自 Bell (2012), p. 60。

⑥ Bell (2012), p. 60.

对读者有何影响？

《少年维特之烦恼》的出版引发了强烈的道德反思，而且总有人提出：必须防止读者按照其自身的趣味去阅读这部小说。然而，这部小说的读者究竟会对它做何反应依然是一个悬而未决的问题，因为有关小说读者的反应和行为的几乎每一种描述都经过了二手甚至三手评论的过滤，而这些评论无一不是主观性的，并且都反映了它们自身所固有的偏见。对于《少年维特之烦恼》的愤怒指责充其量只看到了这部小说可能引起的最坏反应，而不是在客观地评论读者对它的真实反映。

我们研究发现，这种有关"维特热"的论述已经获得了自己的生命，乃至于变成了一种被人们理所当然地用于评论社会所面临的道德问题的浮夸用语。[①]它源源不断地提及格罗夫小姐、无名的受害者和相似的死亡现场，但这些报告其实并没有多少真实性的内容做凭据。这些有关自杀流行病的传闻就像歌德小说中的维特之死一样，都是人们虚构出来的东西。

《少年维特之烦恼》的读者或许受到了那些围绕着这部小说而产生的争论的影响。歌德在其自传中哀叹道：读者中竟有那么多人感到自己有责任"去重新审视这部有可能诱使自己开枪自尽的小说"[②]。然而，尽管存在着这种故作惊悚的言论，这部小说仍然吸引了大批的读者。虽然并无证据表明《少年维特之烦恼》助长了一股模仿性自杀的风潮，但是那种在今天被称为粉丝崇拜（cult of fans）的现象以及某些属于青年亚文化的服饰的出现，已经足以证明它具有强大

---

① 有关"维特热"这一浮夸用语的讨论，参见 Furedi (2007)。
② 引自 Schiffman (2010), pp. 214。

的吸引力。

"维特热"一词的含义涉及某件事的突然流行以及对生活方式和态度的下意识模仿，就此而论，它意味着一场重大的媒介事件。人们读完《少年维特之烦恼》后兴味不减，又迅速去读其他小说，这一点证明，这种文学体裁能够用来引发那些让当权者感到不安的理想和情感。文学理论家格奥尔格·卢卡奇（Georg Lukacs）曾经指出，《少年维特之烦恼》的长期吸引力就在于，它的主人公能够勇敢地拒绝就其自身的原则做出妥协，并且能够坚定不移地献身于那些被认为颠覆了道德秩序的"人文主义的革命理想"。①

《少年维特之烦恼》直接引发了一种情感体验，它将占主导地位的社会制度和道德秩序视为对每个自我的培育和发展的一种障碍。维特这个人物本身就曾努力去挣脱个人人格实现（realization of individual personality）同社会习俗之间的张力。他的努力所带来的悲剧性结果突出了他的英雄品质并且加强了他对小说读者的吸引力。就此而论，读者的反应受到了一种以个人为导向的新浪漫主义风尚的影响，而这种风尚激发了读者的强烈情感体验及其对自我的发现。这种情感很容易引起读者对小说的阅读兴趣，因为它不仅为读者对小说人物的情感认同提供了条件，而且同读者自身所面临的存在之不确定性（existential uncertainties）产生了共鸣。

维特热并不是阅读公众所感染的唯一"疾病"。早在《少年维特之烦恼》出版之前，塞缪尔·理查森的《帕梅拉》（*Pamela*）或《美德有报》（*Virtue Rewarded*，1740 年）和让-雅克·卢梭（Jean-

---

① 参见 Georg Lukacs (1936) 'The Sorrow of Young Werther'，网上获取地址为 https://www. marxists.org/archive/luckacs/works/1936/young-werther.htm，访问时间为 2014 年 12 月 17 日。

Jacques Rousseau）的《朱莉亚》（*Julie*）或《新爱洛伊斯》（*The New Heloise*，1761 年）等小说已经因能激发读者想象力而引起文坛轰动。这些新小说受到了读者的热烈欢迎，从而引起了某些当权者的不安。英国的"帕梅拉热"使当权者警觉到："阅读并非没有风险，因为对它的体验随时可以影响内心细腻的读者，比如那些感情丰富的男性读者，或者女人和孩子等容易上当受骗的读者。"①

　　《帕梅拉》和《少年维特之烦恼》等小说对于读者情感的吸引力以及当权者对于大众耽溺于情感而不知自拔的担忧，常常被文学理论家们解释为一种存在于 18 世纪的浪漫主义同启蒙运动的理性主义之间的张力的体现。在一项相关研究中，这场争论被描述为"将理性凌驾于情感之上"而引发的冲突。②的确，关于阅读问题的讨论常常将理性和情感置于尖锐对立的关系之中，但是如果将这种讨论视为基于理性的小说批判同基于情感的小说认同之间的两极对立，则未免过于简单。对于《少年维特之烦恼》的道德义愤绝不是客观的和理性的。它提出的情感控诉是因为缺乏对理性之感染力的信任，而它的解决办法则是通过调动人们的恐惧感来捍卫道德秩序。

　　批评家之所以会焦虑不安，是因为他们感到：可能为那些挑战道德秩序的观点所吸引的人，恰恰是那些拥有高尚情操并且能够同情他人境遇的最具理想主义气质的个体。一次又一次地，批评家指责小说家企图利用读者的高尚情操来达到其自身的恶毒目的。《新英格兰季刊》（*The New England Quarterly Magazine*）的一名通讯记者在 1802 年抱怨道："那些慷慨的情感，那些开明的观点，那些洋溢着美好的感觉、温和的观念、迷人的高贵和温暖的描述的温情故事导

---

① Littau (2006), p. 20.

② 参见 Littau (2006), p. 11。

致了我们的堕落。"①这名通讯记者认为美德可以轻易地被道德上的堕落取代，从而担心传统的道德秩序无法抵挡颠覆性的小说所激发的那些情感的冲击。

所有关于小说"热"的故事都在强调一种潜在的危险现象的升级：在读者同他们所阅读小说的人物之间形成了一种强烈的和密切的互动作用。道德家们还担心，读者对小说人物的过度认同可能会导致其行为发生急剧变化，对女性读者来说尤其如此。

毫无疑问的是，小说有可能对读者的审美和心理产生深刻影响，例如有证据表明，卢梭的《朱莉亚》一书的读者曾在作者的鼓励之下投入忘我的阅读状态。②在18世纪和19世纪的时候，批评家"最担心的是小说对于读者的想象力可能产生的影响"③，但当代的这些观察者并不能确定小说究竟是以何种方式影响了读者，而且"这种对读者心理活动的疑惑是让早期的小说批评家们感到焦虑不安的原因之一"④。对于小说阅读影响的推测几乎都未能超出猜想的层面。小说家威尔基·柯林斯在1858年撰写的《未知的公众》（The Unknown Public）一文中，把数以百万计的新读者称为"一个令我们当中最敏锐的人也感到很难解开的奥秘"⑤。这个奥秘直到今天依然没有被解开，因为正如文学理论家理查德·奥尔蒂克（Richard Altick）在《英国的普通读者》（*English Common Reader*）一书中所承认的那样，试图通过回溯既往（retrospective）的方式来把握读者的主观体验是极

---

① Anonymous, *The New England Quarterly Magazine* (1802), p. 173.
② Pearson (1999), p. 24. 那些主张《朱莉亚》是为通奸做辩护并拥护政治革命的人士，认为这部小说甚至比《少年维特之烦恼》更危险。
③ Gettleman (2011), p. 57.
④ Gettleman (2011), p. 55.
⑤ W. Collins, 'The Unknown Public', *Household Words*, vol.18 (21 August 1858), p. 218.

其困难的。[①]

虽然昔日的读者所产生的内在情感反应不可能被复原出来，但是那些声称"阅读导致了各种不同形式的不道德行为和反社会行为"的说法则是可以被评估的。两个多世纪以来，一直有人在对小说、报纸、电影、电视、电脑游戏和互联网的影响发出危言耸听的警告，而这些警告表明了一种试图透过媒介的棱镜来解释道德问题和社会问题的永恒冲动。这种对媒介的恐惧还间接地表明了一种将读者和听众视为愚蠢之人的观念。可是，关于《少年维特之烦恼》所引起的读者反应的个案研究却表明，更加愚蠢的人并不是读者，而恰恰是那些自认为发现了一种根本不存在的自杀流行病的批评家。

小说家自身也对探讨这一问题产生了极高的兴趣。有的小说家会正面刻画读者的形象，并把读者描写成寻求自我完善的主体——例如，简·爱（Jane Eyre）就从书本中学到了关于她自身的知识。在其他小说家的笔下，读者则会情不自禁地受到其阅读材料的误导。这些读者要么像福楼拜（Flaubert）笔下的包法利夫人（Madame Bovary）那样误入歧途，要么像简·奥斯汀的《诺桑觉寺》（*Northanger Abbey*）中的凯瑟琳（Catherine）那样丧失对真实生活的感受。目前尚不清楚这些小说中的读者形象是否反映了一种更为普遍的道德焦虑，也不清楚它们是否形成了一种对阅读问题加以概念化表述的方法。现代性的文化处境中形成了一个经久不衰的话题，那就是小说这一媒介应提醒其读者去留意那些同阅读活动有关的风险。

通过思考阅读的影响，人们认识到了一个对社会的未来而言至关重要的问题。一名记者在 1887 年 1 月的《爱丁堡评论》

---

① Altick (1957).

（*Edinburgh Review*）上写道：教育和阅读"是促使每个国家走向进步的重要因素，而且两者都需要受到重视、引导和保护"。同时，他还提示说："对于它们可能导致的或好或坏的未来结果，无论怎么高估都不为过。"[①] 在 19 世纪的西方世界，人们对于阅读与进步之间的关联已经有了非常普遍的认识。这种认识并未让人们停止担忧阅读的道德风险；恰恰相反，阅读的文化冲突继续以新的形式展现出来。

对媒介的恐慌

克里斯汀·德罗特尔（Kisten Drotner）曾使用道德恐慌（moral panic）一词——在某种意义上是对于媒介的恐慌——来强调那种因为媒介的转变和更新而一再引发的焦虑和恐惧。[②] 这种反应是由出版和阅读公众在 18 世纪的增长所引发的。报纸、期刊和小说的发展及商业化创造了一种新环境，在这种新环境下，各种相互冲突的观点和意见营造了一种让道德权威有可能遭到质疑的氛围。一种新的传播媒介代表着一种对道德权威的潜在威胁，尤其是当它呈现出一种大众传媒的样式时。一种新的大众传媒通过充当一种公共论坛而提供了新的讨论机会，进而可能向道德秩序的合理性提出挑战。当精英群体发现一种新媒介有可能导致人们质疑道德秩序时，他们不可避免地会感到焦虑不安。

18 世纪和 19 世纪的历史经验表明，由大众传媒和日益增长的阅读公众所引发的担忧要先于报纸、期刊和小说的出现所带来的任何具体影响。那些对当时流行的习俗提出质疑的人不仅会被指责为观

---

① 'The literature of the streets', *Edinburgh Review*, vol. 165 (January 1887).
② 参见 Drotner (1999)。

点有误，而且会被谴责为道德败坏。由于报纸、期刊和小说的消费似乎可能将读者引入歧途，所以它们被认为是导致道德滑坡的首要因素。

在18世纪和19世纪的人们看来，由于报纸杂志、文学同道德秩序的衰落有关，所以报纸、期刊和小说具有令人生畏的说服力。这种看法为后来的人们对于电影、电视和互联网做出的反应提供了一种可供汲取的文化资源。值得注意的是，围绕新媒介的影响而产生的焦虑并不仅仅限于媒介的内容。事实上，新媒介所带来的最具威胁性的影响在于，它们创造了一个范围广大的新兴的阅读公众，而后者可能会拒绝接受由主流道德秩序所主导的惯例和习俗。自从18世纪以来，政治评论家们和文化评论家们常常会通过夸大其词地评论阅读公众的力量和规模来表达不安。[①]与此同时，他们也常常对媒介的力量做出异想天开的评论。他们有时候声称，小说和报纸具有一种从文字上蛊惑读者并从道德上麻痹读者的说服力。例如，罗伯特·克拉克（Robert Clarke）牧师于1815年2月在泰恩河畔的纽卡斯尔文学与哲学协会（the Literary and Philosophical Society of Newcastle）发表的一次演讲中谈到："通过紧扣那些吸引眼球的话题"，作者足以"在我们意识到他的蛊惑之前便完成了对我们心灵的蛊惑"。[②]

研究表明，在伴随着教育普及和流行文化的出现而出现的这种高度焦虑的氛围中，人们担忧的焦点在于，道德秩序能否对公众的态度和行为保留某种权威性。在19世纪，由于阅读公众的大规模增长，这种防御性的焦虑反应也获得了巨大的力量。通俗报刊和言情小说所产生的反响"直接关系到它们对大众的吸引力"。这种担忧

---

① Bratlinger (2008), p. 26.

② 引自 Jones (1996), p. 83。

因为阅读公众的规模增长而得到了强化。一项关于"对小说的恐惧"（Fear of Fiction）的研究结论指出："读者的规模越大，小说对个人健康和社会秩序造成的潜在威胁也就越大。"[1]

19 世纪的小说家安东尼·特罗洛普把小说解释为一种向读者提供难以抗拒的另类道德知识的来源，并且认为其影响足以令家庭和社会的影响黯然失色，他写道："大量来自上层社会和中层社会的年轻人从他们所阅读的小说中接受了明确的道德指导。"按照特罗洛普的推断，传统的道德教育机构和社会化机构根本无法抗衡无所不能的小说的影响：

> 小说家可以比老师、父亲乃至母亲更为贴近年轻的学生。他是年轻女学生为自己选择的向导和导师。年轻女学生随着小说家一起进入隐遁状态，从而无心上课，也不害怕批评，并且将自己的头脑和心灵全部投入到小说家讲述的故事之中，以至于几乎无法完成自己的功课。小说家指导年轻女学生：她如何学会爱；如何迎接这位爱人的到来；如何得到更大的快乐；为什么还在犹豫，何不立刻投入这种新的快乐。他对年轻女学生的态度也同样如此，尽管同年轻女学生相比，他往往对双方的指导关系更加深信不疑。[2]

特罗洛普毫不怀疑地认为，布道之类的传统的道德教育手段根本无法同小说的巨大吸引力相匹敌。在他看来，小说是一种引人陶醉的媒介，并且可以促使读者"将自己的头脑和心灵全部投入到小说所讲述的故事之中"。

---

[1] Starker (1990), p. 44.

[2] Trollope (1879), pp. 202−203.

在 1879 年，历史学家斯宾塞·沃波尔（Spencer Walpole）通过对英国文化和政治发展史的回顾，而引起了人们对于一种新的全能型力量的关注：

> 或许可以说，当今时代的思想控制权正在转移到 …… 小说家的手中。政治演说可以供某些人进行研究，布道遭到很多人的回避，历史仅有为数不多的研究者，但每个人都会去阅读小说。小说同时从好的方面和坏的方面去影响读者的思想，而读者的思想或许将最终决定和主宰世界。[①]

在对小说家的"思想控制权"做出夸张评价的同时，沃波尔意识到宗教的影响已经走向了衰落——"布道遭到很多人的回避"，而且传统道德的生命力也已经走向枯竭。精英阶层对宗教、价值以及维多利亚时代的社会秩序的可持续性缺乏信心，而这使他们对自身的道德权威所面临的潜在竞争对手变得更为敏感。

到 19 世纪晚期的时候，对小说的担忧已经转向了对大量出版的报纸的担忧。在英国，所谓的"新新闻主义"（New Journalism）[②]迎合了阅读公众的需要，从而成为那些对流行文化的腐蚀性影响感到担忧的人士的攻击对象。当《第三次改革法令》（*The Third Reform Act*）于 1884 年颁布并扩大了选举权之后，对于这种"新新闻主义"的影响的担忧也随之升级。根据一项相关记录："'大众化的'新闻可能创造出一种'大众文化'，而'大众文化'又可能通过投票箱而

---

① Walpole (1913), p. 252.
② "新新闻主义"是发端于 19 世纪末并盛行于 20 世纪上半叶的一种新闻报道形式，其主要特征是将文学创作的手法应用于新闻报道中，尽可能详尽地向读者刻画新闻人物的对话、心理和活动场景。——译者注

行使现实的权力。这种可能性触发了新一轮的道德恐慌。"①

　　因此，在回顾 19 世纪的历史时，我们将看到，这一时代的人们对于道德状况的不安和忧虑常常是通过他们对新闻报道和其他通俗出版物的作用的争论而折射出来的。所谓的公共舆论常常被描述为新闻报道和通俗文学的产物。相应地，这些媒介在阅读公众当中的影响也对道德秩序具有深远的意义。

"维特效应"

　　当今时代的文学评论家常常抱怨人们严重缺乏阅读小说的兴趣，所以他们很难想象竟有读者会因为过于痴迷小说而走向自杀。然而，英国浪漫主义诗人塞缪尔·泰勒·柯勒律治（Samuel Taylor Coleridge，1772—1834 年）在一场有关这一话题的演讲中，曾提醒听众："当阅读小说成为一种风行的习惯时，它常常会导致心灵的力量遭到彻底摧毁；它能让读者完全迷失其中，所以仅仅把它称为打发时间还不够，而应把它称为浪费时间。"②

　　某些人之所以宣称小说具有致命性的影响，似乎是为了给他们所认为的"传统价值观和道德约束的丧失"提供一种有意义的解释。按照理查德·贝尔的观点，《少年维特之烦恼》对于美国人的道德想象所产生的非凡冲击力，在某种程度上是美国人对传统道德秩序之凝聚力遭到侵蚀的一种反应：

　　　　在紧张地目睹早期美国习俗的社会约束力趋于瓦解的同时，他们直观地将通俗文学中每一处关于自杀的描写同《少年维特之烦恼》

① Jones (1996), p. 132.

② 引自 Bratlinger (1998), p. 63。

联系起来，并由此同他们对于维系社会团结和维持自身现状的更大担忧联系起来。[①]

令人奇怪的是，时间的推移并没有完全抹去这种将维特热同自杀流行病联系在一起的想法。在 1974 年，美国社会学家戴夫·菲利普斯（Dave Phillips）创造了"维特效应"（Whether Effect）这个术语来表述媒介所诱发的模仿性自杀行为。菲利普斯提出："当一起自杀事件在报纸上公开报道之后，自杀者的人数将会上升。"[②] 在"维特效应"被发现 30 年之后，一部专门探讨媒介所导致的模仿效应的著作出版了。为了重新利用那个有关《少年维特之烦恼》的都市传奇来服务于 21 世纪的读者，这部著作的作者写道：在《少年维特之烦恼》出版之后的几年里，"有如此多的年轻人直到他们拔枪自杀的那一刻仍穿着维特式的服装，而且在他们的书桌前还摆放着一本打开的并且早已禁止发行的《少年维特之烦恼》"[③]。

尽管这类关于《少年维特之烦恼》的无稽之谈仍然长盛不衰，但是媒介恐慌（Media Panics）的形式已经发生了转变：从对小说的恐慌转变成了对电子和数码媒体的恐慌。然而，那些关于媒介效应之风险的警告仍然长期存在，而且很多人仍然像相信常识一样相信：媒介的消费者将会模仿并接受他们所听到的、看到的或读到的东西。在 21 世纪的今天，这种关于维特效应的简单化的因果推理最为突出地表现在那种以网络自杀（cybersuicide）——据说是由上网引起的模仿性自杀——的危险为关注焦点的道德焦虑上。[④]

---

① Bell (2012), p. 61.

② Phillips (1974), p. 341.

③ Coleman (2004), p. 2.

④ 参见 Ferreday (2010)。

　　维特效应及其诱发的自杀流行病被理解为道德污染的一种形式。这种论点的原始版本基于这样一个信念：情绪和情感态度可以像身体的疾病一样受到传染。在一篇关于由《少年维特之烦恼》所引发的反响的有趣评论中，作者写道："人们可能为各种呈现在书本中和舞台上的情绪所'俘获'，而阅读为这种传染提供了一个最便利的媒介。"① 正因如此，文学爱好者们在描述他们阅读小说的体验时，才常常使用"传染"（infection）和"感染"（contagion）之类的词汇来说明自身的感受。② 这种把道德问题转换为身体或医疗问题的思想倾向表明，阅读所引发的苦恼常常被当作一种疾病来解释。发生在道德的医疗化同读者健康的道德化之间的这种有趣的互动，将成为下一章的主题。

---

① Schiffman (2010), pp. 216.
② Schiffman (2010), pp. 216.

六、阅读与健康：永恒的悖论

围绕歌德的小说《少年维特之烦恼》而展开的争论表明，那些用于描述阅读之影响与体验的言论可以轻易地从道德领域跳跃到生理和心理健康的领域。经常有报道说，读者受到了他们在阅读小说时产生的情绪的感染（infected）。按照这种观点，情绪似乎可以像普通感冒一样被"传染"(caught)，而在阅读《少年维特之烦恼》的时候，它还可能导致一种道德上的疾病，甚至最终引发一种毁灭自我的身体行为。在评论 18 世纪的畅销小说所引起的反响时，这种"文学感染力"常常被当作"一种有效的描述方式"来解释这些小说受欢迎的程度。[1]

两个多世纪之后，毒性、身体伤害和传染之类的词语仍然在被用于描绘那些伴随着各种不同形式的媒体消费而到来的风险。道德的和生理的范畴常常被合并，用于或交替用于描述阅读的风险。将 19 世纪的浪漫小说比作"道德毒药"的描述方式堪称这方面的典型。

---

[1] Pearson (1999), p. 99.

尽管"毒害读者的毒药"只是一种比喻手法，但它给人带来的病痛却同身体的疼痛一样严重：道德毒害被解释成了一种表现为医学症状的身体状况。[①]

纵观历史，道德与健康之间的关系一直是比较模糊的。道德高尚常常是通过优良的身体属性表现出来的，而道德败坏则常常是通过丑恶的身体病症表现出来的。在《旧约》中，麻风病被解释为全能的上帝施加给那些罪有应得之人的一种惩罚。暴食症、精神错乱、发疯、歇斯底里、上瘾行为、道德败坏、自杀等状态都曾经被用作强调阅读风险的健康警示。

将媒介消费当作一种疾病来对待的态度一直延续至今。网瘾、心理创伤、反社会的暴力倾向以及大脑的认知功能受损等等，都被看成是同 21 世纪的媒介有关的状态。医疗化——利用医学的权威来审视日常生活的过程——在当今时代产生了前所未有的影响，因为人类体验的不断拓展已经被重新定义为一个需要接受医疗干预的问题。

因为世俗化和科学的兴起，人们常常通过对心理或生理疾病的叙述，来表达他们的道德关切和文化关切。例如，最近几十年来，常常有人通过强调媒介和阅读对认识能力的影响，来批评媒介的过度利用以及随意性的阅读方式。这正是剑桥大学的文学评论家、新批判主义之父理查兹（I. A. Richards）的意图。他于 1929 年试图将阅读问题同"难理解之思想的快速传播"关联起来，并认为这种传播"彻底扰乱了人类心智的完整秩序，因此可以说，它使我们的心灵丧失了可控性和连贯性，从而蜕变到一种肤浅、脆弱和混乱的低

---

① 例如，参见 F. C. W., 'Moral poisons: The antidote', part two, *The Mother's Magazine* (June 1845), pp. 184–188。

级形态"。[1] 理查兹担心的是读者领悟"难理解之思想"的能力，而这种担心不仅涉及信息量过大的老问题，而且还涉及过大的信息量对于认识能力的影响问题。

当然，阅读能够激发心理的和生理的反应。书面文本对于想象的影响力是它所特有的和真正美妙的特性之一。文学评论家乔治·斯坦纳（George Steiner）曾经声称："良好的阅读行为是要冒很大风险的"，因为"它可能使我们变得多愁善感"。[2] 他把阅读所引发的心理和生理剧变描述为一种精神性的或审美性的反应 —— 其他人则几乎总是从健康的视角来看待这一过程。人们常常从医学的视角或者伦理的视角来论述阅读对读者的影响，而本章的目的则是探讨这两种论述之间的相互关联。

道德与身体

世界将如何通过阅读及其对读者的影响而进入人类的心灵呢？对此问题，我们是很难准确预测的。有关特定书籍和阅读实践的争论常常聚焦于身体和道德的话题，例如，它们究竟是启迪了读者的心灵还是腐化了读者的心灵，以及它们到底是强壮了读者的体格还是削弱了读者的体格。正如我们先前所讨论过的那样，苏格拉底把写作称为一种"药物"，传递出了这样一种主张：阅读有可能成为一味良方，也有可能成为一剂毒药。

读者对宗教经典的反应是宗教当局极为关注的问题。宗教当局认识到，阅读实践既有可能导致心灵的皈依，也有可能导致对异端

---

[1] Richards (1929), p. 320.
[2] Steiner (1985), p. 29.

邪说的接受。在整个中世纪和现代早期，有许多关于这一主题的相互矛盾的报道。很多人声称自己在阅读《圣经》时见到了异象——有些异象产生了正面的后果，也有些异象产生了负面的后果。[①] 由于宗教当局相信，阅读《圣经》能够引发精神的转变，所以他们不可能不管不顾，任由这种活动带来他们不愿意看到的后果。

在现代早期，人们曾通过生理学的激情理论来解释阅读的影响，而这种解释强调了文本所引起的情感反应同读者的生理和心理健康之间的关联。激情具有特殊的意义——"它们是感性的灵魂（有时是理性的灵魂）的活动，是灵魂对感官印象和其他刺激做出的反应"[②]——并且被认为可以影响人类的行为，使之趋向于特定的活动方式。

神学家和哲学家都十分重视对于激情来源的解释。他们关注的问题是：阅读对激情的影响与激情对行为的影响之间有何关系？迈克尔·舍恩菲尔德（Michael Schoenfeldt）认为，文学作品所具有的感动读者的能力是"既值得赞美又令人畏惧的"，"读者个体的身与心被想象为善与恶、健康与疾病之间的角力场"。读者必须小心谨慎，以确保自身不会受到邪恶力量（撒旦的工作）的影响。[③] 那些关于阅读具有麻醉作用的警告则指出，阅读可能给读者的情感和健康带来干扰性和破坏性的影响。但有时候，阅读也能"激发思想的转变，甚至激发出真正的创新"。德国数学家约翰内斯·开普勒（Johannes Kepler，1571—1630 年）声称，当他读完欧几里得（Euclid）撰写的《几何原本》（*Elements*）时，曾因为自己"认识

---

① Johns (1996), p. 141.

② Johns (1996), p. 147.

③ Schoenfeldt (2003), p. 218.

到了宇宙中的规则多面体的作用"而"陷入一种难以置信的兴奋状态"。托马斯·霍布斯也声称，他在阅读完欧几里得的这本书后经历了一场思想转变。[①]

许多著名人物都曾通过自己的亲身经历提醒人们注意阅读所引起的情感和身体的剧变。他们把这种剧变归因于阅读所引发的兴奋和烦恼，并且认为这种兴奋和烦恼破坏了他们对于自身情感生活的掌控能力。哲学家和化学家罗伯特·波义耳（Robert Boyle，1627—1691 年）确信，他本人从来没有摆脱过自己在学生时代阅读过的"《高卢的阿玛迪斯》（*Amadis de Gaule*）中的冒险传奇以及其他离奇故事"的影响。波义耳声称，这些冒险故事"通过扰乱他的思想而伤害了他"，因为它们"使他养成了一种漫游式的思维习惯，以致他几乎无法控制自己的思维"。[②]

尽管这种有关激情的叙述已经让位于医疗科学中那些有关身心关系的新思想，但是当人们讨论文学作品及其他出版物对读者的影响时，该叙述的常识性意义依然可以发挥作用。自从波义耳的时代以来，注意力和专注力的丧失常常被描述为某些在道德上值得怀疑的阅读实践所带来的影响。直到最近，"过度阅读"（over-reading）仍然被某些人诊断为风险最大的读写实践之一。内科医师和占星家理查德·纳皮尔（Richard Napier，1559—1634 年）将"过度阅读"归结为一系列的心理健康问题，并且声称自己发现许多女性读者的头脑"因为过度阅读而产生了发烧现象"：她们"抱怨自己出现了失眠、呼吸急促、颤抖、胃功能紊乱、眩晕、头疼、耳鸣、亢奋感、

---

① Johns (2000), p. 292.
② 波义耳的话引自 Johns (1996), p. 146。

昏厥和乏力"。①

　　阅读文本和理解文本的活动常常被比喻成身体的进食和消化活动。直到 20 世纪之后，吃饭的比喻依然经常用于有关阅读的讨论之中。弗朗西斯·培根曾经提出忠告说："有些书是可以品尝的，有些书是可以吞咽的，还有极少数的书是可以咀嚼和消化的。"②他对于品尝、吞咽、咀嚼和消化的区分是同各种不同类型的阅读实践相对应的。按照培根的建议，只有极少数的书籍值得人们"勤奋和专注"地阅读，进而彻底地消化。正如他在一篇评论中解释的那样："消化，本是一种对有用成分与有害成分进行的必要分解，而它现在已经成为'恰当的阅读活动'的文字性比喻。"③

　　在 19 世纪，对书籍的认真消化被当作一种健康的阅读方式而得到推广。德国哲学家弗里德里希·尼采（Friedrich Nietzsche，1844—1900 年）提议，人应该像"牛"吃草一样对思想加以缓慢而仔细的思考，"进行反刍，再次咀嚼"。④然而，当阅读被比喻为一种新陈代谢的消化过程时，常常意味着书籍的消费可能会出现过量情形，尤其是新近出现的阅读公众更容易导致书籍的过量消费。哲学家约翰·斯图尔特·密尔（John Stuart Mill，1806—1873 年）对其所处身时代的出版业的飞速增长深感不安，他评论说：现在的公众"贪图精神食粮，为了能够吞咽得更多而不惜囫囵吞枣"⑤。许多批评家都在指责普通读者不加选择地"暴食"书籍；对于这些批评家来说，廉

---

① Johns (1996), p. 153.

② *Of Studies* 可从网上获取：http:// www.authorama.com/essays-of-francis-bacon-50html，访问时间为 2015 年 1 月 12 日。

③ Schoenfeldt (2003), p. 220.

④ 引自 Littau (2006), p. 41。

⑤ 引自 Schoenfeldt (2003), p. 328。

价的惊险小说在道德层面相当于今天的快餐食品。

20 世纪的评论家们对于大众文化中不讲究精神品质的文学实践表示担忧，而他们的担忧常常可以同密尔的情绪产生共鸣。英国评论家梅考克（A. L. Maycock）于 1929 年声称："毫无疑问，今天的我们都阅读得太多，因而给心灵的领悟能力施加了过重的负担；正如暴饮暴食会使原本有益于健康的饮食丧失其意义一样，过度的阅读只会妨碍我们的思考，并使我们的思想处于一种迟钝的和不活跃的状态。"梅考克想不出还有什么比过度阅读"更为有效的精神自杀方法"，并且预言：除非我们能够采取某些行动来遏制过度阅读的影响，否则"当代印刷品的强大洪流便会吞没我们，并将我们卷入那令人震颤的精神错乱之中"。①

通过消化活动的物理类比来描述阅读，表明了一种对阅读的道德批判。相应地，如果读者阅读的书籍数量超出了评论家们所建议的健康阅读量，便会被指责为"吞食书籍"（devouring books）②；这些吞食文学作品的读者会被指控为"犯有滥用自然之罪"，而且其罪行比那些仅仅用食物"把胃填得太满"的人更加严重。文学评论家约翰·罗斯金（John Ruskin，1819—1900 年）为这种观点提供了冗长的论证，他对于"暴食型阅读"（gluttonous reading）的警告构成了一种对未经消化的书籍消费的道德批判。罗斯金将阅读的审美维度与精神维度转变为一种存在于阅读的身体表现和道德表现之间的令人不安的张力，而这种转变是以一种言过其实的道德说教的口气表达出来的："为了获得精神上的滋养，你必须严格按照道德规范来阅读，正如你为了获得身体上的营养而必须按照道德

---

① 参见 A. L.Maycock, 'Bibliophobia', *Blackwood's Magazine* (October 1929), pp. 175–176。

② 参见 'Devouring books', *American Annals of Education* (January 1835), pp. 30–32。

准则来进食一样。"①在罗斯金看来，阅读与饮食方面的道德准则禁止人们为了追求享乐或满足感性欲望而进行这些活动。他解释说："你不能为了吃的快乐而吃，也不能为了阅读的快乐而阅读。"但他也承认，在正当的情况下，"你的晚餐和你的书籍"都是可以被享受的。②

对于罗斯金而言，"肮脏的和违规的阅读"是一种"远比肮脏的进食更加可恶的习惯"，因为前者象征着一种对灵魂的威胁，而后者只是使身体遭受伤害。他推论说："所有将享乐置于用途之前或者用享乐取代用途的活动都可以概括为一个词——淫乱。"③罗斯金采用的是"淫乱"（Fornication）一词在《圣经》中的含义，意即为了崇拜偶像而背弃上帝：他对"暴食型阅读"的全部指责都是为了说明那种以追求快乐为目的的阅读的道德危害。

在 19 世纪，罗斯金的观点在那些反对流行文化和大众阅读的文学批评家中广泛流传开来。正如凯利·梅斯（Kelly Mays）所描写的那样，"甚至在吃饭过程中，若是在理想状态下，更高级的精神力量——意志、理性与判断——也应该完全掌控一切"，然而，由享乐主义和追求享乐所导致的"书籍吞食行径"却抑制了读者的想象力。梅斯解释说："当阅读受到感性欲望的驱使，而不是出于对营养价值的理性考量时，这种阅读将混淆身体与心灵之间的正当等级关系。"④

在针对文学和媒介消费中的滥用情形而提出的道德指责中，这

---

① Ruskin (1902), p. 163.
② Ruskin (1902), p. 163.
③ Ruskin (1902), p. 163.
④ Mays (1995), p. 173.

种从阅读的身体影响跳跃到阅读的道德影响的频繁转变曾经是并且依旧是一个不断重复的主题。用来证明这些指责的论证往往是实用主义的和机会主义的，它们常常从警示读者的生理或心理健康所面临的风险开始，逐渐转变为一种关于道德污染之可怕影响的危耸描述。安娜·佛格林可（Ana Vogrinčič）在回顾19世纪小说批评家们所采用的不同批评方式时指出：

> 概括地说，可以把这些指责分为两类：一类是指责小说具有危险的心理影响，即可能导致读者去模仿并被动接受那些关于爱情和人生的错误观点；另一类则是指责阅读小说的习惯对身体有害，纯属浪费时间，不仅损害了读者的心灵和斗志，而且损害了他们的视力和体格。[①]

在关于阅读的道德风险和身体风险的解释之中，常常存在着这样一个假设：读者根本无力去抗拒印刷文本对他们的强大吸引力、诱惑力和蛊惑力。书籍具有损害道德的力量，所以它们必须得到监管；而出版审核可以起到保护道德的作用，就像为了保护身体的健康而需要对某种传染性疾病的感染者进行隔离一样。一位美国评论家在评论"印刷品毒药"（printed poison）的时候指出：一个利用"淫秽故事"来"毒害社会"的"肮脏之人"就是"道德腐烂物、瘟疫源发地区和麻风病患者"，所以理应像"昔日的麻风病人"那样"遭到社会的抛弃"。[②] 在一篇对奥斯卡·王尔德（Oscar Wilde）的小说《道林·格雷的画像》（*The Picture of Dorian Gray*，1890年）的评

---

① Vogrinčič (2008), p. 109.
② Leeds (1985), p.9.

论中，作者也采用了类似的口气将这部小说指责为"一个从法国颓废主义的肮脏文学中衍生出来的故事，一本充满了道德和精神腐败物的恶臭气息的有害书籍，一项探讨如何从道德上和身体上毒害一位鲜活美好的高尚青年的自鸣得意的研究"[1]。

欲壑难填

自从进入现代以来，同阅读以及其他媒介有关的主要风险之一就在于，它们有能力将它们的消费者变成欲壑难填的瘾君子。苏格拉底曾经把写作比喻为一种药物，而现代的评论家则把阅读比喻为一种让人上瘾的毒品。按照大多数关于这种嗜书成瘾的疾病的描述，并不是所有的书籍都会给读者带来同等的风险。最常被人们比作危险毒药的文学作品是那些既能激发人的情感而又非常容易阅读的廉价色情出版物。在 19 世纪，所谓的"色情小说"（sensation novel）常常被人们描述为一种类似鸦片的容易令人上瘾的药物。[2]英国哲学家亨利·曼瑟尔（Henry Mansel，1820—1871 年）曾宣称："色情小说的读者就好比是那些处在'永恒欲望'（perpetual cravings）的控制下的'贪杯的酒徒'。"[3]

这些主张都缺乏证据的支持，而且它们的提出者也没有努力说明以下问题：为什么一部分读者会产生这种永恒的欲望或无法满足的欲望？这种上瘾究竟是由读者所阅读的文学作品导致的，还是由那种激发读者产生不愉快心理状态的阅读方式导致的？

---

[1] 参见 *Daily Chronicle* (30 June 1890)。该评论已重印，可从网上查阅，http://www.gutenberg.org/ files/33689/ 33689-h/33689-h.htm，访问时间为 2014 年 9 月 2 日。

[2] Wynne (2001), p. 6.

[3] Mansel is cited in Wynne (2001), p. 5.

批评家们经常将贪食的比喻和吸食毒品的比喻并列起来使用，以吸引读者去关注他们对过度阅读的病理性分析。在 19 世纪与 20 世纪之交的时候，约翰·霍普金斯大学的校长曾经声明："当前的过度阅读乃是一种狂热、一种恶习，人们就如同吸食鸦片一样在阅读文学作品。"[①] 早在一个多世纪之前，德国哲学家约翰·戈特利布·费希特（Johann Gottlieb Fichte，1762—1814 年）就已经在下述文字中解释了那种为了阅读自身的缘故而进行的阅读活动所具有的麻醉作用：

> 为了阅读自身的缘故而进行阅读的习惯不同于心灵中的任何其他习惯；而且，因为它具有某些最为令人愉悦的内容，所以它很快就会变成那些曾经沉迷于此的读者的一种不可或缺的欲望。如同其他的麻醉药物一样，它能使那些养成了这种习惯的人进入一种介于睡眠与清醒之间的令人愉悦的状态，使他们不费吹灰之力就能平静地进入甜蜜的忘我境界。在我看来，它非常类似于吸食烟草的习惯，因而可以参照这种习惯对它加以很好的说明。任何曾经品尝过那种愉悦状态所带来的兴奋感的人都希望持续地享受这种兴奋感，而不再奢望其他的东西：他现在之所以要阅读，既无关文学的知识，也不是为了时代的进步，而仅仅是因为他坚信，他可以阅读，并且为了阅读而活；同时还能由此表现出他作为一个纯粹读者的人格特征。[②]

---

① 引自 William Dean Howells, 'Is the reading habit a vice', *The Review of Reviews* (December 1901)。

② In *The Characteristics of the Present Age* by Johann Gottlieb Fichte, trans. from the German by William Smith Chapman; review in *The Spectator* (30 October 1847) at http:// archive. spectator.co.uk/article/30th-october-1847/15/spectators-library.

通过反思"为了阅读自身的缘故"而进行阅读的习惯，费希特认识到，这种活动不同于其他那些具有回报性质的恶习，而是可以成为审美乐趣的源泉。这种极其"令人愉悦的"活动的风险在于，它可能变成一种致人严重上瘾的"不可或缺的欲望"。

当阅读从一种令人愉悦的活动蜕变为一种致命的恶习时，美德也转化为一种罪恶，而罪恶又转化为一种需要医治的疾病。费希特所批评的对象正是他所描写的那种"纯粹读者"。这些"纯粹读者"就是已经养成了"为了阅读自身的缘故而进行阅读的习惯"并且不再关心自己在日常生活中的责任的读者。费希特在谴责"纯粹读者"的时候，并没有对这些读者用来满足自己的这种已经成瘾的欲望的文学作品的类型做出区分。作为一名致力于探索自我意识与主体性问题的哲学家，他将阅读的爱好解释为一种让人成瘾的病变，进而说明了这种阅读的医疗化解释在他的时代的影响。

不同于费希特的是，大多数批评家在说明阅读成瘾的风险时往往会特别指出，批量生产的通俗出版物迎合了公众的低级本能，从而增强了公众对于文学麻醉剂的渴望。在 1887 年的《爱丁堡评论》（*Edinburgh Review*）上，曾经发表过一篇题名为"街头文学"（The Literature of the Streets）的文章。这篇文章评论了十本面向小学生读者的通俗出版物，并且提出警告说：年轻人很容易得到诸如《警方新闻和纽盖特监狱日志》（*Police News and Newgate Calendar*）之类的色情刊物。为了说明此类文学作品是如何通过迎合年轻人的欲望来争取他们的好感的，这篇文章的作者描述道：

> 为年轻人设下的酒席是现成的和丰盛的，但是每一道菜都是有毒的、肮脏的和可耻的。每一种香味都是虚假的，每一种佐料都是

邪恶的。每一口食物都是经过药物处理的，每一滴酒都是含有麻醉剂的；它们无法解决真正的饥饿，无法消除真正的干渴。①

此处的食物、酒精和药物都是作者为了说明阅读的病变原因而使用的引人注目的比喻。

贪食的比喻强调了阅读欲望的自我毁灭性，并且试图说明那种进行过度阅读的激情并非是出于对知识的真实渴望。这种比喻受到了一种在当今时代被人们称为反消费主义（anti-consumerist）的情绪的影响。这股社会思潮区分了优雅的情感与粗鄙的情感，并且谴责了读者对于肤浅的廉价文学作品的沉迷，从而预示了20世纪的那种对虚假需求的反消费主义批判。②在1874年，阿尔弗雷德·奥斯丁（Alfred Austin，1835—1913年）——不久后被封为桂冠诗人——在说明"阅读的恶习"时声称，"阅读小说的习惯，即为了阅读本身的缘故而阅读小说的习惯"，是一种比其他恶习更加廉价的恶习。奥斯丁认为，"阅读小说既不像酗酒那么费钱，也不像酗酒那么令人排斥，而且据说不会像酗酒那样给家人带来毁灭和耻辱，但是阅读者肯定会由于它而变得身体虚弱、品味低级、意志薄弱、理解力下降"。③

奥斯丁的上述解释对阅读成瘾可能带来的健康风险和道德风险做出了一种综合性的说明。人的软弱性、不负责任和缺乏德性等特征都可以通过恶习这一术语来表达，而且阅读小说的恶习同酒精之间的关联已经成为一种针对大众文化的精英文化叙事的一部分。著

---

① Anonymous, 'The Literature of the streets', *Edinburgh Review*, vol. 165 (January 1887).
② 具体讨论可参见 Furedi (2014), pp. 140–141。
③ Austin (1874), 'The vice of reading', *Temple Bar*, no. 42 (September 1874), p. 253.

名的文学评论家利维斯（Q. D. Leavis）在他于 1932 年撰写的一部著
作中回顾道："在 19 世纪的时候，对休闲阅读的过度沉迷所导致的影
响就已经众所周知（主要是凭借它的名气）：它曾被视为一种'豪
放'，而且直到进入这个世纪很久之后，在早晨阅读小说才像在早晨
喝酒一样被视为一种恶习。"[1] 利维斯本人毫不怀疑地认为，这种阅读
成瘾的现象在 20 世纪的持续盛行是一种文化衰退大趋势的征兆。

反对流行文化的批评家们依然在把那些将阅读公众当作摇钱树
的出版同销售令人上瘾的药物的商家相提并论。例如，普利斯特里
（J. B. Priestley）在他于 1942 年发表的一部小说《格里特莱的灯火管
制》（*Blackout in Gretley*）中指责说，言情小说的销售商们是在向人
们兜售"梦想与麻醉剂"。此类书籍正在"以大约每小时一法新[2] 的
价格向人们提供高纯度的鸦片"。[3] 小说家露西尔·埃尔芒格（Lucille
Iremonger）也于 1950 年发表过类似的观点，她声称：那些针对女
性的周刊在本质上是一种诱发神经症和"丑恶的离婚"的"精神毒
品"。[4]

道德毒药

露西尔·埃尔芒格使用了"精神毒品"一词来贬低她所蔑视的出
版物，而这种说法延续了许多世纪以来的那种对文学作品加以妖魔
化的传统。在有关异端问题的神学争论中，把书籍比作某种毒药的
描述手法也极为常见。托马斯·摩尔爵士在抨击某些鼓吹宗教改革

---

① Leavis (1968), p. 50.
② 1961 年以前的英国铜币。——译者注
③ 普利斯特里的话引自 McAleer (1992), p.98。
④ 埃尔芒格的话引自 McAleer (1992), p.159。

的文学作品时，便曾指责这些书籍是"有可能让读者染上'传染性
瘟疫'的'致命毒药'"①；其他批评家则使用"道德毒药"或"文学
毒药"之类的词汇来提醒人们当心书面文本具有损害身体的能力。②
德国哲学家阿瑟·叔本华（Arthur Schopenhauer，1778—1860 年）把
"不良书籍"（bad books）称为用来"摧毁心灵"的"思想毒药"。③
作家西德尼·达克（Sidney Dark，1874—1947 年）认为，对于新出
现的阅读公众当中的大部分人而言，书籍消费只能起到一种麻醉药
的作用，并且"书籍只不过是一种麻醉药，从长远的观点来看，它
终究会像可卡因一样摧毁真实的生命和生活"④。

　　道德毒药给寻求满足感的公众带来的危险常常同那些被视为淫
秽出版物的书籍有关。然而，19 世纪和 20 世纪的道德家们往往对淫
秽加以宽泛的定义，并且随心所欲地利用淫秽一词来描述出版物的
"毒害"作用。《关于印刷的毒药》（*Concerning Printed Poison*，1885
年）一书的作者约西亚·利兹（Josiah Leeds）对"淫秽"与"廉价
小说的恶劣影响"进行了区分，认为后者虽然并不"一定是淫秽
的"，但依然构成了一种对社会的毒害。⑤

　　从 19 世纪后期开始，淫秽出版物和煽情报纸的剧增引发了越
来越大的关注，对阅读的医疗化和道德化解释也获得了一个新的
发展契机。1880 年，纽约反堕落协会（New York Society for the
Suppression of Vice）发表声明称："随处都可看到，这种文学毒药

---

① 具体讨论参见 Bosmajian (2006), p. 76。
② 参看 F. C. W., 'Moral poisons: The antidote', *from The Mother's Magazine* (May 1845),
　　pp. 148–152。
③ Schopenhauer (1851), letter LXI.
④ Dark (1922), p. 11.
⑤ Leeds (1985), pp. 8 and 17.

正在危及社会生活的根基。它正在污染我们年轻人的纯洁生活和心灵。"维多利亚时代的美国伦理学家安东尼·康斯托克（Anthony Comstock）在 1875 年撰写的一份报告中警告说，那些兜售淫秽作品的"精明而狡诈"的商人已经"成功地将一种病毒注入天真而纯洁的年轻人体内，如果不加阻止，这种病毒将比身体里最致命的疾病产生出更大的破坏性"，进而表示：

如果能让我们国家的所有老师、父母和监护人听见我们的声音，我们将会呼吁："要一刻不停地小心守护你们的图书馆，你们的衣橱，仔细了解你们的孩子或被监护人的通信内容和交往对象，以免你们的家庭的甜蜜和纯洁受到污染和损害。[1]

康斯托克呼吁家长查看孩子的信件并监管孩子的阅读材料，而他的呼吁不仅仅表达了维多利亚时代的人们对道德污染的高度关注。康斯托克对家长的建议凸显了这样一种焦虑，即老一辈是否还有能力引导和教育自己的孩子接受道德秩序的价值。阅读教育和儿童读写能力的培养之所以成为道德关注的主题，是因为孩子的敏感心灵容易受到破坏性的影响。

就像罗斯金认为过度的阅读比过量的饮食更危险一样，人们认为这种通过阅读来传播的道德毒药远比那些物质性的毒药更能导致可怕的后果。《星期日快报》（*Sunday Express*）的编辑詹姆斯·道格拉斯（James Douglas）自称是一名反对"英国小说的污染和堕落"的活动家。他抨击瑞克里芙·霍尔（Radclyffe Hall）撰写的一部描写女同性恋者孤独境况的小说《寂寞之井》（*The Well of Loneliness*，

---

① 报告引自 Beisel (1997), pp. 70, 57–58。

1928 年），并声称这部小说是在宣扬"堕落"。他希望这部小说所招致的愤怒能迫使社会承担起"将这些麻风病患者的麻风病从社会中清洗出去的使命"。道格拉斯声称："我宁愿送给孩子们一瓶氢氰酸，也不愿意让他们读到这本小说。因为毒药可以杀死身体，而道德毒药则可以扼杀灵魂。"①

如果读者未能在阅读活动中表现出自身的高雅以及必要的选择性和阅读品味，就会被批评家们视为糟糕的读者。尼古拉斯·达姆斯（Nicholas Dames）曾提出：维多利亚时代的读者乃是"西方历史上的第一批糟糕的读者"②。这些读者并不缺乏解读文本的技巧，但是他们缺乏良好的阅读所必需的道德品质。纽约州立大学的研究人员注意到良好的阅读需要"更高级"和"更纯洁"的思想形式，然而它们在现实中经常缺失。因此，他们将读者区分为两种：进行阅读的人和善于阅读的人："每一天，阅读小说的狂热以及出版社制造出来的垃圾以及连垃圾都不如的东西充斥着书店和十分之九的客厅。然而尽管如此，他们并不是善于阅读的人。"③在这篇报告的作者们看来，人们进行的这种"阅读"实际上正是一种堕落的表现。

注意力缺失症的形成

通过医疗化的解释，各种令人困扰的道德缺失、疾病和身体缺陷都可以统统归咎于阅读对读者的影响。阿尔弗雷德·奥斯丁的论文《阅读的恶习》（The Vice of Reading）是一份名副其实的关于可憎的

---

① J. Douglas, 'A book that must be suppressed', *Sunday Express* (19 August 1928).

② Dames (2007), p. 18.

③ *Annual Report of the Regents of the University of the State of New York*, vol.79 (1866), p.133.

不良阅读导致各种失调症状的指南，他在这份指南中警告说：阅读很容易变成"一种粗俗和有害的习惯，跟酗酒别无二致；一个偷懒的借口；它不仅不是自学，反而是教育道路上的绊脚石；它是一件掩饰无知的斗篷；一种让人变得软弱、道德败坏、松懈的实践，长此以往，不仅会让男人和女人们变得精神衰弱、肌肉松弛，而且还会逐渐削弱国家的活力"。奥斯丁指责阅读"迅速地摧毁了所有的思想和思维能力"。①

奥斯丁认为，对书籍与报刊的阅读不仅会妨碍思考，还会导致读者的社交活动减少和身体素质下降。他认为"书籍充当了放纵和懒惰的借口"，进而断言：

> 当前流行的这种阅读方式因为其质量和数量的缘故，导致了人类在生理、心理和道德上的一种退化，可我们却未能对它表示怀疑；我们也未能看到，除非这一恶习得到某种程度的矫正，否则人类便不可能逃脱被它分化为两种人类的最终结局：其中一部分人将很难摆脱这种病态的习惯，而另一部分人则几乎等同于白痴。②

今天，奥斯丁的这种宣称读者将变得"肌肉松弛"并变得如同"白痴"的说法听起来似乎有点古怪；而且他所说的许多同阅读有关的恼人症状都是那些产生于维多利亚时代的人为想象的产物。但是，注意力不集中这一症状仍然常常被人们视为媒介消费所带来的主要风险之一。奥斯丁担心阅读会干扰人们在执行"某些令人乏味的任务"时的注意力，并由此表达了他对于阅读有可能导致人们丧失责

---

① Austin (1874), 'The Vice of Reading', *Temple Bar*, no. 42 (September), pp. 252–256.

② Austin (1874), 'The Vice of Reading', *Temple Bar*, no. 42 (September), pp. 256.

任感的担忧。当"思维能力"因此而下降时，这些注意力不集中的读者还可能面临正常的认知功能受损的风险。

塞涅卡于公元 63 年至 65 年间在写给卢基里乌斯的一封信中，率先提出了书籍令人分心的警告。在这封信里，塞涅卡将一种焦躁而错乱的精神状态同那种有条理的思想状态进行了对比，并警告说：阅读太多书籍"可能让你偏离主题和犹豫不决"。塞涅卡将太多的书籍比作难以充分消化的食物，并警告人们"阅读大量的书籍是在分散注意力"。[①]

伴随着印刷革命的到来、大众出版市场的发展，以及相对廉价的书籍和期刊的充分供应，人们对于阅读的分心作用的担忧也在逐渐增强。在这一时期，由于现代化和技术变革所带来的迷茫和越来越大的焦虑感，有关"阅读能引发情感动荡"的传统担忧也变得愈发强烈。卡琳·利陶指出，现代性体验对读者感官的冲击削弱了他们对书籍进行吸纳、沉思和真正消化的能力。在这种情况下，技术变革和现代化将成为"理查德·斯蒂尔在 1713 年的《英国卫报》（*The Guardian*）上批判过的那种'不稳定阅读'"的形成条件，"因为它'自然而然地诱使我们进入一种不确定的思维方式'"。[②]

在 19 世纪的时候，有人认为小说对健康造成的最主要负面影响在于它对认识活动造成了有害影响。[③]尼古拉斯·达姆斯在其专著《小说生理学》（*The Physiology of Novel*）中指出，正是出于对认识活动可能受到干扰的担心，一些人精心构建了一套将思想不集中的和漫不经心的阅读描述为一种重要的文化问题的理论。就这一点而言，

---

① http://www.stoics.com/seneca_epistles_book_1.html, accessed 3 May 1914.

② Littau (2006), p. 46.

③ Dames (2007), p. 18.

现代的注意力缺失症（Attention Deficit Disorder）早在一个多世纪之前就已获得了文化上的合法性。在随后的 21 世纪里，达姆斯所描述的这种"注意力伦理"（morality of attention）非常有助于对那些思想不集中的读者和漫不经心的读者展开文化批判和学术批判。达姆斯把"注意力伦理"描述为一种"社会伦理，关系到一种进行有意识的和负责任的行动的能力"。[①] 达姆斯所描述的"注意力伦理"可以被解释为一种对注意力的道德化解释，而注意力分散则是它的道德对立面。

　　在当今社会，对注意力分散的病理分析是通过脑科学的语言来表述的。通过神经科学的描述，传统的认知问题以一种明显摆脱了道德判断的语言而得以重构。一位作者在谈到信息过量的问题时宣称："研究表明，同时处理多项任务将提升'压力荷尔蒙皮质醇'（stress hormone cortisol）及'斗争或逃避的荷尔蒙肾上腺素'（fight-or-flight hormone adrenaline），从而过度刺激你的大脑并导致你精神模糊或思维混乱。"[②] 这表明，19 世纪的阅读狂热已经被 21 世纪的"信息狂热"（info-mania）取代[③]，而那些思想不集中的身兼数职者则是昔日粗心的和不负责任的小说阅读者的当代翻版。大卫·米基奇（David Mikics）把这种情况描述为持续性的不完全关注[④]，而这种情况显然发生在"我们试图一次做太多事情的时候"[⑤]。

---

① Dames (2007), p. 81.

② Mikics (2013), p. 12.

③ 参见 Daniel J. Levitin, 'Why the modern world is bad for your brain', *The Observer* (18 January 2015)。

④ "持续性的不完全关注"（Continuous Partial Attention）是西方学者于 20 世纪 90 年代创造的一个科学术语，中国学者亦将其译为"持续性的部分注意""连续不完整的注意力"或"持续走神"等。——译者注

⑤ Mikics (2013), p. 12.

在 19 世纪以及 20 世纪早期，为了批评成年人阅读流行小说的习惯，批评家们在阅读与注意力持续时间缩短之间建立起一种因果联系。他们试图以英国小说的长度在 19 世纪末的缩短作为例证，来说明阅读小说可能会削弱读者的注意力和专注力。随着三卷本的长篇小说在 1894 年的消亡，"观察到这种现象的人们开始好奇地思考：文学作品的长度缩短究竟是因为阅读公众对冗长文本的兴趣出现了下降，还是因为文学作品所造就的阅读公众已经逐渐失去了消费此类作品所需要的认知能力"[1]。

大约在 19 世纪中期，人们第一次开始谈到注意力持续时间的不足或缩短问题[2]，而在 19 世纪与 20 世纪之交的时候，普通读者注意力持续时间的缩短成为人们讨论的主题。注意力的持续时间被定义为一个人能够持续性地关注某一类刺激的时间长度，而且它是医学和心理学的学术刊物所讨论的一个同糟糕的阅读习惯相关联的关注点。在 20 世纪的最初十年间，心理学家们开始积极地测试并测量人们的注意力持续时间。

对于糟糕的阅读实践同注意力的缺乏之间的关系问题，人们很少加以详细的阐释。有时候，人们会以一种同义反复的方式来假设：如果有的读者连浅显的阅读材料都不愿努力去理解，则证明他已经无法长时间地将注意力集中在一部文本之上。那些反对不良阅读习惯的批评家也指出，正因为某些读者过度地痴迷于小说，所以他们才丧失了反省和思考的能力。1927 年，英国前教育部长尤斯塔斯·珀西勋爵（Lord Eustace Percy）在书商协会和全国图书委员会的联合会议上发表讲话的时候，便曾经沿着上述思路指出："这个国家

---

① Dames (2007), p. 207
② 例如，参见 Osol and Pratt (1851), p. 392。

的几乎每个人"都有阅读的习惯，然而却是一种"非常糟糕的阅读习惯"。珀西声称："如今的阅读所带来的最大恶果之一就是阻碍了思想。"①

今天，当培养阅读习惯的困难被当成一个问题提出来时，尤斯塔斯·珀西勋爵对这种习惯的价值所做出的保守评价似乎显得完全不合常理。还有另一种同样显得不合常理的主张则认为，维多利亚时代的小说为悠闲的读者提供了一种分散注意力的途径，从而削弱了他们对于印刷文本的注意力。尽管对注意力不集中的担忧仍然是当今时代的一大特色，但是人们看待这一问题的方式已经像达姆斯所指出的那样经历了重大的历史性转变："像注意力或持续力这样的认知范畴"并不具有"长久而恒定的伦理意义和政治意义"。②

如今，注意力的分散已经同阅读没有多少关联。实际上，常常有人抱怨自己缺乏必要的注意力来完成对一本书的阅读，而这种情况常常被归咎于数字媒介的影响。常常有人借用神经科学的术语来警示数码技术的随意消费可能对大脑产生有害影响，并试图从道德上和医学上说明克服这种影响的紧迫性。显然，数码瘾（digital addiction）会刺激到大脑中那个被神经科学家称为"兴奋中枢"的部分，而正是这个部分"控制着多巴胺的分泌，并且是赌徒在打赌时、吸毒者在吸食海洛因时或者人在达到性高潮时'出现兴奋'的区域"。③

① 引自 Leavis (1968), p. 51。

② Dames (2007), p. 20.

③ Daniel J. Levitin, 'Why the modern world is bad for your brain', *The Observer* (18 January 2015).

　　21 世纪的神经科学家们通过这种方式重新发现了 18 世纪和 19 世纪的批评家们曾经提出的那些与危险的阅读有关的症状。今天的警世故事已经不再聚焦于某些阅读过《少年维特之烦恼》的年轻女士的死亡，取而代之的新看法是：由数字技术导致的注意力分散需要为自杀行为的发生承担责任。因此，神经科学家丹尼尔·列维金（Daniel Levitin）利用社交媒体上披露的某些骇人场景来提醒人们注意上瘾行为的危险：一名年仅 30 岁的男子在不停地玩了 3 天的电子游戏之后死于中国广州，而一个韩国男子在连续玩了 50 个小时的数字游戏之后遭遇了一次致命的心脏病发作。[①]

　　励志类书籍《匆忙时代的慢阅读》（*Slow Reading in a Hurried Age*）声称："甚至连网络痴迷者们也常常承认，他们对于自己在网上所经历的一切感到沮丧：他们每天都要把长达几个小时的时间浪费在分散注意力的网络上，然而他们除了能够从网上了解到一些很快就会遗忘的事情之外，可谓一无所获。"[②] 从表面上看，这种诊断似乎是 19 世纪的那种抱怨——对那些沉迷于煽情小说的读者所养成的注意力不集中的阅读习惯的抱怨——的升级版。但是，现在的问题不再是一个关于个人阅读习惯的问题，而变成了一个关于"匆忙时代"的问题，而且这个时代的全部媒介似乎已形成了一个让人分散注意力的领域。诸如《分心：注意力的侵蚀与即将来临的黑暗时代》（*The Distracted: The Erosion of Attention and the Coming Dark Age*）或《阅读技能的丧失：为何书籍在一个分心的时代里是如此重要》（*The Lost Art of Reading: Why Books Matter in a Distracted Time*）

---

① Daniel J. Levitin, 'Why the modern world is bad for your brain', *The Observer* (18 January 2015).

② Mikics (2013), p. 3.

之类的著作引发了人们对一个超越于读者个体之外的问题的关注。注意力不集中的问题已经自然而然地成为一个同阅读的潜在影响有关的问题。

有争议的类比

尽管一直有人在危言耸听，说什么危险的阅读习惯对道德和健康造成了有害影响，但是在 19 世纪和 20 世纪的大多数时期，文学作品、报纸和流行出版物的市场都在持续不断地扩张。一项有关 19 世纪英国读者的研究指出，工薪阶层的读者经常会去阅读那些被警告为不宜阅读的书籍[①]；而且尽管欧洲和美国的文学界常常采用医疗化的语言来评述公众的阅读习惯，但是依然有大量热爱阅读的作家和评论家对此有着完全不同的看法。他们虽然承认阅读具有令人陶醉乃至令人上瘾的特性，但是又对阅读所带来的无限乐趣抱以积极的态度。

这些声称阅读具有某种类似于药物的强大疗效的正面评价强调了阅读的治疗功能。通过阅读来实现皈依和获得救赎曾是古老的宗教话题，而今它们已转化为一种强调"安慰和逃避"的世俗语言，并成为一种"对孤独、厌倦、乡愁、烦恼、悲伤甚至身体疼痛的慰藉"。[②]对许多读者而言，正是因为阅读具有这种治疗功能，才促使他们拾起了书籍。还有读者认为，阅读所具有的这种类似于药物的功能可以帮助他们获得洞见、启发和意义。在某些读者看来，书籍是必不可少的药物。苏格兰出版商和作家罗伯特·钱伯斯（Robert

---

① Rose (1992), p. 56.
② Allen (1991), pp. 124–125.

Chambers，1802—1871 年）曾把书籍称为"有益于心灵的三卤甲烷[1]"，并对"处于困境中的古人如何能够熬过那些没有书籍的日子"感到惊讶。[2] 小说家爱德华·布尔沃利顿在他的随笔作品《书籍的卫生化学》（*The Hygienic Chemistry of Books*）中满心欢喜地写道：人的心理疾病可以通过恰当的阅读而得到治愈。他给一些人开出的药方是地质学书籍，给另一些人开出的药方是费希特的著作，而对于那些极度悲伤的人，他提出的建议则是去阅读"杰出人物"的传记。[3]

美国散文家和诗人拉尔夫·瓦尔多·爱默生（Ralph Waldo Emerson，1803—1882 年）在自己的日记中写道："所有的作家都是着了魔的人；他们完全陶醉在自己喝下的琼浆玉液里或者自己接受的理想主义之中。"作家或诗人所体验到的这种陶醉感可能会导致一种"崇高的愿景"，那就是通过发表文学作品来实现交流，让读者陶醉其中。爱默生写道："如果想象力能使诗人陶醉，那么其他人自然不会对它无动于衷。"正是这种令人陶醉的体验帮助作家领悟了真理。[4] 尼采也曾提出过类似的观点，他声称："为了艺术的存在，为了一切审美活动或感觉的存在，忘情是某种不可或缺的生理条件。"尼采还使用了德语中的"中毒"（*Rausch*）一词——由"陶醉"与

---

[1] 三卤甲烷，一种卤代烃类化合物，早期曾用作麻醉药物。——译者注

[2] 引自 Emerson and Lubbock (2005), letter LXI。

[3] Edward Bulwer-Lytton's essay, *The Hygienic Chemistry of Books*, 可从网络获取 http://laudatortemporisacti.blogspot.co.uk/2013_09_01_archive.htm，访问时间为 2015 年 2 月 15 日。

[4] 参见 Ralph Waldo Emerson 的文章 The poet，出自 *Essays, Second Series* (1844)，http://www.gutenberg.org/files/ 2945/2945-h/2945-h.htm，访问时间为 2015 年 2 月 15 日。

"欣快"组成的混合词——来表示那种为审美的创造性所必需的无限激情的释放。[1]

据可靠记录，各个时代的读者都曾经从他们消费的书籍中体验过这种陶醉感。尽管有人认为读者所接受的这种刺激会损害他们的健康，但是大多数读者却宣称这种体验征服了他们，并从正面的意义上唤醒了他们的美感、心智或细微心理感受。英国小说家休·沃波尔（Hugh Walpole，1884—1941年）在1926年发布的一部论著《阅读》（Reading）中，驳斥了那些关于阅读瘾的危言耸听的描述，他声称，"一个真正的读者"乃是"这样一种人：书籍对他而言就如同可以灌醉自己的瓶装威士忌，瓶盖下的任何东西都具有某种令人陶醉的味道"。[2]

英国作家和评论家霍布鲁克·杰克逊（Holbrook Jackson，1874—1948年）在20世纪三四十年代撰写的一系列著作中，试图揭示出人们在用医疗/道德范畴描述阅读时的偏颇之处。他对于那种把阅读片面地描述成一种毒药的说法提出了质疑，并且强调了阅读的治疗性与治愈性功能："如果我们不得不服用镇静剂的话，那么书籍总比药物好得多。"[3]杰克逊承认书籍有可能会令人心烦意乱或不知所措，但是又认为阅读所带来的益处要远远超过它所带来的风险，并且宣称："尽管一个人的书籍是另一个人的毒药，但是正如威廉·葛德文所预言的那样，书籍促进美德的力量远远超过它产生罪恶的力量。"[4]

---

[1] Nietzsche (2007), p. 52.

[2] Walpole (2004), p. 43.

[3] Jackson (2001), p. 38.

[4] Jackson (1932), p. 45.

杰克逊的研究并不排斥对阅读做出同健康有关的类比，但他宁愿尝试从读者的视角来重新描写和阐明传统的医疗／道德表述。他呼吁读者利用常识来应对文学毒素的危险：

> 书籍就好比食物，而每种食物都含有自身的毒性：桃子含有氢氰酸，馅饼植物含有草酸，茶叶含有单宁酸，西红柿甚至土豆也含有各自的有害成分。我们必须克服这些危险，否则便只能饿死。正如我们能通过明智的内部选择和有效的方法来克服食物的毒性，我们也一定能学会如何吸收书籍中的有益部分并拒斥其中的有害部分。①

杰克逊对他所认为的那些片面强调书籍之误导作用和有害作用的论点提出了质疑。为了驳斥那种认为阅读会玷污道德的说法，他引用了威廉·葛德文的一段警句："一个人要想从书籍中提取出毒素，他就必须最大限度地用一颗已经堕落的心灵去体会它们。"②

杰克逊充分认识到了阅读具有令人陶醉的力量，但他把阅读带来的生理和情感影响描述为一种积极的体验。他确信，陶醉"意味着一种对体验的敏感反应，一种力量感和一种感觉力：它是一种接受并产生想象的愿望，它所产生的心理状态将促使知觉以一种直接的和愉悦的情感来表现自身"。在他看来，这种情感同一种"被称为激情"的状况相关。③

倡导言论自由的美国人西奥多·施罗德（Theodore Schroeder，1864—1953 年）是率先对这种医疗化／道德化的阅读理论展开彻底

---

① Jackson (1932), p. 44.

② 引自 Jackson (1932),p. 58。

③ Jackson (2001), p. 237.

批判的人物之一。他在一部有趣的论著《新闻与"淫秽"文学的自由》(*Freedom of the Press and 'Obscene' Literature*，1906 年）中，曾借助医学权威来直接驳斥那种为阅读监管提供合理化论证的企图。施罗德拒绝以"健康"来类比、以"中毒"为比喻来解释读者的阅读体验，并试图质疑那些令他感到难以容忍的、要求对不道德的阅读资料加以审查的呼吁。"对这种不宽容的审查行径的辩护在很大程度上源于辩护所做出的错误类比，即用生理上的关系错误地类比心理上的关系。"施罗德写道。他还解释说：

在某些人看来，正如我们应该通过法律来防止某些缺乏抵抗力的人（在无意中）受到传染病的感染，国家也应该防止读者受到文学作品的道德污染（哪怕这些读者已经成年并且有能力通过无视这些污染来保护自身）。这种言论使用了一个错误的类比。"道德毒药"仅仅存在于比喻之中，而且即使在字面意义上，它也完全没有诸如"士的宁是一种毒药"之类的意义。[1]

为了阐明自己的批评，施罗德指出，企图以科学为基础来证明一种道德立场的正当性，这本身便是不合理的，因为道德不仅是主观性的，而且还具有其历史的特殊性和文化上的相对性："一个国家或一个时代的美德可能被另一个国家或时代视为道德毒药。"[2]

从人们对阅读和特定文学流派的态度的变迁，可以清楚地证明施罗德所提出的道德观念和道德反应的历史多变性。在维多利亚时代，小说的阅读者往往被视为浮躁的、缺乏责任感的和处于道德堕

---

[1] Schroeder (1906), p. 56.

[2] Schroeder (1906), p. 56.

落之险地的个人。然而在 21 世纪初，维多利亚时代的小说仍然作为一项重要的文化成就而受到人们的赞美。即便是最顽固的当代道德家，也不大可能因为维多利亚时代的小说给读者带来了健康和道德风险，而试图发起一场反对这些小说的运动。

人们对小说的道德属性的看法之所以会发生转变，是因为阅读的行为及其意义都经历了历史性的变迁。在 19 世纪的时候，阅读小说的行为之所以会遭到诋毁，原因之一在于，当时几乎所有人都有机会去参与这种活动并从中获得快乐。批评家们认为，阅读小说是一件轻松的事情；这种阅读不仅同勤奋、求知欲和决断力无关，反而同懒惰和缺乏责任感有关。然而，今天的我们却不断被告知：人们已经失去了阅读小说和文学作品的兴致，反而热衷于那些因为过于简便而正备受指责的电子和数字媒介。

医疗化的趋势

昔日对阅读所做出的道德化表述已逐渐减少，而关于它的医疗化语言却日益增多，以至于任何形式的媒介问题都可以通过那些关于健康影响的术语来加以表述。埃里卡·詹姆斯（E. L. James）撰写的三卷本的准淫秽小说《五十度灰》（*Fifty Shades of Grey*）就是一个例子。自从该书第一卷在 2011 年出版发行之后，它便荣登世界最畅销图书排行榜的榜首；如今，该书已销售过亿册并被翻译成了 52 种语言。

同 19 世纪和 20 世纪的人们对那些以描述性生活为主要内容的小说做出的反应形成惊人对比的是，今天的人们并没有对《五十度灰》的内容表现出多大的道德愤慨。虽然众多的评论家曾经批评过詹姆斯这部小说的低劣写作质量及其对女性的描写，然而他们仅仅是把它当作又一部普通的小说来加以评价。西方主流社会也对它的出版无动于衷，以至于《出版人周刊》（*Publishers Weekly*）将该作家题名为"年度出版人物"，而且还有数以百万计的读者愿意公开承认自己阅读过此书。事实上，当由该小说改编而成的电影上映时，《五十度灰》便成为全国性的热点话题，而且有部分公众声称：他们感到好奇的是自己能够从这部电影所展示的性行为中学到什么东西。

从历史的视角来看，《五十度灰》之所以能得到社会的接受而没有引发社会对于其影响的担心，原因就在于它使用了一套关于心理和生理健康缺陷的语言来进行表述。针对这部小说的影响展开的学术性研究发现，这部小说的读者往往同不安全的性行为和酗酒等"不健康行为"有关：在它的读者中，有三分之二的人在一生当中有五个或更多的性伴侣。

《妇女健康杂志》（*Journal of Women's Healthy*）上的一项研究报告中指出：阅读《五十度灰》是陷入一种混乱的性关系的表现。[1] 这项研究所依赖的证据是，此前没有人研究过"健康风险同阅读那些描写女性受到侵犯的流行小说"之间的关系。沿着前人在探讨维特的影响时所提出的那条陈旧思路，这项研究公开承认，经验证据的缺乏并不足以妨碍它针对阅读某种小说的影响提出强有力的结论："尽管缺乏关于这一主题的经验性研究，但是学者们依然认为，个人常会在小说的影响下改变他们对现实世界的信念和态度。"[2] 虽然这份研究报告的几位作者不言而喻地相信，阅读某些类型的小说可能"对态度和信念产生有害影响"，但是他们却小心谨慎地避免对其加

---

[1] Bonomi, Nemeth, Attenburger, Anderson, Snyder and Dotto (2014), p. 721.

[2] Bonomi, Nemeth, Attenburger, Anderson, Snyder and Dotto (2014), p. 721.

以公开的道德批判。

现在的批评家们表达自己对某类小说的担心常常是使用一种讨论健康风险的语言，而不再像过去的批评家那样使用一种道德化的语言。这种倾向对于人们看待阅读的方式具有重要意义。读写能力过去常常被视为一种道德上的优点，而今则更多地被当作一种认知技能。作为一种认知技能，阅读被剥夺了所有道德上的可贵属性，而且正如我们将在下一章中讨论的那样，它还面临着文化贬值的风险。

七、阅读的复杂化

人们如何阅读和人们阅读什么，已经被普遍地视为一个标志着他们的身份的重要因素，而读者身份也被视为一个反映了他们的个性的标志。正因如此，对读者的评论往往是带有评价性和引导性的：这种评论是为了突出存在于不同类型的读者之间的文化差异。这方面的评论常常是试图通过对人们的阅读加以道德指导，来影响他们的品性。随着大众化教育的发展，这种引导也变得更为规范化，并且开始通过心理学和教育学的方法来展开。

有人之所以想依靠权威人士来引导人们的阅读习惯，是因为在他们看来，专家意见对于进行阅读活动的人而言是必不可少的。他们接下来要做的事情则是把阅读转化为一种复杂的实践，进而宣称很多孩子在天性上不适合参与这种实践。随着教育的普及，社会主要担心的读物类型也从成人读物转向了儿童读物，而且其中还夹杂着对于儿童的社会化问题的忧虑。然而，这并不意味着成人阅读已不再成为一个问题：自从20世纪40年代以来，文盲和半文盲成人的缺陷成了政策制定者们所关注的一大主题，而一场针对"读写能力危机"的讨论又进一步加深了社会的不安。

阅读阶层

迄今为止，在关于读者或阅读影响的评论中，仍然明显地缺乏一种中立客观的特征。无论这些评论是对读者的批评还是对读者的赞美，它们都是以评论者的主观体验为基础的，并且是以一系列对读写能力的价值假定为支撑的。对读者和阅读的评论始终是指导性的，尽管有时候，它们是以某种关于技能和认识的技术名词或科学术语而被表达出来的。人们对价值、品味、社会秩序的态度，以及在人类潜能和教育问题上的观点决定了他们讨论阅读问题的方式。

美国国家文学局（American Bureau of National Literature）在 1907 年发布的一份指导纲要中赞美了"阅读兴趣"，并声称它是"心灵成长的主要手段"。然而，文学局对阅读兴趣的赞美是以读者有能力选择"纯洁的和优质的阅读内容"作为前提的。[1] 通过选择那些纯洁的和优质的阅读内容，可以将阅读实践转换为一种属于道德及人格塑造领域的实践。如果阅读确实是"心灵成长的主要手段"，那么则必然意味着：一旦这种活动遭到了滥用，便可能导致严重的后果。

为了解决这些同阅读有关的问题，人们耗费了太多的精力，然而他们却很容易忽略掉这样一个事实：那种医疗化的和道德化的谴责常常是为了批评他人的和其他阶层的阅读内容。那些努力反对阅读恶习的人士同时也在含蓄地将自己宣布为良好的阅读品味的仲裁者。在他们发表的谴责性言论中，存在着自我夸耀的另一面。

---

[1] Marden and Devitt (1907), pp. 493 and 512.

对于阅读的反思常常代表着一种关于如何才能使人成为理想读者的论证，以及一种试图对他人的阅读加以指导的权力诉求。一位匿名评论家在 1859 年撰写的一篇题为"阅读什么书籍以及如何阅读书籍"的随笔中轻蔑地指出："有人通过阅读期刊文学来获得间接的体验，而不是勇敢地掌握书籍本身；这种阅读方式彻底阉割了他们的心灵。"[①] 这种把勇敢同阅读联系在一起的描述手法表明，它是一种同想象和品性有关的描述。显然，这位作家是在含蓄地利用"按照我的方法来阅读"的诫命来回答那个关于如何进行阅读的问题。

约翰·拉伯克爵士（Sir John Lubbock）于 1896 年列出了一百本值得阅读的书籍，以强调对阅读材料加以认真选择的必要性。他抱怨"很多人几乎是在盲目地进行阅读"，并且通过批评这些未能"明智地"使用图书馆的人们，来暗示自己拥有对读者进行指导的权威。[②] 如同英美文学界的大多数人士一样，拉伯克也把良好的阅读描述为一种必然带有选择性的行为。哲学家和随笔作家托马斯·卡莱尔（Thomas Carlyle，1795—1881 年）认为，书籍是"重要的、美妙的和宝贵的"，故而读者必须小心谨慎地利用书籍。拉伯克曾宣称："学会做一名优秀的读者，或许是一件比你们想象的更加困难的事情。"而且他还补充说：人们应"在阅读中学会辨别（discriminative）"。[③] 诗人和批评家马修·阿诺德（Matthew Arnold，1822—1888 年）也曾表达过类似的观点，他声称："文化就是阅读"——然而它仅仅是那种"有目的的和系统性的"阅读。[④]

---

① Anonymous, 'What Books to Read and How to Read Them' (1859), *The Scottish Review* (October 1985), p. 368.

② Lubbock (2005a), p. 43.

③ 卡莱尔的演讲稿已重印，可从网上获取：http://www.bartleby.com/ 268/5/2.htm。

④ 引自 Jackson (1950)，p. 99。

一个世纪之后，毛泽东回应了阿诺德所鼓吹的这种带有目的性的阅读。当中国共产党的领袖毛泽东于 1964 年 2 月宣布"书念多了要害死人"①的时候，他的这番讲话可以引起维多利亚时代的道德家们的共鸣。②在评价了当时中国教育体制的现状之后，毛泽东表达了他自己对"书念多了"的厌恶之情，并以一种雄辩有力的方式改造了维多利亚时代的那些有关缺乏选择性的阅读必然带来破坏性影响的论述。毛泽东宣布：

> 书不能读得太多，马克思主义的书要读，也不能读得太多，读十几本就行。书读多了就会走向反面，成为书呆子，成为教条主义、修正主义。孔夫子的书里没有农业知识，因此他的学生四体不勤，五谷不分，这方面我们要想办法。③

在上述例证中，毛泽东提出了自己对于"书念多了"的警告，并为阅读中的"辨别（discrimination）"提供了另一种合理化证明。那些以随意性的方式进行阅读的狂热读者被他当作"书呆子"而加以否定，从而表明了他的阅读指导意见就是要求人们以一种为我所用的和有选择性的方式来进行阅读。

辨别（discrimination）这个术语意味着加以区别、找出差异和做出判断。《牛津英语词典》指出：自从 18 世纪以来，辨别这一概

---

① 此处和下一处译文出自毛泽东 1964 年 2 月 13 日在人民大会堂召开的教育工作座谈会上发表的讲话，后以"毛主席 1964 年春节谈话纪要"为题收录于人民出版社出版的《毛泽东选集》中。——译者注

② Mao Zedong, 'Remarks at the spring festival' (13 February 1964), at http://www. marxists.org/ reference/archive/mao/ selected-works/volume-9/mswv9_ 14.htm.

③ Mao Zedong, 'Remarks at the spring festival' (13 February 1964), at http://www. marxists. org/ reference/ archive/ mao/ selected-works/ volume-9/ mswv9_ 14.htm.

念便具有"高雅的品位、正确的判断和知识性"等含义①。如果将这种价值辨别视为人们进行良好阅读的必要条件，那么则意味着只有少数人可能拥有这种使自己成为一名优秀读者的判断力。美国小说家伊迪丝·沃顿（Edith Wharton，1862—1937年）在其撰写的《阅读的恶习》一文中，对于她所说的那种"机械型阅读"（mechanical reading）表达了一种鄙夷的态度。沃顿高度地评价了阅读的地位，将其称为一种"只有天生的读者才能掌握的艺术"。她远比其他大多数作家都更为公开地将那些拥有"阅读天赋"的读者同其他为数众多的机械型读者区别开来。②

她通过把阅读提升为一种艺术形式并且将其描述为一种天赋，表达了这样一种假设：并非每个能阅读的人都可以算作一名读者。把阅读说成一种天赋，这样的文化描述是通过在文学批评家和阅读公众之间进行的一种最刻意的对比而表达出来的。小说家弗吉尼亚·伍尔夫在她的文章中间接地运用了这一对比，她把"普通读者"描述为"在受教育水平上低于"文学批评家的人，并且声称"自然"没有"慷慨地"将那种为文学批评家所具有的"天赋"赐予普通的读者。按照伍尔夫的观点，普通读者都是"轻率的、不准确的和肤浅的"，因而"他作为批评家的缺陷太过显而易见了"。③

在极少数有天赋的读者同其他为数众多的机械型读者之间做出的这种带有公然的精英主义倾向的对比违背了当今的时代精神。然而，把阅读称为一种独特的艺术形式并在极少数天才人物与大多数

---

① http://www.oed.com.chain.kent.ac.uk/view/Entry/54060?redirectedFrom=discrimin ation#eid，访问时间为2015年3月26日。

② 参见 Wharton (1903), p. 515。

③ Virginia Woolf (1932), p. 3.

平庸之辈之间进行区分的做法依然影响着今天的文学界。文学评论
家哈罗德·布鲁姆（Harold Bloom）对于优良的阅读文化的衰落感到
担忧，并竭力维护塞缪尔·约翰逊和弗吉尼亚·伍尔夫等作家所倡导
的阅读传统。布鲁姆认为，真正意义上的阅读的复兴"只有通过某
种形式的精英主义才能得以完成"，并且哀叹道："由于好坏两方面
的原因，这种精英主义在当今时代已无法被人们接受。"[①] 在那些拥有
文学品味的人士同其他缺乏这种品味的人士之间做出的区分仍然普
遍地存在于阅读文化之中。一项有关该主题的最新研究通过把"读
者"（readers）同与之相对立的"阅读的人"（people who read）区分
开来的方式，阐明了这种态度。[②]

　　从历史上看，为读者提供道德指导并对读写活动加以监管的趋
势是同那种描述文化差异并确立读写权威的精英主义意图密切相关
的。虽然这种观点的主要支持者是那些试图通过维系道德秩序来守
护某种保守的读写传统的人士，但某些具有左翼的激进学术思想
的评论家也表露出了这种观点。理查德·霍加特（Richard Hoggart）
1957 年的经典论著《读写能力的运用》（*The Use of Literary*）就曾从
这样一种观点出发，批判了流行文化对于工薪阶层读者的影响。霍
加特写道："对大众化娱乐做出的最有力的批判不是指出它们降低了
品味，而是指出它们对品味的刺激过于强烈，以至让它变得迟钝，
并最终杀死了它。"[③] 霍加特一方面指责大众传媒迎合了工薪阶层的品
位，一方面又按照他对流行文化的悲观看法，对大众传媒的影响做
出了医疗化的解读。

---

① Bloom (2001), p. 23.

② Jacob (2011), p. 88.

③ Hoggart (1992), pp. 196–197.

在将阅读习惯区分为良好和不良的同时，这种试图对读者施加道德说教的冲动已经超越了政治上的分歧。至少在这方面，霍加特的观点同保守主义的批评家 Q. D. 李维斯的观点并没有什么不同。利亚·普赖斯（Leah Price）在其对有关阅读的学术文献的评论中很好地指出了这一点。普赖斯指出，对于霍加特和李维斯这样的评论家来说，"在应该阅读什么的问题上，那些处在某个遥远历史时代的人们同处于此时此地的我们之间的距离并不遥远"①。

莫蒂默·阿德勒（Mortimer Adler）在 1940 年出版的《如何阅读一本书》（*How to Read A Book*）是 20 世纪中期的评论家为了指导和培育美国公众的读写习惯而做出的最具雄心和最富才智的尝试之一。阿德勒在 1972 年的再版序言中解释说，他之所以要给该书添加一个新的副标题——"名著阅读指南"（*A Guide to Reading the Great Books*），是为了强调这样一个事实：真正重要的阅读是针对某些特定著作的阅读。② 在这本指南中，阿德勒明确地区分了有阅读能力的读者与没有阅读能力的读者，以便说明他所要指导的读者是那些"没有阅读能力的读者"。在阿德勒看来，后一个读者群体是由那些未能掌握"阅读艺术"的"平庸"读者所构成的。阿德勒并没有像某些矫揉造作的评论家一样大肆鼓吹阅读艺术的独特审美品位，而是相信大多数的人都可以通过艰辛的努力而获得这种天赋。然而按照他的设想，阅读活动似乎仍然是一种难以掌握的、需要接受大量训练并付出巨大努力的艺术。他认为，大多数的读者之所以不知道如何进行阅读，其原因就在于：

---

① Price (2004), p. 315.

② Alder and Van Doren (1972), p. ii.

我们中的大部分人都没有看到，阅读是一种包含着许多不同步骤的复杂活动，而且在其中的每个步骤上，我们都需要通过练习来掌握越来越多的技巧，正如我们在学习任何其他艺术时一样。我们甚至想不到一种关于阅读的艺术的存在。我们往往认为，阅读这件事情就如同观看或走路一样简单而自然。并不存在一种观看或走路的艺术。①

　　除了宣扬阅读的非自然性外，阿德勒还表现出了一种将读写实践复杂化的倾向。尽管他致力于将普通人改造成技艺高超的读者，但是他的这种把阅读比作艺术的描述方式却强化了不同类型的读者之间的区别，从而使一个分割的读写实践世界具体化了。对于如何阅读和阅读什么的判断并不仅仅是基于审美上的考虑，而且还涉及某些同文学指南的特性密切相关的根深蒂固的道德信念和学术信念。阿德勒在"名著"（Great Works）的前面加上了一个定冠词"the"作为前缀，意指它们不是随便什么名著，而是包含着深刻道德内涵的特定的名著。

　　总有人试图去区分不同的阅读和不同的读者，而这种尝试又同另一种更为普遍的通过人们的读写能力来建构其身份的过程有着密不可分的关系。某些社会学家认为，社会上常常存在着一个阅读阶层（a reading class）——极少数从事那种同书面文本有关的工作的人。"每个拥有文字的社会都存在着一个阅读阶层，但并非每个能够阅读的人都是这个阶层的成员。"一份关于该主题的研究报告这样写道。②在前现代社会，阅读阶层就是由那些能够阅读的人士组成的阶层；

---

① Alder and Van Doren (1972), p. 1.
② Griswold, Lengahan and Naffziger (2011), p. 23.

但是自从 18 世纪以来，尤其是自从大众阅读在 19 世纪中期诞生以来，阅读阶层同其他读者之间的差异一直取决于两者在文化地位、教育程度以及所消费的出版物方面存在的不同。人们在读写能力的文化等级中处于何种地位，是通过他们阅读什么内容而表现出来的。

身份赋予

作为一项文化成就和一种技能，阅读在人们如何看待他们自身以及他们之外的人如何看待他们方面起到了至关重要的作用。在现代世界，人们用以表现自身以及其世界观的能力主要是通过其读写能力而得以实现的："我们进行表达和交流的能力是我们以何种方式向他人展示我们自身的关键。"[①] 作为个人身份的一大要素，读写能力的重要性随着阅读公众的规模膨胀而与日俱增，对这种技能的掌握被视为一个人获得社会认同和文化价值的必要条件。自 19 世纪以来，人们如何进行阅读以及他们阅读什么已经开始同他们的职业、社会地位和个人身份产生了关联。"我们彼此之间的区别更多地源于我们所阅读的东西，而不是源于我们所做的事情，因为我们所做的事情常常取决于我们所阅读的东西——或者我们没有阅读的东西。"霍布鲁克·杰克逊评论道。[②] 阅读影响着个人与社会的行为和行动。特别重要的是，它还可以影响人与人之间的交流以及人们对公共生活的参与。

人们通过阅读来形成自我意识和个人身份的方式经历了各种历史的、文化的和社会的变迁。人们不仅仅是在进行阅读。他们的阅

---

① 参见 Cieslik and Simpson (2015)，可从网上获取：http://www.socresonline.org.uk/20/1/7.html#fn1。

② Jackson (2001), p. 39.

读方式经由他们所处的社会环境而形成于他们的社区（community），特别是他们的亲朋好友之中盛行的阅读方式。某些类型的阅读活动会代表着品位与德性，而其他类型的读写活动则会被视为有教养的阅读（cultured reading）的低级版本。个人很快便开始意识到何种阅读可以为自己赢得声望，以及何种阅读将被视为一种机械呆板的行为。文盲依然被当作一种耻辱，而那些存在阅读困难的人更是常常沦为笑柄。很多人因此而意识到了"一个人所阅读的东西同其应该阅读的东西之间的不同"[①]。

在某些情况下，读写能力可以为个人赢得社会地位以及文化上的优越感。有位学者曾经指出，在18世纪的美国，阅读是白种人身份的标志性特征——这种可遗传的身份特征是以黑人文盲的持续性存在为基础的。[②]正如皮埃尔·布迪厄（Pierre Bourdieu）在一部权威的社会学论著《区隔》（Distinction）中指出的那样："审美趣味上的不宽容可能变得非常强烈。"布迪厄对此做出的解释是：围绕着"生活艺术"的"斗争"可能导致在两种行为和态度间形成区隔，其中一种被视为合理的，另一类则被视为理应受到道德谴责的。[③]

理查德·霍加特试图通过对20世纪50年代英国工薪阶层中大众阅读文化的研究，来探究他所认为的那种存在于他所在时代中的某种文盲状态。他承认，文盲状态"若是按照通常的标准来衡量，确实已经在很大程度上被消灭了"；可是尽管有了这种进步，社会却依然要面对"下一个或许更难解决的问题"。霍加特所指出的这个更难解决的问题就是：应如何描述那种同流行文化共存的新式文盲的特

---

① Escarpit (1971), pp. 17–18.
② Price (2004), p.310.
③ Bourdieu (2010), p. 49.

征。他评论道："需要有一个新的词汇"，"这个词汇将指出一场得益于并有赖于基本读写能力的社会变迁"。[1]

霍加特并没有使用"文盲"一词来表述"新的大众文化"中的大多数参与者的行为，但是他显然是在试图寻找一个与之对等的词汇。他把批判的矛头指向了大众传媒和某些支持民粹主义的记者，并指责他们赞美了"普通人"并企图向工薪阶层散布一种反理性的和"反高雅的看法"。[2]在霍加特看来，这种缺乏读写素养（non-literacy）的状态应该被归咎于大众文化的影响，而不是被归咎于那些受到大众文化影响的个人。

文盲这一概念意味着道德判断和文化品位上的欠缺，这一含义要远远多于它所意指的那种对于缺乏文本解读能力的技术性评估的含义。文盲（illiteracy）一词就像它的反义词读写能力（literacy）一样，已经变成了一种可以被自由地归属于各种不同的人类体验的道德属性。诸如情感文盲、文化文盲、道德文盲和性文盲之类的词语都可以用来充当一种带有明显贬义的习语。诸如电脑文盲、生态文盲、金融文盲、健康文盲或媒介文盲之类的概念则以一种更含蓄的形式表明了与此类似的看法。这些词语极少会被人们用于描述自身：它们只是被用于定义和贬低他人。

尽管在许多世纪以来，关于阅读之影响的警示性意见一直不绝于耳，但是阅读这种活动依然享有很大程度的文化认可。社会的各个阶层都承认阅读是一项重要的成就和一种有用的技能，甚至连那些没有接受过正规教育的人们也承认这一点。社会学的研究表明，公众已经将阅读同人的能力和聪明才智联系在了一起。在很多社会

---

[1] Hoggart (1992), p. 341.

[2] Hoggart (1992), p. 183.

里，一个阅读书籍的人可以比其他那些阅读报纸和杂志的人获得更高的声望。[①]

无论人们以何种方式把自身展示给他人，他们的读者身份在很大程度上都来自外界赋予。这一身份是与不同类型的阅读被赋予的价值相关联的，并且是读者在道德、智力和精神诸方面能力的一种表现。然而，读者个体在选择将何种意义赋予自己的阅读活动时，依然是从自身的愿望出发的。他们并非仅仅按照他人的建议来选择自己所要阅读的体裁和内容，而且也可能按照自身的阅读愿望来选择。在欧洲的古典艺术或传统艺术博物馆的墙面上，挂满了手不释卷的人物画像或沉浸于阅读之中的人物画像，从而表明了画家及其雇主是何等重视自己被人视为一名读者的。正如社会学家欧内斯特·戈夫曼（Ernest Goffman）所解释的那样："在西方社会的绝大多数场合，人们都可以在无须做出任何解释的情况下拿出一本书，而这本书的出现并不是偶然的，它可以被人们用作一种道具，来表明自己无意引起社会的注意，并且不想在公众场所进行交流。"[②]

早在印刷术发明之前一千多年，塞涅卡已经用讽刺性的话语让人们注意到了这种利用书本来进行炫耀的风气。他陈述说："很多没有在学校接受过教育的人们不是把书本用作学习的工具，而是把它们用作餐厅的装饰。"他在谈及那些热衷于收藏书卷的人们时写道："你可以看见演说家和历史学家的全部著作从地板上一直堆积到天花板，因为书房就如同浴室一样，已经变成一座富丽的房子所必备的装饰。"[③] 今天的室内装潢师改进了这种装饰风格，并开始利用书架在

---

① Griswold, McDonell and Wright (2005), p. 139.

② 戈夫曼的话引自 Levine (1986), p. 4。

③ 塞涅卡的话引自 Fischer (2005), p. 78。

房间里营造一种精致高雅的氛围。在电视访谈和脱口秀栏目中，也常常利用一张摆满精美图书的书橱来作为背景，以便让它们的表演显得更加庄重。即使在互联网、数字技术和电子书的时代，书橱依然可以用来提示观众：受访嘉宾是一位值得聆听的正经人。

人们的阅读取向在一定程度上是价值观念、品味和文化参照点（cultural reference points）影响下的结果，而社会正是通过它们赋予读写能力以意义的。人们所阅读的东西同其他人所推荐、批评和讨论的书籍和出版物之间是有联系的。霍布鲁克·杰克逊在论及"普通人"的时候写道："他既是他自身的阅读的产物，又是其他人的阅读的产物。"杰克逊对此做出的解释是："他所阅读的东西，都是家庭和学校教导他去阅读的，以及后来的大众传媒和流行小说家教导他去阅读的。"① 社会对读写能力的普遍态度不仅仅压制了"普通人"的想象，而且还为各阶层的公众提供了一种赋予其阅读以意义的文化脚本。杰克逊声称，有知识、有教养的人士比普通人更全面地受到了文学界所赞赏的那些风尚和品味的影响。②

这种关于读写能力的文化脚本暗示着人们应该如何去判断不同的读写实践。从历史上看，小说是传播这种文化脚本的媒介之一。简·奥斯汀的小说《诺桑觉寺》中的一位人物凯瑟琳便因为误读哥特式小说而迷失了方向，以至于丧失了自己对于真实生活的感受。在福楼拜的小说《包法利夫人》（*Madame Bovary*）中，女主人翁也因为阅读文学作品而道德沦丧。通过对这些人物加以直接或间接的旁白和评论，作家们表达了自己对于如何辨别优秀读者或糟糕读者的看法。批评家约翰·凯利（John Carey）深刻分析了小说家乔治·吉

---

① Jackson (2001), p. 40.

② Jackson (2001), p. 40.

辛（George Gissing）利用一个人物的书架来表现其思想和道德状况的描写方式：

> 那些摆放着诗歌、文学和历史著作但没有摆放自然科学著作的书架属于那些多愁善感的、富有想象力的和聪明睿智的人。如果在一个书架上摆放着几乎所有类型的政治学、社会科学、技术以及有关现代思想的著作，则表明这个书架的拥有者必定没有接受过良好的教育，甚至还可能是一个冷酷的、粗鄙的和不诚实的人。[1]

这种描写方式想当然地将人们的阅读方式判定为其人格、个性的一种标志，从而表明了对读写能力的评判可以从多方面影响到个人身份的判定。

文学评判可能对人们的阅读和交流方式产生强大的影响。按照法国社会学家罗伯特·埃斯卡皮（Robert Escarpit）的观点，那些渴望让自己被看成高雅之士的人特别容易服从于这种评判的制约。这种迫使人们服从并遵行文学鉴赏家之建议的压力使他们很难违背流行的文学规范。埃斯卡皮问道："既然一个高雅的人能够凭借自己的鉴别力去欣赏拉辛（Racine）剧作的价值，他怎敢承认自己有兴趣去阅读《丁丁历险记》（Tintin）之类的连环画呢？"[2]

某些学者相信，通过定义什么是优秀读者并将他们同糟糕的读者区分开来，可以实现某种形式的社会控制并使文学权威的地位得到某种方式的神化。[3]似乎自古以来，文学家们便一直感到自己有必要发表这方面的声明。西塞罗是最早做出这种尝试的文学家之一，

---

[1] Carey (1992), p. 94.

[2] Escarpit (1971), p. 87.

[3] Mays (1995), p. 180.

他在自己的著作中，试图将一部分能够享受阅读乐趣的高雅读者同其他那些仅仅把阅读当作一种手段的平庸读者明确地区分开来。[①] 中世纪时，任何一位企图把自己打扮成文学权威的人都必须掌握拉丁文，而那些不懂拉丁文的人则被定义为文盲。到了 19 世纪，读写能力又被描述为读者的道德品性和审美素养的一种延伸。歌德所描绘的三种读者的特征是以判断和欣赏之间的关系为核心的："有三种类型的读者：第一种读者有享受而无判断，第三种读者有判断而无享受，而介于他们之间的第二种读者则可以在享受中判断并在判断中享受。"[②]

歌德对不同读者的分类使我们注意到，他希望在关乎判断的智力训练同关乎享受的审美反应之间建立起一种和谐关系。其他文学家则更有兴趣去强调一部分品味高雅的杰出读者同其他那些有着低俗的阅读习惯和行为的读者之间的区别。为了赞美极少数天才人物的文学权威，柯勒律治强调了这些天才同广大底层民众之间的心理差异，并将读者分为四个层次：

1. 海绵：他们接受自己所读到的一切，又几乎原封不动地将其返还回去，充其量只是让自己受到一点点污染。

2. 沙漏：他们为打发时间而读完一本书，到头来什么也留不住。

3. 过滤袋：他们从自己阅读的东西中仅仅留下了一点渣滓。

4. 钻石：他们就像莫卧儿王朝的宝石一样稀有和宝贵，因为他们不仅能从自己的阅读中受益，而且还让其他人也能从中受益。[③]

---

① Cavallo (1999), p. 67.

② 歌德 1819 年 6 月 13 日写给罗赫利茨（J. F. Rochlitz）的信，引自 Leenhardt (1980), p. 205。

③ Coleridge (1811–1812), *Lectures on Shakespeare and Milton*, 引自 Jackson (2001), p. 269。

柯勒律治强调了极少数"能从自己的阅读中受益"的读者的非凡性和卓越性，而他的言论是对于那些谋求文学权威的读者的独特天赋的众多表述方式之一。通过这种表述，极少数读者"赢得了权威"，并且所有那些未能按照指定方式进行阅读实践的读者"失去了权威"。在 1849 年的美国，一本专门为教育工作者和家长们撰写的《公立学校道德手册》（*Manual of Morals for Common Schools*）引用了柯勒律治对读者层次的区分并且问道："难道只是拥有图书或阅读图书就足够了吗？"作者对这一问题明确地做出了否定的回答。他提议，必须仔细遴选"真正一流的图书"以确保能培养学生的阅读兴趣。[①]

柯勒律治对读者层次的区分向人们提出了一个聚讼纷纭的问题，即这种区分是否具有稳定性。鉴于阅读公众的规模正在不断扩大并且将释放出越来越强大的力量，所以能够断定的是，这个问题不仅仅会引起文学界和教育界的极大兴趣，而且同样会让政界产生极大的兴趣。有的人关注的是教育的普及，而其他人则希望阅读公众的增长能够通过社会的民主化而催生出一种更加高级、更为成熟的阅读文化。

自从 19 世纪以来，关于如何以正确的方式教育公众阅读的问题便已成为一个不断引发争论的主题。小说家威尔基·柯林斯（Wilkie Collins）于 1858 年在一篇关于该问题的有趣论文中写道："数百万默默无闻的公众"的阅读习惯是专注于"数量而非质量"。这些默默无闻的公众虽然是出版物的消费者，但是柯林斯却不愿意将真正的读者身份赋予他们。这个群体的成员还没有学会如何以正确的方式来

---

① Hall (1849), p. 154.

阅读；因而"接下来要做的事情就是，在文学的意义上，教会公众阅读方式"。[1]

柯林斯将默默无闻的公众描述为"仍然完全处于文学文明（literary civilization）的境界之外的三百万阅读公众"，而这种描述方式仿效了维多利亚时代的人们用来描述这种文明使命的修辞手法。默默无闻的阅读公众仍然远远地处于柯林斯所说的文学文化（literary culture）的境界之外，而在他看来，这种文化的存在是一个"连我们当中最睿智的人也难以解答"的"奥秘"。[2]柯林斯竟能将自己所在的那个社会的成员如此遥远地隔绝在他的文学文明的境界之外，从而表明了审美判断能够以何种方式被用来强化文化上的排斥。尽管柯林斯表现出了这种傲慢的态度，但是他对阅读公众的未来还是相当乐观的。他对自己的读者写道：他们的进步"或许只是一个时间问题"，他们将学会如何"服从于普遍的进步法则"，并且将"或早或迟地"学会"鉴别"。[3]

在过去的一个半世纪里，威尔基·柯林斯对于道德品质低劣的读者做出的这番文化评论已经变异为一种对于非理性的和缺乏批判性思维能力的读者的评论。在整个 20 世纪里，批评家们一直在指出：报纸能够对那些缺乏批判性思维能力、消极被动和容易受操纵的阅读公众施加强大的影响力。[4]对于那种被称为情感文盲（emotionally illiterate）的读者的丑化一直延续至今，而通俗小报的消费者们常常被描写为道德品质低劣、文化落后的垃圾消费者。

---

[1] Wilkie Collins, 'The unknown public', *Household Words*, 21 August 1858, p. 221.

[2] Wilkie Collins, 'The unknown public', *Household Words*, 21 August 1858, p. 221.

[3] Wilkie Collins, 'The unknown public', *Household Words*, 21 August 1858, p. 222.

[4] 参见 Furedi (2013), pp.354−355。

社会化与阅读

在维多利亚时代关于阅读的文化评论中，人们深度关切的问题是如何确保公共教育的扩展能够促进年轻一代的社会化。从那个时代开始，教儿童阅读的问题便成为读写能力争论中一个日益重要的焦点问题。

阅读教育的问题不能被简单地还原为教学方法的问题。自从 18 世纪以来，那些探讨儿童应如何学习阅读的指南和报道就一直在试图同时为儿童的道德教育提供指导。在英美传统中，阅读指南并非是明确地充当道德手册，相反，其目的是确保儿童阅读的故事能帮助他们形塑高尚的品格，而且从 19 世纪中期开始，阅读辅导和阅读教材便一直试图避免被人们看成直截了当的说教。《伊索寓言》（Aesop's Fables）取代《圣经》成为"道德箴言的最常见来源"[1]。在关于这些课本的书评中，人们总会对它们的道德内涵做出评估。在 1856 年的《绅士杂志》（The Gentleman's Magazine）上发表了一篇关于儿童读物的书评，书评作者赞赏了该读物的作者理查德·道斯（Richard Dawes）牧师，因为他所发表的这本读物"能让学生身临其境般地同书中的人物和场景发生亲密接触，并且总能在不进行任何道德说教的情况下，设法引导学生愉快地走向真理和美德"[2]。

为了确保儿童能够通过教育接受有关"真理和美德"的价值观，人们需要解决这样一个问题，即究竟由谁来负责年轻一代的道德教育。不同的道德和政治取向必然会引发各种争论，而这些早已

---

[1] Vincent (1993), p. 89.

[2] Anonymous review of *Lessons and tales:A Reading Book for the Use of Children:chiefly intended for the junior classes in elementary schools*, ed. the Rev. Richard Dawes, Dean of Hereford, *The Gentleman's Magazine* (July 1856), p. 643.

存在的争论又会影响儿童教育的方式。正如凯西·戴维森（Cathy Davidson）所指出的那样，在 19 世纪的美国，人们在教育和读写能力等方面的争论是高度分化的。[1] 由于阅读同儿童的社会化之间存在着密切的关联，所以读写能力的培养问题必定会引起激烈的争论，并由此反映出人们在应对公共生活的根本问题时所采用的各种相互冲突的政治取向和意识形态取向。

一项针对 18 世纪和 19 世纪法国教育领域的激烈冲突的研究指出，关于阅读教育问题的争论反映了左翼同右翼之间的分歧。这项研究还指出，"法国人对读写能力的历史产生了极大的研究热情"，因为"对它的研究不是为了它本身的缘故，而是为了给那些有关教育问题的政治争论输送弹药，在这方面的分歧至今仍然是左、右翼间的主要分界线"。[2]

历史的一个奇妙之处就在于，这些围绕阅读教育反复进行的争论总是能反映出社会上业已存在的道德分歧和政治分歧。总之，在这些有关阅读教育的争论中，争论各方的政治立场和意识形态立场会变得越来越明显和强硬。在 20 世纪晚期的美国，某些鼓吹整体语言教学法（whole-language teaching）[3] 的人士曾经骄傲地宣称，他们发起的这一运动不仅仅是为了改进教学方法，而且是为了推动一项政治议程。[4]

---

[1] Davidson (1986), p. 61.

[2] Furet and Ozouf (1982), p. 1.

[3] "整体语言教学法"是最近几十年来在美国、英国、加拿大和澳大利亚等国出现的一种强调整体性的语言教学法，认为语言学习包括"听、说、读、写"四个部分，并主张把这四个部分当作一个不可分割的整体，在家庭、学校和社会生活中进行全方位的和综合性的学习，以便学生能够学会利用语言解决生活和工作中的实际问题，而不再像过去那样为了学习语言而学习语言。——译者注

[4] 参见 Stahl (1999), p. 18.

在英国，也明显地存在相似的情况。正如一位评论员在 20 世纪
90 年代初期所评论的那样：

> 在教育界发生了一起无可救药的愚蠢事件，工党大臣们的夫人
> 居然向媒体宣称：她们对于阅读教育的态度是极"左"的！从常识
> 的观点来看，对孩子们的阅读教育怎么可能会变得具有政治性？[①]

这种把阅读教育政治化的倾向在表面上看起来似乎有点不可思
议，但是马丁·特纳（Martin Turner）在反思这种倾向的潜在动机后
得出结论说："英国小学阅读课的基础课程中充满了不同取向的政治
建构，它们都是很有启发性的"；事实上，"在它们的背后似乎隐藏
着一场关于价值问题的宗教争论，而争论各方依然在进行一场英国
内战"。[②]

有关如何对儿童进行阅读教育的激烈争论反映了人们对于儿童
的道德教育和社会化问题的不同看法。正因如此，在 19 世纪早期的
时候，争论各方均一致认为，由于阅读教育实在太过重要，所以不
能将教育重任单独留给家长。他们用以证明阅读教育的专业性而提
出的主要论据是：家长灌输给孩子的东西是无益的，甚至可能让孩
子误入歧途。阅读曾经被视为一种对于养育儿女来说不可或缺的活
动，但是在这一时期，它却开始被假想为需要依靠那些受过训练并
掌握了必备的技术专长的教师来加以最佳指导。

然而，早在阅读教育被等同于一项教学技能之前的 18 世纪，它
就已经在实质上被看作是一种道德教育。洛克与霍布斯均认为，教

---

① Turner (1994), p. 124.

② Turner (1994), p. 127.

育需要将儿童的情感引导到一个健康的发展方向。洛克向家长提出了自己的阅读建议，并要求家长为他们的孩子提供《伊索寓言》之类的作品，因为这些作品可以将道德教育同娱乐活动联系在一起。[1]他的相关论述表明，他并不认为教孩子阅读是一项特别困难的技能，因为儿童教育不应过于刻板和正式。希腊人和罗马人都曾把阅读教育视为"任何人都能做到的事情"[2]。早在英国的《教育法》(The Education Act)于 1870 年颁布之前——也就是儿童普遍接受基础教育之前，已经有 90% 左右的英国人具备了阅读的能力。而这一事实充分地表明：19 世纪晚期的人们实际上已经无须依赖熟练的专业人士来传授读写能力。[3]正如一项研究所指出的那样："早在完整的教育系统产生之前"的维多利亚时代，人们便已掌握了"完整的"读写能力。[4]

某些人提出，自现代早期以来，拼写和读音相互分离，阅读实际上变得更加困难了。[5]还有人声称，随着读写能力的价值和用途在现代日益凸显，缺乏阅读训练的后果被暴露出来；大多数人的写作技巧和阅读技能都太过机械和呆板，以至于他们无法在不同知识体系之间进行有效的交流。[6]但显而易见的是，无论在读写能力的水平上出现了或者被发现了什么问题，推行阅读教育专业化的主要动机之一都是想主导年轻人的社会化过程。如此一来，便产生了一个意外的结果：家庭被剥夺了为儿童提供阅读教育的责任。

---

[1] 参见 Johns (1998), p. 407。

[2] Mathews (1966), p. 9.

[3] Vincent (1993), p. 54.

[4] Levine (1987), p. 93.

[5] Mathews (1966), p. 18.

[6] Vincent (1993), p. 273.

正如一项研究中指出的那样，义务教育的普及必然导致"对家庭教育的完全排斥"。家长对孩子的阅读指导常常遭到指责，而那些从事体力劳动的贫穷家长更是常常被认为没有能力为自己的孩子提供正确的阅读指导。英国教育先驱塞缪尔·怀尔德斯平（Samuel Wilderspin，1792—1866 年）充满感情地描写了他的父母对他进行的那种"明智的"教育和阅读指导 [1]，但是在谈到其他家长对孩子的教育时，他却表达了道德上的愤慨："一想到母亲或父亲的嘟囔可能对孩子的心灵造成最初的污染，我们难免会惊讶。然而，这却是一个可悲的事实。" [2] 英国的一位督学也表达了类似的担忧："如果孩子们在学校里学到的第一课便是要提防并憎恶自己的父母，如果他们不再因为看到自己家庭中的污秽和可憎之事而感到惊讶，那么这类事情确实是可悲的和邪恶的，但同时又是不可避免的。" [3]

针对家长 —— 特别是中产阶级家庭的母亲 —— 的指导手册和自助类书籍鼓励家长同自己的孩子进行对话，而不是去充当孩子的业余教师。19 世纪的一本家长指导手册一方面敦促家长不要忽视孩子的教育，另一方面又警告说，"温顺、好学或有抱负的孩子"听从于父母的意愿时，"常常会毁掉自己的健康、思维能力乃至生活"。 [4]

在整个 20 世纪，教育家常常会埋怨并指责家长导致了孩子们的阅读问题。美国阅读教育学方面的权威专家亚瑟·盖茨（Arthur Gates）常常认为，家长的干扰和担心会妨碍孩子学习如何阅读。盖茨写道："当一位母亲冲进学校，抗议学校拖延了她的孩子进行第

---

① Wilderspin (1832), p. 56.

② 引自 Vincent (1993), p. 73。

③ 引自 Vincent (1993), p. 73。

④ Anonymous (1857), p. 175.

一次阅读的时间，或者抱怨这所学校未能如同她想象的那样把正确的传统读音传授给她的孩子时，或许在她的家里已经发生了某些对这个孩子的努力学习具有不利影响——实际上常常是灾难性影响——的事情。"[1]英国的阅读教育学家也意识到了那些对自己的孩子期望过高的无知家长所带来的威胁。在一篇针对 1993 年的《阅读政治学》（*The Politics of Reading*）上发表的系列论文的评论中写道："许多家长存在焦虑情绪，当然，这是可以理解的。并且在某些学校里，家长会通过要求教师尽快取得教学效果和要求孩子尽早取得学习成效来表达这种情绪，而他们的要求常常会带来不必要的困难。"[2]

对家长能力的贬低是同对教育家权威的推崇相平行的。这种推崇是由一系列同现代民族国家的确立和现代工业社会的发展相关联的趋势间接引发的结果。政治和技术的最新发展导致了对于大众化的读写能力的迫切需要。然而，新兴的阅读教育学的知识体系不仅仅是对更普遍的社会经济发展的一种回应；它还反映了一种为教育专家的权威提供合理化证明的意图。专家们为了确立自身的权威而采用的方法有很多，其中之一就是强调阅读方面的教育和学习的复杂性和困难性。只要把阅读重新定义为一项难以学到的技能，那些与获得读写能力有关的难题就会变得越来越严重。

新兴的阅读教育学理论常常把阅读解释为一种非自然的和复杂的活动。19 世纪晚期和 20 世纪早期的阅读教育学领域里最有影响的人物之一、美国教育心理学家埃德蒙·伯克·休伊就曾积极地宣扬过这种观点。休伊的研究基于这样一种信念：阅读不仅是一种"非自

---

[1] 引自 Flesch (1986), p. 14。

[2] Styles and Drummond (1993), p. 2.

然的"习惯，而且是一种"在很多方面带有极大的人为性的"习惯。他声称，医学界的权威已经认识到，对于这种非自然活动的"滥用"将会"导致疲乏，而且在很多情况下，还可能导致某种危险的退化"——他将其称为"人种退化"（race degeneration）。按照休伊的建议，应该推迟儿童从事这种非自然活动的年龄。①

斯坦利·霍尔极大地激发了这种把阅读教育想象成一项艰难使命的观点。他在 1901 年出版的一部著作中宣称："如何教孩子阅读，以及他们应该阅读什么，是两个最古老、最复杂和最重要的教育学难题。"②霍尔在把阅读教育想象为一项非常复杂的任务时，还提出警告说，孩子们必须阅读那些合乎道德的作品：

当一个孩子掌握了阅读能力之后，一个巨大的和前所未知的世界便会打开在他的面前。一方面，阅读是他借以接受优良的和伟大的文化传统之熏陶的途径，使他可以通过榜样的影响而过上无私奉献的生活并树立崇高的理想；另一方面，阅读也可能导致他在心智上和道德上发生各种前所未有的堕落。③

在霍尔看来，为了给儿童的社会化过程提供必要的指导，需要有一套专门的教学方法来完成阅读教育这一艰难的任务。这种观点为他把阅读教育的责任赋予那些专业化的权威人士提供了一种强有力的论证。

在某种意义上，休伊、霍尔和他们的同事将阅读描述为一项专门技能而不是一种自然活动是正确的。书面文本并不是自然地生长

---

① Huey (1910), pp. 8 and 302.

② Hall (1901), p. 1.

③ Hall (1901), p. 12.

出来的，并且学习阅读也不像学习走路那样自然，它是一个由历史决定的并以文化为中介的技能训练过程。然而，即便阅读不是自然的产物，也并不意味着它就是一种非自然的活动。假如人们认定阅读具有非自然的性质，那么他们便可以合理地认为，阅读习惯的养成可能对读者的健康构成损害。在阅读教育学的发展过程中，教育心理学起到了至关重要的作用，从而导致人们常常利用一些医疗术语来诊断这种非自然的习惯所涉及的相关问题。

在20世纪二三十年代，研究者们开始完全通过医疗术语来解释人们在学习如何阅读的时候所遭遇的各种并发症。他们开始认真地关注读者的眼球运动和视觉疲劳，并试图从中预测那些狂热的读者所面临的健康风险。在1948年，一篇关于美国视觉疲劳研究的评论这样说："某些作者声称，今天的人们在参加学校体检或接受入伍体检的时候，常常会被发现具有视力上的问题，而导致这种问题的直接原因就在于，现代人出于教育和职业的需要，不得不让自己的眼睛处于长时间的工作状态。"这篇评论还警告说："某些医生甚至在描述当代人的神经质倾向时进一步指出，当代人之所以容易产生神经质，在一定程度上是因为持续性的视觉疲劳给他们施加了一种累积性的压力。"[①]

一篇评论强调，在20世纪二三十年代的美国，人们在通过科学研究来论证新出现的阅读训练时，常常会使用医疗术语来说明阅读问题。这篇评论指出，美国教育研究会（National Society for the Study of Education）在1925年发布的年鉴具有一个新特征，那就是它"把诊断和矫正的概念引入了对阅读障碍的讨论之中"[②]。对于阅读

---

① Carmichael and Dearborn (1948), p. 1.

② Monaghan (2007), p. 16.

障碍的诊断导致了辅导教师（remedial teacher）这一新的专门职业的出现。从 20 世纪 40 年代的后期开始，这种医疗化的比喻成为人们用来解释那些同阅读学习有关的问题的一种方法。这篇评论指出："良好的阅读被视为健康的标志；糟糕的阅读则被视为一种疾病，而这种疾病需要由那些受过专门训练的人士来实行干预性治疗。"①

19 世纪的批评家在谈到那些不擅长阅读的人们时，曾经将其阅读障碍解释为他们在道德和／或智力上的缺陷所导致的结果。在 20 世纪 20 年代之后，这种阅读障碍则更多地被归因于一种医学症状或一种心理缺陷。在 19 世纪，批评家们曾担心那些缺乏辨别力的公众阅读过量，而到了 20 世纪 20 年代，公众则被认定为阅读量不足。

通过把阅读看成一种非自然的活动，批评家们可以更方便地对其加以医疗化的表述并说明阅读障碍的症状。在中世纪之后到 20 世纪之前的这段时期，阅读的医疗化表述的重点是阅读对读者个体的道德状况和身体健康造成了哪些影响。从 20 世纪初期以来，这种医疗化表述的重点则转向了问题读者（problem reader）的个人缺陷或障碍。

心理学激发了人们对于问题读者或"迟钝"（backward）读者的研究兴趣。这意味着，人们在讨论阅读教育时，其讨论重点已转向了如何以最佳的和最有效的方式帮助那些存在阅读困难的孩子。休伊的著作《迟钝的和弱智的儿童：儿童心理缺陷的临床研究及其临床诊断和检验的纲要》（*Backward and Feeble-Minded Children: Clinical Studies in the Psychology of Defectives, with a Syllabus for the Clinical Examination and Testing of Children*，1912 年）便是一部非常

---

① Monaghan (2007), p. 21.

典型的将阅读困难等同于弱智的论著。关于"迟钝读者"的讨论变成了关于各种病情的诊断，如"脑损伤"（brain damaged）、"学习障碍"（learning disabled）、"世界盲"（world blindness）、"心智盲"（mind blindness）、"轻微脑功能失调"（minimal brain dysfunction）、"脑残"（brain crippled）、"思想紊乱"（cerebral disordered）、"神经衰弱"（neurologically impaired）、"诵读困难"（dyslexic）和"语言困难"（dysphasic）等。[①]

在 20 世纪 60 年代，随着学习障碍被诊断为一种常见的病症，对阅读问题的医疗化表述也快速增多。有学者曾研究过学习障碍在美国的发展史，根据他的研究，自从学习障碍这个新的范畴出现之后，它便"以惊人的速度发展起来，以至在今天的许多校园里，它已成为特殊教育的首要中心"[②]。从这一时刻起，阅读困难同健康缺陷之间的关联性开始得到教育学界的普遍认同。这种把读写能力问题表述为健康问题的思潮已经超出学校的范围，蔓延到更广泛的领域。英国图书协会的负责人杰克·莫波格（Jack Morpurgo）于 1958 年在联合国教科文组织的一份月刊上写道："这场持续了几个世纪之久的斗争是为了让世界摆脱被称为文盲的这种疾病，进而给世界带来健康的读写能力。"[③]莫波格一方面把读写能力比作健康，另一方面又把文盲比作一种疾病，他的这种比喻表明，人们对阅读问题的医疗化表述发生了一次重大转变。干预性治疗的主要对象不再是读者，而是那些缺乏阅读能力的人。

---

① 参见 Winzer (2002), p. 339。

② Winzer (2002), p. 339.

③ E. Morpurgo (1958), 'Books for the new reading public', *The UNESCO Courier*, no. 3 (March), p. 26.

阅读危机

在 20 世纪初期，读写能力上的问题往往会被归结为个人的问题。人们一方面担心那些同读写能力有关的个人疾病，另一方面又乐观地认为科学的教育方法能够扫除文盲，因为他们相信，凭借工业社会学校教育的普及，每个孩子都可以被培养成称职的读者。虽然在公共生活中，那些对大众教育（mass education）的成效抱有文化悲观主义态度的人士依然保持着相当大的影响，但是由于读写能力在当代社会中被赋予了重要意义，学校里开展的阅读教育开始得到人们的高度重视。[①]

大众教育并不能保证所有学生都可以被培养成称职的读者。在第一次世界大战期间，美国军方就发现了大众教育的成效并不完美——许多新入伍的士兵被发现是文盲。尽管学校教育带来了种种好处，但仍然有相当多的年轻人处于文盲状态；这一令人失望的发现导致已成年的问题读者成了讨论的对象。在 20 世纪 40 年代，美国和英国政府又有了另一个类似的发现：在新入伍的士兵中有相当一部分是功能性文盲[②]。在 1942 年，美国陆军不得不让 43.3 万名潜在的应征对象延期入伍，因为这些人竟然无法看懂或理解"履行基本的军事职责或军事任务所必需的"书面命令。某些评估报告指出，在参加第二次世界大战的英国士兵当中，有大约四分之一的人缺乏履行其职责所必需的读写能力。[③]

---

① Chartier (2004), p. 534.

② 功能性文盲（functional illiterate），指的是那些在读写能力上不能满足职业和形势需要的人。——译者注

③ McArthur (1998), 'Functional literacy', *Concise Oxford Companion to the English Language. 1998. Encyclopedia.com.* http://www.encyclopedia.com，访问时间为 2015 年 5 月 12 日。

　　为战争提供支持的迫切需要不仅导致了对成年人读写能力的担心，而且导致了对这方面的研究兴趣。正是在这一时期，政策的制定者们开始把读写能力描述为一项可以进行量化考核的技能。在1947年，美国人口普查局（American Census Bureau）决定将那些接受学校教育不满五年的人士定性为功能性文盲。在1950年发布的一份报告《阅读能力：为落后者提供帮助的某些建议》（*Reading Ability: Some Suggestions for Helping the Backward*）中指出：由于受到战争的干扰，1948年的11岁儿童在阅读能力上要比1938年的同龄儿童落后一年，而1948年的15岁少年在阅读能力上则要比1938年的同龄少年落后22个月。[①]

　　战后的人们对于文盲的后果感到不安，而功能性文盲的概念正是在这一背景下产生的。[②]这个实用性的概念强调的是那种可以帮助人们充分地履行相关工作职责并进行书面文字沟通的阅读能力。功能性的读写能力被视为人们从事经济活动的必要条件；人们把阅读等同于一项专门技能，而这项技能的用途仅限于履行相关的工作职责。

　　虽然政策制定者们把读写能力问题视为一个同现代工业经济的需要相关联的问题，但是他们也同样关心这一问题对于年轻人的教育和社会化问题的意义。正如我曾经在其他著作中指出的那样，学校和教育领域之所以一再出现危机，主要原因之一就在于社会在对年轻人的社会化过程的引导上面临着困难。[③]关于阅读危机和阅读教育问题的争论可以被视为由这些困难间接引发的一种反应。

---

① Diack (1965), p.105.

② 相关讨论可参见 Levine (1982), pp. 250–251。

③ 参见 Furedi (2009)，第4章。

从 20 世纪 30 年代以来，阅读问题的概念化表述方式开始发生明显的转变。过去有很多人担心大众所接触的阅读材料中包含着一定程度的暴力，而今他们则越来越担心大众在阅读能力上的低劣水平。这种新的表述方式具有并将继续具有一个双重性的特征。一方面，它对成年读者的读写能力水平提出了怀疑。从文化的视角来看，阅读公众在阅读重要文本时的能力低下可以被理解为对社会文化水平的威胁。理查德·奥尔蒂克注意到，在"二战"之后的时代，"由于半文盲状态的大量存在，数以百万计的读者痴迷于阅读《世界新闻》(*News of the World*)、《星期日画报》(*Sunday Pictorial*) 和《图片邮报》(*Picture Post*) 之类的报纸，而完全不去理会那些更加重要的阅读材料"①。政策制定者们也对成年人的读写能力表示担忧，因为他们相信，经济的发展和繁荣离不开受过教育的劳动力。然而，这种新的表述方式还特别强调了另一个问题：学校很难将很大一部分孩子培养成合格的读者。

在 20 世纪 40 年代的美国，爆发了一场关于上述问题的公众辩论。中学校长乔治·亨利（George Henry）于 1946 年 1 月在《哈珀杂志》(*Harper Magazine*) 上发表的一篇文章《你的孩子能否进行真正的阅读？》(Can your Child Really read?) 引起了广泛的关注。亨利声称，在教育界有一个公开的秘密，那就是有三分之一左右的在校生事实上不太可能被培养成合格的读者，而且在他看来，这些孩子的问题并非出在教育方法上，而是因为他们"完全缺乏语言交流天赋"。他对提供阅读方面的辅导课程（remedial reading）来解决这一问题的做法持悲观态度，并且认为，这些"缺乏语言交流天赋"的

---

① Altick (1957), p. 366.

学生需要采用一种不以书本学习为基础的教育形式。

亨利还明确表示，他所论及的这些学生并不仅仅是只占学生总数百分之五左右的"思想迟钝的"学生，而且还包括众多的其他学生，并且其中的大部分都是"正常的、健康的，甚至是有才能的和负责任的年轻人"。[①]实际上，他是在宣称人口中相当大的一部分只能掌握低级的读写能力，而且他认为这是一个无法改变的生活现实："故而民主制度将不得不面对这样一个冰冷的现实，那就是有三分之一的公民并不适合进行书本学习，尽管按照人口普查的标准，这部分公民是具备读写能力的并且足以应付日常生活中的读和写。"[②]

亨利要求采用一种新的教育形式来帮助那些不擅长语言交流的学生，而在随后的数十年里，他的呼吁促成了一种被称为多元智能（multiple intelligence）的教育法。亨利针对不擅长语言交流的儿童所提出的问题成为后来英美世界关于阅读危机的长期争论的起点。亨利的理论要点是把阅读问题的根源归咎于某些儿童缺乏语言交流的自然天赋，但是这一想法却同那种设想教育能够解决一切社会问题的流行观念发生了冲突，而且他也预见到自己对读写教育的悲观评价可能会遭到人们的批评。[③]美国社会依然以相当乐观的态度来看待教育机构在课堂上解决问题的能力。阅读缺陷仍然被美国人看作是教育实践之缺陷的一种症候。

因此，阅读危机被转换成了阅读教育方法的危机。由于阅读教育的政治化，人们在教育方法上产生的分歧必然会通过一种意识形态冲突的论调而表达出来。

---

① Henry (1946), p. 73.

② Henry (1946), p. 73.

③ Henry (1946), p. 73.

20 世纪 20 年代之后，在语音教学法（phonics method）的支持者同全语言教学法（whole-language approach）的支持者之间展开的有关阅读教育问题的争论变得日趋激烈。在 20 世纪 50 年代，这场关于阅读教育的争论又从教学方法上的分歧演变为公开的政治分歧。在美国，引发了这场曾被称为"阅读之战"（Reading War）的争论的主要催化剂是鲁道夫·福莱希（Rudolf Flesch）于 1955 年出版的畅销书《为何强尼不会阅读》（*Why Johnny Can't Read*）。福莱希批评了那种以看和说的方法（look-and-say method）来进行的阅读教育，并且将这种流行的阅读教育方法描述为教学工作对于低水平学生的一种迁就。他向教师们指出：

> 阅读上的缺陷从来都不是由糟糕的教学导致的。上帝不会毁灭思想。阅读上的缺陷究竟是起因于糟糕的视力、痉挛的胃、不良的姿势或遗传因素，还是起因于破碎的家庭、营养的不良、邪恶的继母、俄狄浦斯情结或兄弟姐妹的不和睦，或许只有上帝才知道。[①]

虽然福莱希对全语言教学法的批评没有对阅读教学产生多少影响，但他的批评迎合了美国人的想象，而且从这一时刻起，美国人开始频繁地使用危机一词来评价当前的阅读水平。

关于公众读写状况的报告——其中不少都是极其危言耸听的报告——常常断言，当代的成年人已经没有能力进行真正的阅读。按照法国国家反功能性文盲总署（French National Agency Against Functional Illiteracy）发布的报告，在年龄介于 18 岁至 65 岁之间的生活在法国并接受过学校教育的成年人口中，有 8% 的人属于

---

① Flesch (1986), p. 18.

功能性文盲。① 在 2010 年的《泰晤士报教育副刊》(*Times Education Supplement*) 上发表的一份研究报告则声称，有 1/5 左右的英国小学生直到他们毕业离校时仍属于功能性文盲。② 按照美国教育部的评估，大约有 14% 的美国人口缺乏最基本的散文读写技能，而这意味着他们没有能力读懂报纸或者读懂药瓶上的说明书。③

这些有关读写能力的令人不安的报告，需要放在一种历史的语境中去考察。读写水平 (levels of literary) 评估相互之间往往存在很大的差异并常常引发争论；有关读写水平究竟是降低了还是上升了的争论总是带有政治意味，而且今昔读写水平的比较也充满了困难。④ 在过去的一个多世纪里，有关读写能力和文盲的定义已经发生了很大的变化，并且功能性文盲的含义也为了迎合复杂的经济需要而发生了改变。一项针对该问题的社会学研究指出：“没有证据表明，现在的读写水平出现了下降，尽管显而易见的是，我们用于评价读写能力的标准已经提高了。”⑤

这场旷日持久的争论及其所引发的强烈情感都不容辩驳地表明了阅读不仅仅是一项技能，而且还具有社会、经济和文化的意义。人们常常通过对阅读的思考来反思教育和社会化过程中出现的问题。无论阅读危机的根源是什么，它至少间接地起因于人们早已接受的一个观点，即阅读是一种非自然的和复杂的活动。假如阅读真的是

---

① http://www.readspeaker.com/ functional-illiteracy-in-france-a-case-study，访问时间为 2015 年 2 月 12 日。

② 参见 'Functionally illiterate and innumerate', *Times Education Supplement* (7 May 2010)。

③ http://www.livescience.com/3211l-14-percent-adults-read.html1，访问时间为 2014 年 11 月 21 日。

④ 参见 Stedman and Kaestle (1991)。

⑤ Best (2011), p. 24.

一种非自然的活动，那么习得读写能力就是非常困难的。

我们不必拘泥于人们对于读写水平（rates of literacy）所作的各种相互冲突的评价，而更应该把这场关于阅读危机的争论看作是围绕"教育、社会化与道德秩序的意义"这一更为宽泛的问题而展开的某种"升华版"的讨论（a sublimated discussion）。人们进行这场争论时所使用的词汇容易让我们回想起 18 和 19 世纪的那些具有历史转折意义的关于阅读风险的过激评论。美国的全语言教学运动的支持者们对于他们所说的危机做出了妖魔化的评论；他们声称，那些支持语音教学法的人士是"极右翼势力的同谋"，并且认为语音教学法在一定程度上助长了一种企图"对美国学校加以抹黑、操纵和私有化"的阴谋。[①] 反过来，语音教学法的支持者们同样把自己的竞争对手贬斥为卑鄙的颠覆者，并指责他们试图降低美国的教育水平。

在这场"阅读之战"中，争论双方都像他们的前辈一样，使用了健康和药物之类的比喻来论证自己的主张。一位反对语音教学法的批评家曾指责其争论对手把美国的读写能力危机说成是一个"严重的健康问题"，并且用医疗化的术语对其加以了反驳。史蒂文·施特劳斯（Steven Strauss）在其撰写的《语音的毒性和其他副作用》（Phonics Toxicity and Other Side Effects）一文中声称，语音教学妨碍了孩子们的阅读并且导致了"各种情绪和心理的痛苦"[②]。他呼吁通过实施干预性治疗的方法来为读者提供医治。

为了回应上述批评，语音教学法的两位支持者在论证这种教学法的合理性时指出，语音教学是治愈社会上常见的"阅读障碍流行症"的一剂良方；他们还声称，有 35% 的人口感染了这种病症，而

---

① Altwerger (1998), p. 175.
② Strauss (2010), pp. 67–68.

这正是"导致北美的孩子和成年人出现情感问题的主要原因":

> 要考虑到这种流行症是导致辍学和未成年人犯罪的主要致病因子之一。此外,尽管目前尚无这方面的权威研究,但是那些不能阅读或拼写并且敌视学校的青少年似乎有可能轻易地沦为毒品贩子的目标。

"今天的教育工作者也正在毁掉天真的孩子们,"他们推断说,"他们正在毁掉那些患有阅读障碍流行症的孩子的希望、潜力和心理健康。这些孩子们还要忍受多久?"[①]

无论这些相互攻击的言论代表了什么,它们都不大可能揭示出阅读的真实体验以及个人赋予这种体验的意义。这种争论更有可能让阅读行为变得神秘化和更加复杂化。

现实的检验

专家们耗费了如此之大的精力来说明阅读的复杂性,可是他们却很容易忽略这样一个事实,即阅读似乎并不具有某些人所声称的那种非自然性。

尽管文化上的悲观主义者们对于阅读公众所带来的危险发出了悲叹,但是试图掌握读写能力的渴望依旧深深地扎根于现代社会之中。因此,在西方世界,阅读已成为一种日常的、理所当然的活动。

---

① Carl Kline and Carolyn Lacey Kline, 'The epidemic of reading disabilities', http:// www.readingstore.com/EPIDEMIO.HTM, accessed 4 May 2014. 值得指出的是,这些作者中,卡尔·克莱恩(Carl Kline)是一位青少年精神病学家,卡洛琳·蕾西·克莱恩(Carolyn Lacey Kline)是一位语言障碍顾问。

在 20 世纪的大多数时期，尤其是在 20 世纪上半叶，数以百万计的人们都在试图建立并强化其读者身份。这是大众化书本阅读的黄金时代。尽管有人曾对英国民众的"半文盲"状况表示担忧，但是有大量报道指出了书本阅读在"二战"期间的繁荣。[1] 到了 20 世纪 50 年代，"前所未有的大量图书被出版并销售给了越来越多的受过教育的美国消费者"[2]。

莫蒂默·阿德勒的《如何阅读一本书》在 1940 年的出版情况证明了公众的阅读愿望。阿德勒呼吁人们阅读那些严肃的作品，而他的主张受到了那些希望提高自身读写水平的读者的热烈欢迎。这本书轰动一时，销售了数百万册，并且蝉联美国畅销书排行榜的榜首达一年以上。前面提到过的那本由鲁道夫·福莱希于 1955 年出版的《为何强尼不会阅读》也同样名噪一时并成为公认的畅销书。这本书的封面上标明它"得到了《读者文摘》(Reader's Digest)的认可"，也就是说，这份具有商业头脑的大众出版物相信，有大量的读者愿意花钱去购买一本讲述阅读教育危机的教材。

我们有必要回想一下，读写能力的正当性是直到相对晚近的时期才得到确认的。直到 19 世纪的时候，读写能力"本身就是好的"这一观念才得到了人们的认可。[3] 而且值得注意的是，从那个时期之后，读写能力才迅速并广泛地受到了人们的欢迎。尽管有人声称阅读是一种非自然的活动，但是阅读依然相对轻易地融入了人们的日常体验之中。即使有问题的话，问题也显然不是出在人类的阅读能力上；毋宁说，它产生于人们借助读写能力的棱镜来感受如此丰富

---

[1] Altick (1957), p. 366.

[2] Briter (2009), p.7.

[3] 参见 Stone (1969), p. 89。

的社会问题和道德问题的倾向。

　　阅读危机仍然不断地被人提及，从而表明了现代社会对于读写活动的重视。但是正如我们将在下文中看到的那样，社会对于阅读的看法依然是充满矛盾的。虽然阅读的正当性依然能够得到主流社会的承认，但是自从 20 世纪 60 年代以来，某些认为阅读的重要性受到了高估的批评家已经开始质疑其正当性。

八、从痴迷到祛魅

正如我们已经看到的那样，自从苏格拉底时代以来，人们对于读写能力的个人性及社会性影响的担忧便始终同人们对于它的正面社会效益的热情赞赏相并存。到了 20 世纪，大众读写能力（mass literacy）开始被普遍视为现代社会中的个人所必需的一项生存技能，仅有极少数的悲观主义者仍就认为：一个没有大众读写能力的社会将更加美好。虽然在此之前的漫长岁月里，大众读写能力曾经被人们描述为对社会秩序的可怕威胁，但是在刚刚过去的 20 世纪里，文盲和不良的阅读习惯开始被视为一种威胁，那些没有阅读能力的人和不擅长阅读的人也开始成为人们担心的焦点。

20 世纪初期，政策制定者们和教育家们总的来说都乐观地认为，教育可以提升读写能力的水平。他们相信："学校政策、教学试验和科学探讨的结合将在事实上消除文盲状态"，而且"它们肯定能够克服阅读的障碍"。[1] 无论是这种认为读写能力将得到提升的乐观态

① Chartier (2004), p.534.

度，还是那种认为读写能力的提升将有助于促进文化和经济生活的信念，都时常会遭到某些怀疑主义者的挑战。怀疑主义者对于大众文化和易受操纵的公共舆论的担忧常常导致他们对新闻媒体在缺乏判断力的读者中的影响力感到焦虑不安。然而，他们提出这些反对意见是为了改善读写能力的质量，而不再是为了阻止人们掌握读写能力。

至少到20世纪60年代，读写能力的地位已经在西方社会得到了前所未有的文化认同。在阅读得到人们的正面评价的同时，大众文化以及广播电视等新兴的大众传媒的影响也引发了一些人的忧虑。在20世纪50年代之后，这种焦虑开始通过一种对于阅读公众的岌岌可危的文化地位的叙述而表现出来。阅读的减少成为西方文化景观中的一种常态，而由读者自己来决定他们阅读什么或者不阅读什么也不再被视为理所当然的事情。在"二战"之后的年代里，教育和读写能力开始受到冷战的影响，因为在全球性竞争的推动下，政策制定者们对于提升国民的读写能力产生了特殊的兴趣。

在20世纪60年代，蕴含在阅读中的矛盾又呈现出了一种新的形式。通过新的论证方式来否定阅读价值的人士不再是传统的保守派精英，而是反文化的激进分子，并且他们受到了启蒙运动时代的教育家们所倡导的一种祛魅情绪（a sentiment of disenchantment）的启迪。虽然反文化的激进分子宣称读写能力受到了过高的评价，但是主流的评论家和政策制定者却认为社会正面临着一场阅读的危机。对于读写能力的文化贬低转变成了一种对于读写能力危机的当代感受，而这正是本章所要讨论的主题。

联合国教科文组织的扫盲运动

在"二战"期间进行的那场关于成立"联合国教育、科学与文化组织"（简称 UNESCO）的讨论中，消除文盲状态被确立为这个国际性组织的主要目标。联合国教科文组织的创立者们不仅认为愚昧和文盲助长了法西斯主义和其他极权主义运动的兴起，而且把读写能力和教育视为建立一个进步、民主的国际秩序的必要条件。在1946 年，联合国教科文组织首届大会的主席莱昂·布鲁姆（Léon Blum）为了强调这一观点而反问道：

> 当世界上超过一半以上的居民尚不具备阅读或写作的能力，并且根本不知道如何开展健康的生活或繁荣的农业时，当世界上的绝大多数人还完全不知道如何对科学加以合理的运用时，联合国教科文组织如何才能以令人满意的方式进行运作？[①]

作为对上述问题的回应，这个国际组织的代表们决定发起一场名为"基础教育"（Fundamental Education）的全球扫盲运动，并由此展开一场"消灭愚昧的战斗"。

联合国教科文组织发表的关于基础教育的声明，对借助读写能力来推动进步和发展表达了一种乐观主义的信念。生物学家和联合国教科文组织的总干事朱利安·赫胥黎（Julian Huxley）[②]接受了启蒙运动所积极宣扬的"读写能力可以改善人性"的观念，并且把这场

---

① 引自 Dorn and Ghodsee (2012), p. 377。
② 朱利安·赫胥黎（Sir Julian Sorell Huxley, 1887—1975 年）是以倡导"自然选择理论"而闻名于世的英国生物学家，也是一位著名的文学家和人道主义者。他曾于1946 年至 1948 年担任联合国教科文组织的首任总干事，同时也是世界自然基金会的主要创始人之一。——译者注

扫盲运动称为一次为世界上的"黑暗地带"带来光明的尝试。虽然赫胥黎认为读写能力本身并不足以改变这个世界，但是他指出了读写能力是实现"科学和技术的进步"以及"充分的心智觉醒和精神发展"的必要条件。[①]

从历史的视角来看，联合国教科文组织的倡议是人类为了促进一种人文主义的阅读文化而做出的最具雄心的尝试之一。赫胥黎认为人类的前途取决于一种共同观念——即他所说的"共同价值尺度"——的发展，并且宣称"致力于扫除文盲并建立共同的基础教育的群众性运动"是实现这一目标的必要条件。赫胥黎坚持认为：如果很大一部分人依然停留在文盲状态，那么"人类将不可能形成一种共同的观念"。[②]

联合国教科文组织的早期创立者们认为，该组织所发起的基础教育运动将营造出一种国际谅解的气氛并促进经济的发展。然而，他们寄予这一运动的希望很快便遭遇了冷战的政治现实的打击。东西方阵营之间的激烈竞争和相互指责打乱了这场扫盲运动的步伐。教育和读写能力被两大阵营当作政治手段而用于扩大各自的全球影响，尤其是它们在第三世界的影响；双方都把读写能力看作一种用于击败对方的有效武器。菲德尔·卡斯特罗（Fidel Castro）在古巴发动的扫盲运动取得了成功，然而他的成功导致许多西方领导人不愿意支持群众性的扫盲运动。

在20世纪50年代后期，联合国教科文组织的早期创立者们曾经持有的那种乐观主义态度开始让位于一种把读写能力仅仅看作经济发展所必需的一项技能的工具主义态度。联合国教科文组织的第

---

① UNESCO (1946), p. 14.

② Huxley (1946), p. 17.

十届代表大会的代表们于 1958 年决定放弃这种对于基础教育的人文主义理解。从那个时刻开始，读写能力将不再被人们理解为一种可以帮助人类达成一系列共同价值观的媒介。在七年之后的 1965 年，联合国教科文组织通过引进"功能性读写能力"（functional Literacy）——某种仅仅同经济成效有关的技能——的概念而改写了这一运动的方案。"读写能力不再被视为一个高尚的人文主义理想，而仅被视为一种可以促进资本主义发展的人力资本。"在一项针对读写能力的政治化的研究报告中写道。① 到 20 世纪 70 年代，"功能性读写能力变成了服务于工作的读写能力的同义词"。②

就在功能性读写能力同人文教育的雄心壮志失去关联的同时，还出现了一种把文盲状态描述为医疗问题而非文化问题的倾向。联合国教科文组织的文件把文盲状态描述为"某种形式的失明"，并宣称后者需要被当作"一种如同疟疾一样的流行病"来加以治疗。③ 在一份相关文件中，文盲被"视为一种文化病菌，只有通过广泛实施标准化的教育矫治方法才能完全根除"④。

当联合国教科文组织于 1976 年对其自身的工作进行评估时，它显然已经认识到，这场经过重新定位的国际扫盲运动"几乎没有取得多少实际成效"⑤。在某些人看来，联合国教科文组织的扫盲运动之所以缺乏成效，是因为该组织的建立者们的乐观主义态度是基于不切实际的愿望。经历了这场运动以及冷战所导致的读写能力的政治化之后，批评家们，尤其是美国的批评家们，对人文教育的基本价

---

① Dorn and Ghodsee (2012), p. 392.

② Levine (1986), p. 27.

③ UNESCO (1970), 'Introduction' to *Functional Literacy: Why and How*, p. 8.

④ Levine (1986), p. 27.

⑤ Dorn and Ghodsee (2012), p. 397.

值观产生了质疑。

联合国教科文组织所留下的一项重要历史遗产就是，它促使读写能力被理解为一种同所谓的"人力资本"（human capital）有关的技能。诸如世界银行之类的机构也同样把阅读定义为一种"技巧，用来发展认知技能和语言技能方面的人力资本"。①无论这种以发展人力资本为目标的策略具有何种价值，它同阅读的文化教育功能之间都没有多少关系。在现代社会，解读文字的技能是人们完成一系列日常任务的必要条件；然而，假如人们进学校学习的主要目的就是掌握这种技能，那么阅读所蕴含的更丰富的知识和文化意义就很容易遭到忽视。以学习技能为目标的阅读教育与人文主义的阅读教育之间存在着令人不安的张力，而这种张力依然普遍存在于今天的教育之中。

联合国教科文组织的扫盲运动还取得了一个意料之外的结果，那就是它促进了人们对于启蒙运动时代的阅读观的祛魅。在此前的时代里，这种对大众读写能力的赞美曾经遭到保守的精英主义者们的怀疑和讥讽。在 20 世纪 60 年代之后，来自传统的左派阵营的批评家们也开始对它发出类似的怀疑和讥讽之声。这股思潮的主要代表之一、社会历史学家哈维·J. 格拉夫提出了"读写能力的神话"（The Literary Myth）这一概念。格拉夫反驳了众多的认为读写能力对社会、文化和经济的发展做出了积极贡献的主张。1978 年，他在批评一份由联合国教科文组织发布的《读写能力报告》（Report on Literacy）时，虽然承认读写能力有可能成为"争取解放的工具"，但又指出它"在大多数情况下同样可以服务于保守主义的目的"。②

---

① Griswold, Lengahan and Naffziger (2011), p. 25.

② Graff (1987b), p. 62.

格拉夫没有看到读写能力中蕴藏着的变革的潜力，而是一味地强调它是一种用来实现社会控制的媒介，并且对它在教育领域里受到的"过分高估"提出了警告。格拉夫并不满足于批评联合国教科文组织对读写能力的狭隘的工具性理解，而试图进一步否定人文主义者们赋予阅读的文化价值。他指出："无论在过去还是今天，读写能力都是为了通过把男人和女人束缚在它的网罗之中来整合社会和推动进步。"他还推论说："那些从社会秩序中获益最大的人们完全了解印刷以及随之而来的读写能力的重要性。"①

在历史上，具有较高文化水平的精英阶层的代表人物往往把自己看成是唯一真正的读者。抨击联合国教科文组织的激进派人士则通过把阅读的正当性描述为那些"从社会秩序中获益最大的人们"的主张，而婉转地提出了同样的诉求。格拉夫等批评家对"读写能力的神话"的批判表明，他们已彻底摒弃了昔日的左翼评论家对于大众阅读能力所作的那些热情洋溢的理想化表述。联合国教科文组织发起的扫盲运动具有狭隘的工具主义倾向，从而不可避免地招致众多批评家的抨击。然而，当极左翼的激进派人士也出人意料地开始转而反对启蒙运动时代对于阅读的乐观庆祝时，他们所反对的对象便不仅仅是联合国教科文组织了。阅读的道德地位也遭到了活跃于这个时代的强大的反文化势力的质疑。

对阅读的祛魅

在 20 世纪 60 年代之后，那些试图对阅读进行祛魅化的人们开始提出，阅读所产生的积极效益被夸大了。他们当中的一位人士宣

---

① Graff (1987b), p.53.

称，有史以来第一次有众多的学者开始萌发了一个不可思议的想法：读写能力有可能受到了过高的评价。[①] 在读写能力的文化地位遭到怀疑的同时，有的教育学家们还进一步提出："基于某些令人震惊的和意义深远的当代研究，我们非常敏锐地意识到，不仅读写能力在教育中的重要性受到了高估，而且它在文化形成中的重要性也受到了高估。"[②] 伊丽莎白·艾森斯坦在谈到人们对于读写能力的普及成效的失望感时指出："与其说古滕堡的发明为我们贡献了一个宝贵的知识工厂因而需要得到赞美，倒不如说它助长了疯狂、非理性和世界大战因而需要遭到谴责。"[③]

为了揭穿所谓的"读写能力的神话"的真相，某些历史学家还试图通过追溯过往的历史来极力贬低阅读的历史意义。大卫·克雷西（David Cressey）的著作《都铎王朝和斯图亚特王朝时代英格兰的阅读和写作》（*Reading and Writing in Tudor and Stuart England*）便采用了这种研究路径。他以反问的语气写道："归根结底，我们还是必须问一问，良好的读写能力究竟为那些拥有此种能力的人带来了什么好处？"而他的回答自然是："几乎没有。"[④] 克雷西对自己的问题的回答表明，他认为读写能力并未对社会福祉做出什么特别的贡献：

应该强调的是，即便人们不能进行阅读或不能进行写作，他们依然能够采取合理的行动，也依然能够掌握和理解信息，并且做出理由充分的政治决策和宗教决策。缺乏读写能力并不一定会阻止人

---

① Olson (1994), p. 13.

② Solomon (1986), p. 37.

③ Eisenstein (2011), p. 214.

④ Cressey (1980), p. 189.

们取得经济上的成功，也并不一定会妨碍人们获得常识。[①]

克雷西承认读写能力确实具有"带来解放的潜力"，但他同时又指出，如果过分地高估了它的这一潜力，便必然会忽视它的"平庸的现实性"（mundane reality）。[②]其他历史学家则仅仅将读写能力的这种能带来解放的潜力视为假象，并且认为阅读只不过是一种受到了过分炒作的和平淡无奇的社会产物。

在20世纪60年代之后，读写能力的历史意义开始遭到频繁的否定。按照一套在日后被人们称为"新读写能力研究"（New Literacy Studies）的理论，阅读是一种同强制性的权力有着密切关联的意识形态建构活动。新读写能力研究的主要代言人布莱恩·斯特里特（Brain Street）抨击了那种被他称为"自主性"（autonomous）读写能力理论的观点，他指责该理论具有一种企图维护现存社会秩序的意识形态动机，并且认为："我们能够在各种类型的社会中看到的现实版的读写能力大都是'限制性的'和支配性的，意在培养人们的服从性并实施社会控制。"[③]

从新读写能力研究的立场上来看，对读写能力的合理化论证和对阅读的赞美都不仅仅有意识形态上的因素，而且还有狭隘的利己主义动机。教育心理学家大卫·奥尔森提出："普遍的高读写能力（universal high degree of literacy）的重要性来自一种严重的歪曲"和"过高的评价"。之所以会如此，在一定程度上是因为，"包括教师在内的知识分子只知道自身工作的价值，却未能认识到任何其他

---

① Cressey (1980), p. 189.

② Cressey (1980), p. 189.

③ Street (1984), p. 4.

人的工作的价值"。[①] 值得注意的是，这种认为阅读受到了过高评价的主张中暗含着这样一个假设，即人们应当将阅读同文盲放在同等地位上来评价。正如我们将进一步指出的那样，最近几十年来出现了一股试图抹杀口语价值和书面文字价值间差异的思潮，而对于文盲状态的认同在这一思潮中得到了最为怪诞的体现。

在 20 世纪 60 年代出现了一个有趣的新现象，那就是左翼人士和右翼人士在对待阅读的态度上发生了角色互换。在历史上，左翼人士曾经最积极地宣扬大众读写能力对于社会福祉的促进作用。然而在最近几年来，一部分左翼文化势力开始对启蒙运动的价值观产生越来越大的敌意，进而开始讥讽启蒙运动对于读写能力的理想化认识。布莱恩·斯特里特甚至还谴责激进的教育家保罗·弗莱雷（Paulo Freire）[②] 对古巴和尼加拉瓜等国的扫盲运动所提供的支持。在斯特里特看来，弗莱雷未能彻底地摒弃那些关于读写能力之"自主性"的设想。[③] 换句话说，弗莱雷过于认真地相信读写能力具有其内在的价值。

这场针对启蒙运动时代的理想化阅读观的文化批判是一场更加广泛的对进步主义和现代主义的理想表示不满和反叛的思想运动的一部分。在 20 世纪 60 年代，那些追求现代化以及技术进步和经济发展的理想遭到了新兴的反文化思潮的支持者们的猛烈抨击。[④] 文化

---

① 奥尔森的话引自 Graff (1987a), pp.17–18.

② 保罗·弗莱雷（Paulo Fieire, 1921—1997 年）是出生于巴西的当代著名教育家和哲学家，他在 20 世纪 70 年代出版的《被压迫者教育学》中提出了"教育即解放"和"教育即政治"等口号，并试图通过在第三世界开展扫盲运动来教育广大的被压迫人民，帮助他们认识自己、认识社会和争取政治上的解放。——译者注

③ Street (1984), p. 14.

④ 有关技术进步和经济发展的讨论，参见 Furedi (2014) 第 6 章。

精英们深受自我信念危机的打击，而且他们以一种犹豫不决的和自
我防御的方式对这种怀疑主义情绪进行了反抗。

正是在这股反文化思潮的发展背景下，读写能力不再被定义为
一种实现解放的工具，而是被重新定义为一种实施压迫的工具。从
这一时刻开始，阅读的历史常常被描写成一个讲述那些享有特权的
文化精英如何利用读写能力来行使其权威的故事。历史学家吉斯·托
马斯（Keith Thomas）将读写能力描写为现代早期英国的统治阶级所
使用的一种压迫工具，并声称：读写能力不仅可以加强"受过教育
的上层阶级对下层人民的统治"，而且可以用来"排斥和贬低其他类
型的表达方式"。①

在 20 世纪 60 年代，这种与现代性疏离的情绪广泛蔓延开来，
并由此激发了一种对于苏格拉底所赞美的古代口传文化的浪漫主义
回归。在读写能力"神话"遭到批判的同时，口传文化的"优雅"
却得到了人们的赞美。②大卫·奥尔森对于那种"把字母文化同非字
母文化（non-alphabetic culture）区别开来"的倾向提出了异议。③这
项试图恢复口传文化并同时贬低读写能力之价值的双重计划还同一
种更为普遍的幻灭感有关，而正是在这种幻灭感的驱使下，某些人
开始指责西方文明由于过度重视书面文字而丢失了自身的灵魂。

这种贬低阅读重要性的思想倾向导致了对书本的权威性及与其
相关的文化价值的怀疑。肯尼斯·莱文在 20 世纪 80 年代中期撰写的
一部论著中评论道："书面文字及其运用技巧曾经受到的非常普遍的
文化尊崇早已开始下降，因为那些支撑它的传统因素——例如，一

---

① Thomas (1986), p. 121.
② Olson (1994), p. 11.
③ Olson (1994), p. 4.

度垄断着书面文字的知识精英所受到的尊重，以及神圣的宗教文本和法典所导致的对于书面文字的敬畏等——正在逐渐消逝。"他预测"这种下降趋势将会持续"，并且补充说："在一个拥有如此众多的文本类型和传播形式的社会环境中，人们已不可能理所当然地承认书籍拥有作为一种存放知识精华的仓库和一种展示'完善的'读写能力的范例的卓越地位。"①

莱文正确地认识到，书面文字的权威性已经有所下降，而且书籍还面临着来自其他形式的知识载体和传播途径的竞争。然而，对于读写能力的价值祛魅并不仅仅是一种对于受过教育的精英人士的反抗——实际上，有相当大一部分受过教育的精英人士正是最为积极地背弃了他们所继承的读写能力传统的人士。在很多方面，读写能力和阅读的地位变迁同那些占主导地位的制度内部产生的更广泛的文化张力有着密切的关联。

对于阅读的价值祛魅间接地反映了一种更为普遍的对于西方文化曾经持有的许多根本价值的失望情绪。追求进步的理想、以更高级的现代社会来取代前现代的传统社会的主张、把西方的读写文化（literate culture）视为在此前的口传文化的基础上的质的飞跃的观点等，都开始遭到那些生活在现代工业社会的批评家们的质疑。

这种反对西方文明的文化权威的情绪不仅仅导致读写能力的重要性遭到贬低，而且还导致其他一些意料之外的结果。那种把西方文明视为在口传文化的基础上的一次质的飞跃的观点也开始遭到人们的怀疑。在联合国教科文组织发起的基础教育运动中，文盲状态曾被看作某种形式的失明，但是20世纪60年代之后的很多评论家

---

① Levine (1986), p. 187.

并不重视那些同文盲状态有关的问题。吉斯·托马斯在他的英国现代早期史研究中提出警告说："如果你认为文盲生活在某种形式的思想黑暗之中因而无法有效地参与他们所处时代的重大事件，那将会是一个错误。"[①] 其他评论家则更进一步地猜想说，在文字出现之前的口传文化中包含着很多被后来的读写社会（literate society）丢失了的重要价值。

麦克卢汉时刻

在 20 世纪 60 年代早期，对于阅读的价值祛魅同对于现代社会的疏离感之间的这种关联通过对于口传文化的重新发现和赞美而得到了最显著的表现。[②] 在谈到前古腾堡时代的口传文化所受到的这种出人意料的赞美时，我们不能不提到马歇尔·麦克卢汉的大名。麦克卢汉在其发表的一系列打破常规的论著中，以精炼的形式表达了 20 世纪 60 年代早期的那些以反现代和反文化为本质特征的情绪，并且把它们的斗争矛头转向了启蒙运动时代的读写文化的合理性。他的反现代主义的观点是通过对古腾堡时代的印刷文化的道德批判而表现出来的。麦克卢汉时常把读者看作被动的消费者，并且认为印刷文化对于人类的意识产生了扭曲性和压抑性的影响。那些以严肃的态度对待阅读的读者有可能变成缺乏想象、墨守成规和故步自封的人。麦克卢汉希望通过广播和电视等媒介来提供一种更丰富的非线性的交流形式，并以此来取代那种以印刷为媒介的狭隘的交流形式。

---

① Thomas (1986), p. 105.

② 参见 Eric Havelock 的文章 The modern discovery of orality。在该文中，他注意到，在 1963 年前后，某种有关口语表达的"现代意识"一下子凸显出来。Havelock (1986), p.24.

麦克卢汉指责读写文化"向人们提供了在行为过程中压抑自身的感觉和情感的工具"。从前的批评家在对阅读进行道德谴责时，往往会警告人们说阅读可能会加大读者的情感投入，但是麦克卢汉则提出了恰好相反的论点——阅读将会压抑人类的表达力（human expressiveness）。按照麦克卢汉的分析，对印刷文本的消费会让读者变得消极和孤僻。[1]

麦克卢汉之所以要对口传文化加以浪漫主义的赞美，是因为他相信，阅读和写作的历史发展在总体上给人类处境带来了压抑性的影响，而现代性则对个人精神的核心构成了威胁。他推测说，读写能力创造了一种在道德上低于"口语人"（oral men）的个人。照他的说法：

> 较之于那些在传统部落和口传社会的复杂网络里成长起来的人们，这些通过读写训练创造出来的人类是非常简单的人类。因为这些碎片化的人类创造出了一个同质性的西方世界，但口传社会则是由各不相同的人们所组成的，而且他们的不同并不是源于他们的专业技能或外在标记，而是源于他们独特的情感组合。[2]

为了证明口传文化的优越性，麦克卢汉提出的理由是：写作和阅读都是非自然的和人为的活动，从而会扭曲个人的复杂性和独特性。

对于那些熟悉历史的读者来说，这种把口传社会同复杂性联系起来而把现代社会同简单性联系起来的说法似乎显得有点奇怪。麦克卢汉之所以要以这种歪曲事实的方式来讨论口传文化的复杂性的

---

[1] McLuhan (1994), p. 86.

[2] McLuhan (1994), p. 50.

丧失，或许是受到了一种对大众消费社会的常规陋俗的压迫表示不满的流行文化思潮的影响。正是在他所处的时代精神的影响下，麦克卢汉才企图以这种浪漫主义的方式来描绘前工业社会的美好生活。

正如我们在前面的章节中所指出的那样，这种把阅读说成一种非自然性活动的主张常常是在过去那些有关学习阅读如何困难的争论中被人们提出来的。到了 20 世纪 60 年代早期，麦克卢汉和其他一些鼓吹口传文化的人士又更进一步提出，阅读和写作在本质上就是比口头语言更为低级的东西。哲学家和历史学家瓦尔特·翁宣称："正如柏拉图曾经强烈地感受到的那样，一切从口头语言转向非听觉媒介（non-auditory media）的简化过程都会削弱和贬低口头语言，而无论这种简化过程具有怎样的必要性。"① 有时候，瓦尔特·翁对于口头言说的这种神化还可以赋予口语以一种神圣性。对于他来说，"最纯粹的、人性化的、最神圣的、最圣洁的语言形式"就是"这种通过口头的形式在人与人之间进行交流并由此建立和深化人际关系的语言"。②

尽管麦克卢汉对现代性怀有明显的敌意，但是他却希望利用新兴的非印刷的电子和数字传媒来纠正以印刷文本为对象的阅读所导致的扭曲，并希望这些新媒介能够克服古腾堡时代之后的碎片化和异化。他把印刷文本描述为个人性的和缺乏参与性的"热媒介"（hot media），并相信它终将被多渠道的、具有可参与性的"冷媒介"（cool media）超越。③

① Ong (1967), p.322.

② Ong (1967), p.2.

③ McLuhan (1964), p. 23.

麦克卢汉之所以热衷于当今时代的电子传媒，是因为他相信它有助于克服印刷文化所导致的碎片化和扭曲，并且有助于创造一种同原始的口传社会有关的交流形式。他还提出了一个著名的预言，即这种异化的和隔绝的印刷文化将很快被他所预见到的那种"电子上的相互依存性"（electronic interdependence）超越。在麦克卢汉看来，这种新媒体将促发一种新的社群意识，并由此导致人性的回归及他所说的地球村（global village）的形成。就此而论，他的论著可以被看成是对于后来的网络发烧友的态度和行为的预言，因为网络发烧友也把数字世界当作一个用来建构生机勃勃的在线社区的领域，并相信人类可以凭借数码世界所提供的技术基础而重返一种更自然的和交互性的前古腾堡时代的生活方式。

新闻记者刘易斯·拉普曼（Lewis Lapham）在介绍麦克卢汉撰写的《理解媒介》（*Understanding Media*）一书时，曾经对这本书的主题做出过如下说明：

麦克卢汉认为，印刷语言按照利益、阵营、国籍和情感归属上的利己主义原则将人类分割成了各个相互隔绝的派系，而且他同时还认为，依赖于电子通信技术的统一的互联网可以让人类回归到那种同所谓的伊甸园中的存在状态并无二致的幸福状态。[①]

像麦克卢汉一样，瓦尔特·翁也把拯救的希望寄托在电子媒介之上，并且提出了"第二种口传性"（second orality）的概念来论证一种由电子通信技术创造出来的社群意识的优越性。在瓦尔特·翁看来，这个属于"第二种口传性的时代"同过去的口传文化时代间

---

① 引自 McLuhan (1994), p. xviii。

的相似之处表现在"它掌握了参与性的奥秘，而且可以促进一种社群意识"。然而，它又是"一种在长期运用写作和印刷的基础上形成的更有意识和更加自觉的口传性，而写作和印刷对于它所运用的设备的生产和运作来说是必不可少的"。瓦尔特·翁还认为，通过对电子通信技术的运用，第二种口传性可以"创造出一种更广泛的群体意识，而它在范围上将远超过原始的口传文化所创造出来的那种群体意识，这种更广泛的群体意识即麦克卢汉所说的'地球村'意识"。^①第二种口传性的概念至今仍在产生影响，并且被一些人用来论证他们对网络社群的赞美。

麦克卢汉的著作有意识地强调了 20 世纪 60 年代出现的这种贬低读写能力的言论所蕴含的保守性意义。麦克卢汉不同于其他大多数对阅读的价值表示怀疑的评论家的地方就在于，他公开地承认了他对媒体的看法同他本人在宗教的、传统的保守主义倾向之间的关联，并且认为新的电子媒介将促使人们以一种更加正面的态度来看待传统主义的价值：

我们看到，在这个世纪里，我们对传统的神话和传说的态度已发生了改变，从对它们加以揭露变成了对它们加以带有敬意的研究。由于我们开始深入地反思我们在地球村中的社会生活及其中存在的困难，所以我们变成了保守主义者。我们的最新技术所提供的参与性将大多数具有"社会意识"的人改造成了保守主义者。^②

在麦克卢汉所向往的这种可以将他带回"神话般的过去"的社会同那种曾经真实地存在于口传时代的社会之间，其实并没有多少

①　Ong (2002), pp.123–124.

②　McLuhan (1994), p. 34.

相似之处，而且他把自己对书籍权威的批判同自己对口述传统的敬畏结合在一起。麦克卢汉毫不怀疑地认为，"一种建立在印刷书籍的基础之上的文化"应该"遭到抛弃"；在那个位于他所说的地球村之中的勇敢的新世界里，并没有为读书留出多少空间。但自相矛盾的是，他在实施这一文化恢复（cultural recovery）计划的时候所使用的工具恰恰是电子媒介的运用所依赖的现代科技。

判断的消失

在 20 世纪 60 年代之后的几十年里，文化上的失落感以及某些人对口传时代的社会所具有的优点的神化和鼓吹在学术讨论和公众文化中产生了很重要的影响。在学术生活和文化生活中，那些对人文主义和启蒙运动的理想加以倡导的人明显地处于防守态势，而且在学术界，诸如进步和普世主义之类的概念开始越来越多地遭到轻蔑的反驳。在为数不多的几位试图反对这种潮流并且为读写能力的进步意义提出重新论证的学术界人士当中，就包括人类学家杰克·顾迪（Jack Goody）以及他的同事、文学史家伊恩·瓦特（Ian Watt）。这两位学者在 1963 年发表的一篇题名为"读写能力的影响"（The Consequence of Literacy）的论文中，为人文主义的阅读观念提出了一个非常有说服力的辩护。

顾迪和瓦特之所以要撰写这篇论文，是为了巧妙地反驳他们所发现的那种利用"对于神话的统一功能的某种现代版的回归渴望"来取代"启蒙运动把神话称为一种非理性迷信的批评"的倾向。[1] 他们担心这种"广泛蔓延的相对主义和感情用事的平等主义"倾向将

---

① Goody and Watt (1963), p. 338.

会危及人类通过运用读写能力而取得的进步和成就[①]，而且他们尤为担心的是，某些试图否认读写能力对人类认识的积极变革性影响的观点正在产生越来越大的影响。顾迪和瓦特指出，尽管"在拥有读写能力的人同没有读写能力的人之间，并不存在心智属性上的根本差异"，但是拥有文字的社会同没有文字的社会之间却可能存在重大差异。

顾迪和瓦特坚持认为，写作促进了抽象思想的发展。书面文字"同特定的人物、地点和时间之间的关联远远没有口头语言同它们之间的关联那么紧密"[②]。读写能力的后果之一就是"非个人性的讨论方式"的出现，而非个人性的讨论方式又促进了逻辑思维的产生。这种非个人性的讨论有助于澄清一种以客观性为旨归的认识论，而这种认识论则有助于人们把神话和历史区分开来。按照顾迪和瓦特的观点，那种从逻辑上把过去同现在区分开来的能力正是人类凭借自身的读写能力所取得的历史性成就之一。[③]

顾迪和瓦特声称，读写能力的提升为科学和哲学在古代希腊的发展提供了文化基础，与此同时，"以字母为手段的阅读和写作（alphabetic reading and writing）可能还对希腊民主政治的发展起到了重要的推动作用"[④]。希腊的自由民能够阅读法律条文并自觉地参与公共生活。对文化传统进行的书面汇编"导致了人们对于两件事情的认识：一是认识到过去不同于现在；二是认识到，当个人以文本记录的形式从文化传统中继承了生活图景时，这种图景之中其实存在

---

① Goody and Watt (1963), p. 344.

② Goody and Watt (1963), p. 321.

③ Goody and Watt (1963), p. 321.

④ Goody and Watt (1963), p. 332.

着内在的矛盾"①。这种对矛盾的感知能力助长了怀疑的态度，而怀疑的态度又促进了一种进行批判性思考的倾向。印刷技术的发展可以强化这些态度和倾向，因而在这种意义上，阅读和写作对于人类认识的发展产生了重大影响。

顾迪和瓦特凭借有力的例证说明了读写能力对人类的认识和文化产生了变革性的历史影响，而他们提出的例证却在学术界引起了强烈的反弹。批评家们给顾迪和瓦特的理论贡献贴上了"大鸿沟理论"（Great Divide theory）的标签，因为在他们看来，顾迪和瓦特似乎要在口传社会和文字社会之间设置一条不可逾越的鸿沟。当启蒙运动的进步理想和西方的发展模式被当作不可救药的意识形态而遭到摒弃的时候，这种宣称文字社会是对非文字社会的巨大进步的主张也难免被当成一种所谓的种族中心主义的偏见而遭到批评。在文化保守主义和文化相对主义的氛围中，这种宣称"读写能力促进了一种比过去更优越的思维方式"的主张常常会被当作一种偏见而遭到指责。正如一位批评家在指责所谓的大鸿沟理论时所解释的那样，"这些关于读写能力的理论具有浓厚的政治色彩，因为它们包含着'大鸿沟'的观点，即它们认为人类之间存在着本质性的差异，尤其是认为具备读写能力的人同不具备读写能力的人之间在文化和认识的发展上存在着根本的差异"②。

这场关于口传社会和文字社会间关系的争论开始变得越来越政治化，以至于在关于阅读和写作问题的学术交流中，常有人别有用心地混杂着意识形态的姿态。对于某些人来说，这种以强调科学、技术和精神生活的进步为特征的历史主张无非是一种为那些支撑了

---

① Goody and Watt (1963), p. 333.

② Collins (1995), p. 76.

现代资本主义兴起的压迫和剥削手段提供的辩护。客观性常常被描述为一种意识形态建构，而且越来越多的人在讨论读写能力的作用时，开始尽量避免对它的价值做出说明或判断。人们之所以如此，是因为他们在评价或讨论阅读和阅读教育的时候，找不到一个共同的原则或者一个客观的标准来作为评价或讨论的基础。

在 20 世纪 60 年代，还有一种文化相对主义的认识论伴随着这种不愿意做出判断的现象；这种文化相对主义的认识论不仅试图抹杀文盲和读写能力拥有者之间的区别，而且反对为阅读教育设立一个共同标准。为读写能力提出一个权威性定义的尝试常常被指责为一种将西方价值观强加给其他社会的企图。莱文对功能性读写能力的定义堪称这方面的典范，因为他为了论证自身研究方法的合理性而提出的理由竟是：它能避免“将那些拥有高级读写能力的社会阶层的文化品位和标准施加在全体社会成员的身上”。他之所以反对为读写能力设置一个较高的标准，还有另外一个动机，即“试图尽量减少那些有可能被定义为文盲的人们的挫败感”。他在反对为读写能力设置客观标准的时候指出，这些标准会“让那些达到它们的人产生虚假的安全感，并让那些未能达到它们的人产生不必要的挫败感”。[1]

这种试图保护那些没有阅读能力者和目不识丁者免遭社会歧视的善意举动逐渐延伸到了教育领域。读写能力研究领域的权威人士常常声称，顾迪和瓦特所提出的理论是一种意识形态化的理论，而将这种理论运用于教学实践的尝试则代表着某种形式的社会控制。[2]

反对为读写能力设定共同标准的人士所提出的主要论据是，阅

---

[1] Levine (1986), p. 45.

[2] 例如，可参见 Street (1984)。

读不可能脱离人们阅读时的处境。他们常常通过否定所谓的"自主型"读写能力（autonomous model of literacy）的存在来阐释这种读写能力的语境决定论（context-dependent thesis of literacy），并由此证明人们不可能按照一个共同标准来评价读写能力。在鼓吹这种由语境决定的读写能力的同时，他们还表现出了敌视抽象思想的态度：布莱恩·斯特里特和其他一些支持新读写能力研究的人士都否认读写能力"可以导致认知上的重大差异"，并认为这种观点是意识形态化的观点。[1]

这种不愿意对阅读做出价值判断的思想倾向，对于学校如何实施阅读教育产生了深远的影响。由于新读写能力研究不仅批判了抽象思想，而且反对坚持精英主义路线的权威标准，所以它间接地促进了所谓的关联性教学法（pedagogy of relevance）。[2]在提倡这种关联性教学法的人看来，孩子们早在入学之时就已经具备了自身的读写能力，而学校教育则会让这种能力受到贬低和干扰。也就是说，孩子们原本具备的常识性读写能力（common-sense literacy）受到了他们在课堂上习得的校园式读写能力（schooled literacy）的挑战和削弱。一些反对这种校园式读写能力的批评家指出，学校的课程"往往是以去语境化（decontextualized）的语言技巧作为核心，所以必然会导致孩子们自然形成的（或者天生的）读写能力的瓦解"[3]。在发表这种观点的同时，他们还常常建议说，对于那种同孩子们的生活相关联的读写能力的认可才是孩子们真正需要的。

为了适应这种所谓的常识性读写能力，便需要接受所谓的关联

---

① Street (1984), p. 23.

② 对关联性教学法的批评，参见 Furedi (2009)。

③ Cook-Gumperz (2006a), p.2.

性教学法。正如我曾在其他著作中所指出的那样，某些人之所以主张按照那些据说是同孩子们的生活有关联的主题来教育孩子们，是因为他们相信，这是激发孩子们的学习动机的最有效方式。于是，动机变成了教育学的基本主题，而那种基于知识的课程教学则常常会因为其教学内容同孩子们的生活和经验之间没有直接的"关联性"而遭到批评。[①]

同我们在前文中提到过的那种对口传文化的浪漫主义描述并存的，是一种指责学校的精英化教育对年轻一代的真正读写能力（authentic literacy）造成了损害的思想倾向。有些人还进一步批评道，校园式的读写能力导致孩子们的语言脱离了语言的日常应用，进而造成了对大众流行文化的损害。[②]希尔维亚·斯克里布纳（Sylvia Scribner）和迈克尔·科尔（Michael Cole）就认为这种从校外获得的读写能力不同于那种从课堂上学到的读写能力，并且告诫人们不要把学术界的精英人士对于读写能力的理解当作普遍有效的真理来加以接受。他们还警告说："假设你认为逻辑性存在于文本之中，而文本又存在于校园之中，那么一方面可能导致你严重低估那种同非学校的和非作文的写作相关的认识能力，另一方面又可能导致你过高地评价那种同作文考试的'必然'要求相关的知识技能。"[③]

最近几十年来，在人类学家克利福德·吉尔茨（Clifford Geertz）的著作的影响下，研究读写能力的学者对于文化语境的强调变得更为片面化。他们采用的这种强调具体语境的研究方式同俄罗斯心理学家利维·维果斯基（Lev Vygotsky）提出的重要理论发生了直接冲

---

① 参见 Furedi (2009)。
② Cook-Gumperz (2006b), p.34.
③ Scribner and Cole (1988), p.61.

突，而后者所强调的正是人类意识因为读写训练而发生改变的重要性。维果斯基通过其令人信服的分析指出：学生们通过学习如何进行阅读和写作，不仅可以掌握普遍的逻辑和抽象的概念，而且还可以认识"语言的本质及其作为思想对象的意义，并由此而将思想和语言置于意识和沉思的控制之下"[①]。虽然读写能力具有特殊的概念性特征，但是通过接受正规的教育，孩子们将能够了解它的规则并学会如何按照自身的目的来运用它。

如果教育学家不愿意按照一个共同的标准来做出判断和评价，那么他们的教育学便会更加注重那些同特殊语境有关的知识，而轻视那些具有规范性的抽象知识。从这个角度来看，街头知识（street knowledge）和街头读写能力（street Literacy）不过是孩子们从学校里学到的知识和读写能力的变种。[②]那些反对为读写能力设立一个共同标准的言论所留给我们的最重要的遗产之一，就是它们对于多种不同形式的读写能力的区分。假如有人认定了读写能力不应受到共同规则的制约并且不能按照一个公认的标准来评价，那么他便会认为，事实上存在着多种形式的读写能力。

一场阅读危机？

同前文所说的那种对阅读的祛魅并存的，是一种宣称阅读正面临着危机的危耸言论。值得注意的是，在这两种截然不同的言论之间几乎没有什么关联。关于社会正面临着一场阅读危机的感受根源于人们对西方文化和书籍的权威性以及教育制度的有效性的担忧。读写能力的水平、读写能力的培养、西方文明的相关著作——所谓

---

① 维果斯基的话引自 Brockmeier and Olson (2002), p.5。

② 参见 Erickson (1988), p. 205。

的西方正典（western canon）——的权威性等因素结合在一起，导致
了一种普遍的阅读危机感。

关于阅读危机的首次公开报道出现在 20 世纪 50 年代的美国，
也就是鲁道夫·福莱希的《为何强尼不会阅读》一书在美国出版的那
段时间前后。然而在 1957 年 10 月，苏联人造地球卫星的发射又导
致了一场波及面更大的对于教育状况的现实危机感。西方各国的政
策制定者们和评论家们宣称，他们所在国家的国民受教育程度水平
已经落后于苏联。《生活》（Life）杂志于 1958 年 3 月 14 日在其封面
上印出了"教育危机"（CRISIS IN EDUCATION）几个大字，并以
此作为其发表的一组关于五大"紧迫问题"的系列论文中首篇的标
题。这篇论文指出："学校里的糟糕状况是一个长期被忽视的全国性
问题，而苏联的人造地球卫星让人们意识到了这一问题。"①

自从 19 世纪晚期以来，社会所面临的问题就常常被人们归咎于
失败的教育制度所导致的结果。在产生这种危机感的同时，人们还
常常对读写能力状况以及社会向年轻一代传承其文化遗产的能力加
以深度的反思。《星期六评论》（Saturday Review）上发表的一篇社论
特别提到了这一点，并且指出阅读的减少是社会在文化遗产的传承
上面临的主要困难。②

美国历史学会的主席卡尔·布里登博（Carl Bridenbaugh）于
1963 年在向该学会发表的一篇会议致辞中，公开地将自己对阅读的
减少的担心同自己对保存历史记忆的困难的忧虑联系了起来。他针
对令人担忧的"人类生存状态中的物质性和精神性转变"提出了警

---

① 参见 http://www.pbs.org/wnet/need-to-know/the-daily-need/our-sputnik-moment-then-
and-now/ 7286。

② 该社论引自 De Boer and Dallmann (1960), p. vi。

告，并且声称人类正面临着"记忆的丢失，而这种记忆就是历史"。在布里登博看来，这种令人不安的发展趋势的表现形式之一就是"阅读的减少"。他对与会者指出："在教育和文化方面，能够用来标志这个时代的事件可能莫过于阅读的减少，尤其是精神愉悦型阅读的减少，而且随着阅读的减少，那种通过阅读而激发出来的想象力也在减弱。"[①]

一年之后，马歇尔·麦克卢汉在其发表的一篇论文中，又回应了人们对于电子媒介之影响的担忧，即担忧电子媒介可能导致过去那种以印刷媒介为基础的道德秩序的瓦解。他似乎有点幸灾乐祸地提到"关注书面文字的文明人的一种现实焦虑"，并认为这种焦虑对于"某些西方人"来说是"一个非常敏感的话题"，因为这种"建立在拼音字母基础之上的古老的读写技能"似乎受到了电子媒介的威胁。[②]

伴随着新媒介的发展，人们往往会产生价值观上的争论。麦克卢汉指出："我们所拥有的那些建立在书面文字基础之上的西方价值观已经受到了电话、广播和电视等电子媒介的重大影响。或许正因如此，当今时代的很多高级知识分子才发现，他们自己在探讨这一问题的时候，难免不会陷入一种道德恐慌。"[③]

麦克卢汉将文化精英们对阅读前景的担忧描述为一种文化焦虑，而这种描述之所以非常重要，是由于两方面的原因。首先，今天的人们所广泛使用的"道德恐慌"一词曾经被媒介理论家用来描述某种焦虑感的突然爆发。[④]其次，麦克卢汉已经成功地将文化精英们对

---

① Bridenbaugh (1963), p. 318.

② McLuhan (1994), p. 82.

③ McLuhan (1994), p. 82.

④ 自 20 世纪 60 年代晚期以来，"道德恐慌"的概念在社会科学中广为流行，最后还在日常生活中得到了更广泛的使用。

于电子媒介之影响的担忧同一种更为普遍的维护书面文字之地位的态度联系起来了。

埃文·布赖尔（Evan Brier）对战后美国图书市场的研究表明，人们对阅读的感受严重违背了阅读的真实情况。他评论说："在 20 世纪 50 年代的时候，人们对于一般读物的命运乃至高级文学作品的命运的担忧似乎达到了顶点。"在 1956 年，当《星期六评论》提出"谁应该为当代的阅读困境承担罪责"时，几乎没有公众注意到，当时的图书销量其实还在快速增长，而且尽管已经有了电视，阅读仍然是一种流行的消遣方式。在 1959 年，《出版人周刊》更是兴奋地报道说，图书出版即将"达到十亿美元销售额的级别"[①]。

"阅读困境"的说法同图书销量的增长之间发生了矛盾，从而表明这种说法不过是在以一种描述危机的方式来表达一种针对道德秩序的更普遍的忧虑。有些评论家将 20 世纪五六十年代出现的那些关于阅读量下降的危言耸听的报告归咎于冷战时代的一种反共产主义妄想症，认为这种反共产主义妄想症为此类言论的出现提供了一个可能的解释。[②]其他的评论家则提出，这种反应表现了人们对于日益发展的电子媒介的担心，尤其是对于电视的担心。然而，对于阅读危机的描述似乎同任何特定的事件或历史背景无关。更有说服力的解释是，麦克卢汉所描述的"道德恐慌"是文化权威同道德秩序之间的紧张关系的一种表现。

自从写作诞生之后，阅读便成为道德知识的首要来源。正因如此，在整个历史上，阅读始终是人们争论的焦点。在 20 世纪五六十年代，新媒介的优势地位导致了阅读的作用及其文化地位的复杂化。

---

① Brier (2010), pp.7–8.

② 参见 Brier (2010), pp.8–9。

那些声称阅读水平正在下降的言论表明，过去的那种对于大众阅读的担忧和焦虑即将消逝，取而代之的是人们对新媒介所带来的问题的担忧。从此以后，人们对于媒介影响的担心将主要是针对电子或数字媒体而言的。

（美国）国家艺术基金会（National Endowment for the Arts，简称 NEA）在最近几十年来发表的一系列报告中指出，美国民众的图书阅读量出现了下降，而且年轻一代美国人的图书阅读量下降得更快。① 关于"图书的终结"（End of the Book）的可怕预言把国家艺术基金会所描述的这种情况归咎于电子媒介的增长，认为是后者"夺走了美国人对阅读的兴趣"。但是根据某些调查，许多经常使用新媒介 —— 尤其是互联网 —— 的人士的阅读量超过了普通人的平均阅读量。在那些想当然地宣布阅读量出现了下降的报告中，充斥着一种不安和忧郁的感觉，而这种感觉或许产生于一种更为普遍的对于文化权威之脆弱性的担心。我们难免得出这样的结论：人们之所以会以一种防御性的心态来讨论阅读的水平和地位，是因为他们担心，对读写能力的权威性的祛魅将进一步影响到这个世界的文化生活。

什么危机？自以为是的言论

有人试图维护传统文化的权威，也有人试图挑战传统文化的权威，而关于阅读量是否正在下降的问题则成为双方争论的一个焦点。那些从事新读写能力研究的人士往往拒绝承认阅读或阅读教育正面临着一场危机。在他们看来，读写能力在任何情况下都会因为推崇

---

① 参见 http://arts.gov/publication/reading-risk-survey-literary-reading-america-0，访问时间为 2014 年 5 月 3 日。

它的意识形态而受到人们的过高估计，而某些人之所以会哀叹读写能力出现了下降，只是为了把水搅浑。哈维·格拉夫在 1981 年撰写的一篇论文中提出："我们对这种危机的认识并不比我们对读写能力本身的历史意义的认识更为可靠。"① 其他学者则提出，这种对阅读危机的认识同那些"对教育成果的负面看法"一样，都根源于人们定义读写能力的方式。② 按照这种观点，问题本来是起因于有人要求广大学生达到只有少数精英人士才能达到的读写水平，可是现在这些问题却被错误地归因于读写水平的下降。

关于阅读水平是否正在下降的争论是同人们对阅读教育质量的担心密切相关的。在 20 世纪 70 年代，某些认为学校未能向孩子们提供有效的阅读教育的人士同那些认为并不存在这种令人担忧的危机的人士之间的争论日趋激烈，并导致了难以调和的意识形态对立。在 1975 年 10 月的《泰晤士报教育副刊》上发表的一篇社论指出："看来这些优秀的先生们和女士们似乎已经不可能再通过友好的方式来进行争论"，而且这场关于阅读技能的争论已经转化为左翼阵线同右翼阵线之间的两极对立。③《剑桥教育杂志》（*Cambridge Journal of Education*）于 1993 年推出了一期以"阅读政治"（the politics of reading）为主题的特刊，该特刊上的社论对那些试图渲染阅读教育危机的人士进行了嘲讽。

在美国，反传统的教育工作者和学者们常常否认读写能力正面临着一场危机，因为在他们看来，那种要求利用语音教学法来提高读写教育标准的呼吁只不过是右翼势力的一项阴谋。他们拒绝承认

---

① Graff (1987), p.16.

② Cook-Gumperz (2006a), p.22–23.

③ 参见 'Broomsticks and bedknobs and witch hunts galore', *TES* (31 October 1975)。

美国的学校里存在着一场读写能力上的危机，并且认为这场所谓的危机是某些试图扰乱公共教育的人士故意制造出来的。[①] 为了反驳那些声称课堂上的阅读教育存在缺陷的言论，有两位批评家指责说，是宗教上的原教旨主义者人为地制造了这种危机气氛："原教旨主义者之所以呼吁人们维持读写能力方面的高标准，只是出于他们对于那个作为绝对至高者的上帝的绝对信仰。"[②] 如此一来，这两位批评家便可以将所有那些试图提高读写能力标准的人指责为企图破坏整体语言教学法之良好效果的危险阴谋家。这些拒绝承认读写能力正面临着危机的批评家们还常常声称，散布这种危机谣言的右翼分子从幕后策划了那场旨在提高英国在校生阅读质量的运动。[③]

双重困惑

无论是那些关于读写能力之前景的争论，还是那些关于学校读写教育的争论，都无助于揭示读者的真实行为以及阅读对于读者的意义。到 20 世纪末，关于文盲在美国成年人口中所占比例的各种"权威性"估计之间出现了巨大差异："有的说少于 1%，有的则说多达 50%。"[④] 与此同时，在那场关于学校阅读教育的争论中，激烈对峙的争论双方也得出了截然不同的结论：一方信誓旦旦地宣称课堂上的阅读教育情况一切皆好，另一方则宣布糟糕的阅读教育正在导致文盲的常态化。

《皮博迪教育杂志》（*Peabody Journal of Education*）推出了一

---

① 参见 Poynor and Wolfe (2010)。
② Brinkley and Weaver (2010), p.95.
③ Stannard and Huxford (2007).
④ Best (2011), p.23.

个以 21 世纪的读写能力为主题的专辑。这个专辑的作者们评论道："长期以来，关于读写能力的教育问题和师资培养问题的讨论总是充斥着各种形式的极端观点。"他们还指出：读写教育"同它所处身的并且可能是由它创造出来的那种社会政治背景有着千丝万缕的联系"。[①]约翰·米勒（John Miller）在谈到"这场激烈争论"时评价说："这场几乎没有休止的关于如何开展最好的读写教育的争论非但完全无助于这一教育领域的改进，反而导致了一种在某一特定观点的支持者内部进行的、可以让参与者感到自鸣得意的'封闭式'讨论。"[②]

在关于读写能力问题的争论中，总是充斥着各种过激的和武断的言辞，可是大多数人在评论这些言辞的时候，都往往没有指出它们的成因。不过有时候，一些敏锐的评论者也会意识到，在围绕阅读教育问题而爆发的这种令人困惑的和非常激烈的思想冲突的背后，必定还存在着某种超出技术层面的重要因素。汉娜·阿伦特（Hannah Arendt）在谈到鲁道夫·福莱希的畅销书《为何强尼不会阅读》所引发的争论和公共舆论时，曾经敏锐地指出："除了为何强尼不会阅读这一令人困惑的问题，它们肯定还涉及其他的问题。"[③]阿伦特在 1958 年发表的一篇论文《教育的危机》（The Crisis in Education）中，把"为何强尼不会阅读"这一问题同另一个更加深刻的问题联系了起来，那就是：人们并不确定社会究竟希望强尼阅读什么。

---

① Miller (1998), pp. 1–2.

② Miller (1998), p. 7.

③ Arendt (2006), p. 171.

在阿伦特看来，关于读写能力问题的争论未能触及另一个更为根本性的问题，即教育的内容和目的究竟是什么。教育哲学家理查德·斯坦利·彼得斯（Richard Stanley Peters）也曾强调过这一观点。彼得斯声称，阅读和写作方面的教育仅仅是一种为了实现教育之根本目的而使用的手段或者说工具：

> 如果说某种教育是纯粹工具性的，那么关于阅读和写作的基本技能的教育便是如此。它们可以带来参与性并且使参与性成为可能；但是它们并没有属于自身的内容。它们的一切都取决于阅读的内容是什么或写作的内容是什么。①

换句话说，阅读的重要性在于它向读者传递的内容，以及它向更广大的年轻学子们传递的内容。内容的重要性也得到了赫希（E. D. Hirsch）的确认，他认为，读写能力"并不是独立的和空洞的技巧，而是依赖于读写文化"，即对于某种共享的知识和文化价值观的传播。②

然而，共享的价值观和知识是以能够得到文化权威的认同作为先决条件的。内容的问题直接地关系到社会所认可的那些具有权威性和重要性的知识及观点。这恰恰是读写能力之争的主要参与者们常常回避的问题。

无论是困扰着文化精英们的迷失感，还是令印刷文化的批评者们感到鼓舞的祛魅感，都起因于社会在共同价值观方面缺乏共识。正因如此，文化上的分裂和隔阂很容易同读写能力及读写教育上的

---

① Peters (1996), p. 53.

② Hirsch (1988), p. xvii.

分歧融合在一起。如此一来，人们对于阅读的意义便产生了更强烈的困惑。那些同阅读有关的问题达到了前所未有的严重程度，以至于读者常常被视为某种濒危物种。

结语：脱离内容

在写作已经出现了几千年之后，阅读依旧是人们关注的对象和争论的主题。人们对阅读的叙述是相互矛盾的，自从 20 世纪 60 年代以来，这些叙述体现为人们对于读写能力的祛魅或者对于其未来的担忧，而今，如果有什么区别的话，则进一步发展为更加严重的两极对立。

如今，对于启蒙运动时代的读写能力概念的祛魅常常是通过一种对于数字技术的不加批判的赞美而表达出来的。后麦克卢汉时代的技术主义者对互联网大加赞美，认为它可以颠覆书本所曾经享有的那种令人不快的权威性。一位名叫克雷·舍基（Clay Shirky）的数字媒体专家宣称，人们没有必要为了深度阅读（deep reading）的消亡感到哀伤，因为它原本就是一个骗局。在谈到列夫·托尔斯泰（Leo Tolstoy）的名著《战争与和平》（*War and Peace*）时，他似乎因为"没有一个人"再会阅读这部小说而感到非常高兴：它"过于冗长并且如此乏味"，而人们"越来越认识到，托尔斯泰的经典著作实际上根本不值得他们花费时间去阅读"。[①] 舍基所表达的这种民粹主义情绪迎合了当今的时代精神，以至于《外交政策》(*Foreign Policy*) 杂志在 2010 年将他提名为"最顶尖的一百位全球思想家"之一。

当某些人为所谓的古滕堡式印刷文化之死而进行欢呼的时候，那些因为社会正面临读写能力的危机和文学经典的必然衰落而忧心的批评家们则发出了悲叹。有人声称学校没有办法让相当一部分学生学会如何阅读，而这一传言常常会引起人们围绕着谁应为此负责的问题而展开愤怒的相互指责。患有技术恐惧症的人士指责说，互联网的干扰使得人们无法再进行严肃的阅读，而受其影响，关于读写能力正在下降的警告也发展为一种声称严肃阅读正面临空前困难的观点。[②] 昔日那些忏悔文学作品的作者们曾经声称自己难以抑制阅读的激情，可是在今天这个容易分心的时代，评论家们常常以自己的亲身经历来表明，人们在试图阅读严肃的文学作品时将面临非同寻常的困难。[③]

争论的一方把技术看得如同救世主一般，而争论的另一方则把技术看成罪魁祸首。虽然争论双方有着不同的侧重点，但是他们都把阅读意义和阅读地位的变迁归因于数字媒介的出现。然而历史表明，大多数被他们归因于互联网和数字技术之影响的事物都曾经是过去几个世纪以来的人们关注过的主题。关于信息过量、媒介干扰和注意力缺乏等方面的传闻绝不是什么新生事物。那些讨论读者所

---

① 舍基的话引自 Carr (2010), p. 111。

② Ulin (2010), p. 34.

③ Tim Parks, 'Reading the struggle', *The New Review of Books* (10 June 2014), http://www.nybooks.com/blogs/nyrblog/2014/jun/10/ reading-struggle，访问时间为 2014 年 10 月 24 日。

面临的当代挑战的文章不过是某些流传已久的关于选择过多、信息过量和变化过大的老论调的翻版。一位当代批评家在谈到那种以数字形态进行的泛读时指出："可供浏览的文本太多了，以至读者们心生敬畏和恐惧，且无力对它们加以辨别，所以读者们往往只是浮光掠影，匆忙地从一个网站跳到下一个网站，而无法让文字引起他们内心的共鸣。"[①]

我们由此得出结论：我们所面临的当代困境并非起因于那些强大的和令人兴奋的新式交流技术，而是由于我们难以决定应该交流什么内容。在这样的背景之下，阅读不可避免地获得了一种新的意义。

脱离内容

当人们的阅读内容对他们来说变得真正重要的时候，读写能力才能体现出其自身的价值。写作和阅读并不仅仅是交流的技术，而且阅读也不纯粹是一项可以被个人用来解读文本的技巧。读者可以从他们对阅读内容的沉浸式体验中汲取意义，而他们的阅读方式又会受到所处身时代中更为广泛的文化态度的影响——要知道，每个时代流行的学术氛围，以及思想和文本所拥有的对于共同体的意义，都会塑造出某种看待读写能力的文化态度。由于犹太教和基督教等宗教对文本阅读加以神圣化，所以曾有很多人相信，阅读可以让他们接近真理并更好地理解上帝赐予人类的旨意。宗教改革促成了一场名副其实的扫盲运动，因为在当时有成千上万的文盲信徒试图阅读那些已经被翻译成母语的《圣经》。识字率的上升同宗教改革的发

---

① Brikerts (1994), p. 73.

展之间有着密切的关联。

18 世纪的启蒙运动十分重视思想和教育，从而有助于创造一种高度重视阅读的环境。在 18 世纪的时候，"阅读兴趣"成为一句习语并产生了巨大影响。虽然并不是每一个学习如何阅读的人都会对精致的哲学观点感兴趣，但是在阅读被人们当作一项重大的文化成就而加以赞美的环境下，它成了一种用于增长知识、促进理性和提升审美趣味以及实现自我完善的媒介。学会如何阅读并不是一件非常困难的事情。正如乔纳森·罗斯（Jonathan Rose）在《英国工人阶级的知性生活》（*The Intellectual Life of the British Working Class*）一书中指出的那样，在 19 世纪的工人阶级当中，有很多人都学会了如何依靠自身的力量来进行阅读，因为他们相信自我教育的重要性。这些自学成才者为了学习阅读而投入的精力和热情表明，当阅读显得很重要时，人们很容易以读书为乐事。

正如我曾在一项关于知性生活的研究中指出的那样，现时代的人们发现自己很难认真地看待思想以及知识的权威性。[①] 我们所在的时代是一个信息时代，而不是一个思想的时代。在思想的地位和知识性论断的客观意义得不到重视的背景下，读写能力本身也会被看得无足轻重。我们在前面的章节中探讨过的那种对于读写能力的祛魅正是这种文化困境的表现之一。它的另一个甚至更令人不安的表现是，人们显然找不到一种适当的语言来表达阅读的价值。读写能力的倡导者常常采用公共卫生运动的倡导者所采用的那种方式来吸引潜在读者的注意力，例如他们常常宣称：阅读可以充当一种有效

---

① 参见 Furedi (2006)。

的压力缓解疗法。[①]

英国教育部于 2012 年发布了一份用心良苦的报告《关于快乐阅读的研究证据》(*Research Evidence on Reading for Pleasure*)。这份关于"快乐阅读"的研究报告实际上并未能把阅读的快乐说成是一件具有内在价值的好事。相反，它得出了这样一个不痛不痒的结论："证据表明，快乐阅读是一种能影响情感和社会的活动"，而且这种活动还意味着"可以为读者赢得更高的评价"。[②] 它在陈述快乐阅读的情形时所采用的这种扭扭捏捏的表达方式本身便意味着，在读写教育上出现了某些严重失误。这份报告的作者找不到一套规范性的语言来阐释快乐阅读的意义，可以说，他很难胜任赋予读写能力以意义的艰难使命。

这些倡导阅读的善意人士发现，他们很难找到一种合适的语言来论证自己的理由并让人们注意到阅读对阅读者的变革性影响。他们撰写的倡导阅读的宣传材料中，很少像人文主义者那样强调阅读具有内在的价值；相反，他们把读写能力当作一种可以为读者带来重大社会利益和经济利益的有用技能。他们中的一部分人声称：英国的失业问题同读写能力的低下有关，而且"只要这个国家能采取行动来确保每个孩子都在 11 岁之前掌握良好的阅读技能"，那么它的国内生产总值"将达到 320 亿英镑以上"。[③]

---

① Jeanne Whalen, 'Read slowly to benefit your brain and cut stress', *The Wall Street Journal* (16 September 2014).

② Department of Education (2012), *Research Evidence on Reading for Pleasure*, at https://www. gov.uk/government/uploads/system/uploads/attachment_data/file/284286/reading_for_pleasure.pdf, accessed 12 February 2015

③ Patrick Wintour, 'Poor reading "could cost UK £32bn in growth by 2025"', *The Guardian* (8 September 2014).

阅读的意义是在阅读主体同文本内容的互动中产生的，这种互动有助于启发读者的灵感或激发读者的情感。在整个历史上，读者的所有感受都直接或间接地产生于他们同阅读内容之间的互动。然而，当社会发现赋予内容以意义很困难的时候，又会发生什么呢？

斯文·伯克茨（Sven Birkerts）的《古滕堡哀歌》（*The Gutenberg Elegies*）一书生动地阐释了阅读这种活动的意义：由于阅读具有形而上的性质，例如它能塑造自我，所以需要按照阅读自身的价值来评价它。他还描写了"印刷文本的稳固地位"如何"被新发明的电路中脉冲的急流取代了"。[1] 伯克茨担心，书本丧失权威性将会对"由信仰、价值观和文化愿景所构成的完整体系"造成严重影响，因为"我们整个人类的历史 —— 我们社会的灵魂 —— 都记录在印刷文本之中"。[2]

伯克茨指责电子媒介的兴起及其带来的变革让社会变成了"一个未知的领域"[3]，并且指责数字技术及数字媒介的兴起让"我们的大部分遗产都变成了对我们完全陌生的东西"[4]。绝非只有他一个人认为，社会对于印刷文化的疏离起因于数字技术所带来的革命性影响；在他之外，还有众多的文化评论家和媒体评论家也先入为主地相信，互联网导致了古滕堡时代具有线性思维方式的读者的消亡。他们还声称，那种同启蒙时代的思想有关的理性认知形式已经让位于一种全新的认知形式。[5] 那些对后古滕堡时代的到来表示欢迎的人们实际上正在为这种与印刷文化有关的理性形式和知识形式的衰亡而喝彩。

---

① Brikerts (1994), p. 3.
② Brikerts (1994), pp. 19 and 20.
③ Brikerts (1994), p. 21.
④ Brikerts (1994), p. 19.
⑤ 例如，参见 Carr (2010)。

　　无论互联网导致了何种长期的变革，它都没有直接导致社会对于自身文化遗产的疏离，也没有直接导致那些同读写能力危机有关的问题。正如我们曾经指出的那样，关于阅读危机的讨论早在互联网出现之前就已存在，而关于社会同其文化遗产之间的紧张关系的思考自现代以来便是导致人们陷入长期争论的根源。各种形式的权威都在遭到挑战，以至到了 20 世纪下半叶的时候，权威一词越来越多地被打上了负面含义的烙印。①

　　在关于 21 世纪社会发展道路的争论中，这种把文化权威的衰落同新媒体的兴起和影响混为一谈的观点变成了一种流行思潮。一种执着于新技术和新媒体之影响的思想倾向在文化景观中产生了重大影响。麦克卢汉最为系统地阐释了这种技术决定论的观点，他认为真正重要的东西是媒介而不是内容，并且把内容描述为"窃贼手中的一块美味多汁的肉，其用途是干扰和分散'心灵的看门狗'的注意力"②。

　　然而，假如内容果真只是一种干扰，而媒介才是"信息"，那么阅读内容的相对重要性便成了主观的东西。按照这种观点，在印刷文化中形成并体现出来的内容 —— 知识、智慧和文化遗产 —— 将失去其对于新媒体的权威性。这种观点得到了后古腾堡时代生活方式的支持者们的公开赞同。《卫报》（*The Guardian*）的主编凯瑟琳·维纳（Katherine Viner）以乐观主义的语气谈到了"长达五百年的由印刷主导信息的时代"的终结：

　　　实际上，数字技术是一次巨大的观念转变、一场社会变革和一

---

① 参见 Furedi (2014)。

② McLuhan (2003), p.31.

颗集束炸弹，它彻底改变了我们的身份、我们的社会秩序、我们的
自我认识方式和生活方式。我们正置身于这一变革之中，所以有时
候我们会因为离它太近而难以察觉到它。然而，这一影响深远的变
革正以几乎令人难以置信的速度发生在我们的身边。[①]

对于技术变革的过分强调不仅会导致对于内容的文化意义的低
估，它还表现了一种对于内容的脱离。因此，尽管伯克茨等人对于
隐含在内容的主导性地位之中的文化连续性的丧失表示哀叹，但是
维纳却兴高采烈。

按照维纳的观点，印刷文本中总是存在某种固定的格式。在古
代的苏格拉底看来，阅读文化是不自然的，因此还缺少此前的口传
文化所具有的那种纯粹性，而继承了这一偏见的当代批评家们不仅
厌恶文本的固定性，而且兴奋地认为，数字技术有可能帮助人们打
破固定的文本对于读者的僵化限制。似乎如此一来，印刷文本的人
为性特征便可能被一种更具自然性和自发性的阅读态度所超越。

如同其他那些赞同"古腾堡间歇期"（Gutenberg Parenthesis）[②]的
人士一样，维纳也预测人类将会回归到印刷技术出现之前的那个更
加自然和更具参与性的口传时代。她宣称："在长达五百年的时间里，

---

① 参见 https://www.theguardian.com/commentisfree/2013/oct/09/the-rise-of-the-reader-
katharine- viner-an-smith-lecture，访问时间为 2014 年 11 月 15 日。

② "古腾堡间歇期"（Gutenberg Parenthesis）是由南丹麦大学的拉尔斯·奥利·索尔伯
格（Lars Ole Sauerberg）和托马斯·佩提特（Thomas Pettitt）等人率先提出的一个
概念，指在 16 世纪之前，知识主要是通过口头的形式来形成和传播的，但是随着
约翰内斯·古腾堡发明的西方活字印刷术，这种知识的形成和传播方式进入了长达
五百年之久的"间歇期"或"中断期"（在此期间，知识主要以印刷的形式来形成
和传播）；直到 21 世纪，随着知识越来越多地开始通过数码技术和互联网的形式
来形成和传播，人类才得以进入了"第二种口传性"的时代。——译者注

知识以固定的形式被保存在印刷文本之中，而且这种形式的知识被人们视为可靠的真理；如今，在迈向后印刷时代的过程中，我们将重新回到此前的时代，即从我们遇到的人们那里听取正确或错误信息的时代。"①

假如我们真的像维纳所说的这样，不可能再通过对印刷文本的阅读来接近"可靠的真理"，那么社会所面对的问题将比一场单纯的"读写能力危机"更加严重。阅读的历史总是同寻求意义的活动相关联。而且意义——无论是宗教意义、哲学意义还是科学意义——总是通过提供对真理的洞见来获得自我实现的。阅读一旦丧失了其寻求真理的潜能，便会沦为一种平庸的活动。阅读一旦沦为了工具性的技能，它的作用便会局限于对文本的解读和对信息的获取。在"二战"之后的时代，由技术专家们主导的培养功能性读写能力的学校正是以此种方式来理解阅读的目的，而麦克卢汉所鼓吹的那种脱离内容的阅读观也以一种迂回的方式得出了类似的结论。

由技术专家们主导的培养读写技能的学校同那些反对人文主义阅读观的复古思想结合在一起，再次出现在今天的教育领域中。在学校里，阅读之战的争论双方都未能认真地看待阅读的内容及其文化意义。争论的一方所关心的是如何保证学习的自然性及其同儿童习性之间的关联，而另一方的目的则是指导学生掌握读写的技巧。一旦剥夺了阅读所具有的审美的和知性的内容，阅读教育便可能沦为一种技能培训活动。

---

① 参见 https://www.theguardian.com/commentisfree/2013/oct/09/the-rise-of-the-reader-katharine-viner-an-smith-lecture，访问时间为 2014 年 11 月 15 日。

回到前古腾堡时代的幻想

那些对印刷文化感到失望的人们相信，数字媒介交流将有助于把读者从静止不变的印刷文本的不自然限制之下解放出来，而且他们把数字技术的发展视为一种同写作的发明一样意义深远的变革。一些评论家对于这一信念做出了最为系统化的表达，他们宣称，古腾堡在1500年左右取得的这项发明开创了一个长达五百年之久的印刷文化时代，而这个时代现在已让位于另一个采用更为自然的交流形式的新时代。

拉尔斯·奥利·索尔伯格（Lars Ole Sauerberg）发明了"古腾堡间歇期"这个术语，来表示一个从文艺复兴晚期直到21世纪初期的历史时期。在这个间歇期——从1500年直到2000年——书籍的印刷出版和批量生产成为西方文化的同义词。索尔伯格认为，随着印刷书籍被一个属于数字媒介的时代吞没，借助文本形式进行传播的知识也发生了改变，进而为那些更能同前现代的口传文化的价值观相协调的交流形式的出现提供了可能性。瓦尔特·翁把这一转变称为第二种口传性，意思是书本时代是一个介于此前的口传传统和今天出现的第二种口传形式之间的过渡阶段。[①]

这种观点将麦克卢汉对新技术力量的崇拜同某些人对中世纪传统的尊崇结合了起来，并由此把古腾堡时代及其代表的现代主义知识传统视为一个已被超越的阶段。"古滕堡间歇期"的主要提出者之一、丹麦媒体理论家托马斯·佩提特（Thomas Pettitt）不仅认为"我们不是在迈向更高级的未来，而是在迈向更高级的过去"，而且还进一步指出：尽管社会拥有了更为先进的技术，但是"我们正在回

---

① 引自 Sauerberg (2009)。

归很久之前的状况"。① 按照他的说法，运用新技术的媒体网络使我们有可能复兴一个具有更多的关联性、群体性和参与性，并具有更少的个人主义的社会。这套理论非常符合 19 世纪的保守主义者埃德蒙·伯克和费迪南·滕尼斯（Ferdinand Tönnies）等人的社会理论。然而，不同于古腾堡间歇期的倡导者，这些 19 世纪的社会理论家们对于恢复此种社会的可能性持有悲观主义的态度。

佩提特以一种非常愉快而又神秘的语气评论道：

> 按照正确的拼写方法，"媒介研究"（media studies）一词包含在"中世纪研究"（mediaeval studies）一词之中。对于那些正统的神秘主义者来说，一件事情的意义并不在于其自身，而在于它可以激发你的思考：一个中世纪研究者可以成为一名未来主义者，因为古腾堡间歇期的理论告诉我们，未来是属于中世纪的。②

佩提特使用了"恢复"（restoration）一词来表示这种试图回归一个具有更少的理性和更多的自然性的交流形式的主张。另一位热衷数字媒介的人士特伦特·巴特森（Trent Batson）则提出，古腾堡间歇期已经走向了终结，"人类正开始通过互联网而再次认识到知识具有共有（communal）的属性"。在巴特森看来，古腾堡时代是一个畸形的时代——它偏离了此前的那个更为自然的和注重口头参与性的文化——而我们现在已经进入一个属于第二种口传性的时代，该

---

① 参见 Dean Starkman, 'The future is medieval', *Columbia Journalism Review*, 7June 2013, http://www.cjr.org/the_audit/the_future_is_medieval.php? page=all, 访问时间为 2015 年 4 月 2 日。

② 参见 Dean Starkman, 'The future is medieval', *Columbia Journalism Review*, 7June 2013, http://www.cjr.org/ the_audit/ the_future_is_medieval.php?page=all, 访问时间为 2015 年 4 月 2 日。

时代将"使我们回归到人类始终保持的交流规范和交流过程"①。

这种企图回归中世纪传统的幻想导致了对读写能力及书本的文化权威的贬低，因为它认为，在中世纪的时候，知识的形成和传播是更有参与性和交流性的，而在属于古腾堡间歇期的岁月里，知识的形成和传播则是非自然的。汇集在书本中的客观知识的权威性——实际上也包括一切形式的知识和文化的权威性——都被斥为某种试图建立僵化的和非参与性的等级制的企图，而对于书本的权威性的否定则被说成是一种以解放读者为目标的反等级制的民主化进程的动力。这种对于书本的内容及其权威性的贬低是通过一种为读者争取其应有权力的民粹主义语言表达出来的。

为了避免让人感到自己拥有任何形式上的文化权威，维纳以一种谦虚的口气指出，"我们再也不能像洞察一切和知道一切的记者那样，居高临下地对被动的读者发话"，相反：

> 数字技术几乎在一夜之间便摧毁了等级制，并创造出一个更加平等的世界；在这个更加平等的世界上，读者可以做出即时的回应，而且几乎可以肯定地说，某些读者对于某个特定主题的了解要胜过新闻记者，并且也更有能力去揭穿谎言。②

然而，维纳对读者的奉承并不意味着读者受到了真正的重视。她之所以花言巧语地抹杀读者同作者、记者之间的区别，只不过是

---

① Trent Batson, 'Web 2.0, secondary orality and the Gutenberg Parenthesis', 3 May 2008, http://campustechnology.com/Articles/2008/03/Web-20-Secondary-Orality-and-the-Gutenberg-Parenthesis.aspx?p=1，访问时间为 2014 年 11 月 3 日。

② 参见 https://www.theguardian.com/commentisfree/2013/oct/09/the-rise-of-the-reader-katharine-viner-an-smith-lecture，访问时间为 2014 年 11 月 15 日。

为了制造一种文化平等的幻象。当她说读者不再是"单纯的读者"，而是能够参与到职业记者和作者的工作之中的新闻制造者与合作者时，她只是在以一种不寻常的方式来贬低阅读的文化价值，并重申过去那套"被动的阅读不具有任何内在文化价值"的陈词滥调。仅仅就读者可以同网络记者分享某些奇闻逸事而言，被动的和非参与性的读者才被她转变成了主动的和具有文化参与性的公民作者（citizen author）。

按照维纳的想象，在长达五百年的印刷文化时代，读者是一个由没有思想的个人组成的被动群体，并且只能消极地接受"无所不知的记者"（all-knowing journalists）所提供的权威知识。但这只不过是一种幻想。成千上万的书籍的被焚、国家的新闻审查制度、官僚机构对于阅读可能产生的政治力量和情感加以限制的企图等等，都表明了阅读曾经是并且依然是一种非常重要的活动。当维纳要求读者变成合作者的时候，她未能认识到阅读——尤其是严肃的阅读——本身就是一种具有文化价值的活动。

自罗兰·巴特（Roland Barthes）于1967年宣布"作者之死"以来，所谓的作者之死便开始被用来宣扬读者地位的上升。然而，为何作者之死——无论是存在意义上的死还是数码意义上的死——具有某种积极的或解放的文化属性呢？无论人们如何看待作者的权威，作者都要为自己的作品负责——常见的那些匿名的且不断变换网页内容的作者除外。读者能够对固定在文本中的观点做出回应并展开争论。同作者旺盛的创造意志打交道并不总是那么容易和令人愉快，然而在某种程度上，正是由于这种体验，阅读才具有了引人入胜的魅力。

那些对作者之死感到高兴的人士声称，被解构的文本之中并没有什么不变的意义，因而欢迎各种开放的解释："确定文本中的意义属于读者的责任和特权。"[1] 按照解构主义的观点，"通过处理手头的文本（不仅仅是书本），读者成了意义的权威决定者和真正的作者"[2]。当然在某种意义上，读者总是作者话语的解释者，而且阅读总会涉及对意义的寻求。然而，在阅读一本书的过程中获得的意义并不同于一个具有内在稳定性的文本中的意义。在阅读一本书的过程中，意义是同寻求真理的活动相结合的；在一个具有内在稳定性的文本中，意义则具有片断性和独断性的特征。

试图解构文本并剥夺书本的权威性，导致了对阅读的前提和文化内涵的质疑。正如伯克茨所评论的那样，这种将读者的想象力从"作者施加的全程引导的束缚之下解放出来"的尝试意味着"必然性将被随意性取代"[3]。然而，阅读活动最令人兴奋的和最具转化力的一个方面就是：在读者进行解释并获得意义的过程中，他们可以学会如何进行批判性的思考并最终做出自己的判断。正如诗人弥尔顿曾指出的那样，读者的力量和真正权威都是通过他们自身的判断力而获得的。[4] 意义一旦被当成随意性的东西，便会降低读者通过阅读来发展其判断能力和阐释能力的可能性，从而在事实上剥夺了读者的权力。

老一套，老一套？

回首过去的两个千禧年，似乎每一代人都不得不奋力地防止阅

---

[1] Sharpe and Zwicker (2003a), p.1.

[2] Sharpe and Zwicker (2003a), p.1.

[3] Brikerts (1994), p. 63.

[4] 相关讨论参见 Achinstein (1994), p. 65。

读的正当性遭到某些人的贬低。阅读总会被某些人指责成一种非自然的活动，而读者总是会受到善意的道德劝诫和医学建议。近年来，那些声称阅读是一种非自然的活动因而危及了人类健康的主张开始不可避免地依赖于科学的证明尤其是神经科学的证明。一份关于"阅读脑科学"（science of the reading brain）的研究报告声称"我们从来不是天生就会阅读"，并由此提出了一个根本无法回答的问题：什么才是我们天生就会做的事情。①这份研究报告的作者玛丽安娜·沃尔芙声称："为了掌握这种非自然的过程，儿童需要依靠教育环境来支持大脑阅读所必需的所有线路和部件。"②唯一令人感到奇怪的是，自人类有史以来，千百万的儿童是如何在烛光摇曳的房间里和过度拥挤的教室里学会了如何开展这种极其"不自然的过程"。

神经科学、心理学和一系列其他学科都曾被用于对阅读的医疗化解释，以至于阅读常常被看作是一项非常复杂的和难以掌握的技能。当阅读被理所当然地归结为一件困难的事情之后，这种看法就成了自我实现的预言。当德国医生鲁道夫·柏林（Rudolf Berlin）于1887年使用失读症（dyslexia）一词来描述某些人在解释书面文字方面遇到的困难时，他肯定不会料想到在此后的一个多世纪里，竟然会有数千万儿童被诊断为这种病症的患者。如今，失读症常常被描述为人脑功能中的一种自然的乃至正常的症状。沃尔芙就曾提出："失读症是表明大脑从来就不适合阅读的最佳的和最明显的证据。"③

阅读困难的病因仍然是一个争论的主题。目前我们还远远没有弄清楚，各种社会预期和文化预期之间的相互作用是如何同人们解

① Wolf (2010), p. 3.

② Wolf (2010), p. 19.

③ Wolf (2010), p. 19.

读文本的方式发生关联的。然而，真正的失读症和其他阅读病症的流行似乎涉及教育和文化方面的较低预期、以医疗术语来重新解释学习问题的趋势、医学诊断式的阅读定义的泛滥。杜伦大学的朱利安·艾利奥特（Julian Elliott）教授和耶鲁医学院的艾琳娜·格里戈连科（Elena Grigorenko）博士在他们的最新研究中指出，阅读障碍这个医疗术语远不足以精确地表明人们所面临的不同困难。二人还正确地提出，更值得重视的事情是帮助儿童学会阅读，而不是寻找一个标签来标明他们的困难。[①]

正如当代媒介的运用所引发的大多数担忧一样，阅读障碍（reading disorder）也越来越多地被归咎于互联网的运用。就像我们在前文中指出的那样，技术乌托邦主义者和技术怀疑主义者都以一种绝对主义的态度来看待技术的力量。大部分探讨互联网的媒介效应的论文都习惯于将那些在网络诞生之前就存在的焦虑转移到网络体验之中。诸如《迟钝的一代：数字时代如何毁掉了美国年轻人并危及我们的未来》（*The Dunbest Generation: How the Digital Age Stupefies Young Americans and Jeopardizes Our Future*）之类的书籍将一些原本属于文化层面的基本问题归因于数字技术的运用。[②]互联网——就像以前的电视一样——被认为干扰了人们的阅读并在事实上导致了人们无法进行严肃的研究。许多针对教师和教育工作者的调查似乎证实了这样的偏见："对于数字技术的长期使用会导致学生难以集中注意力。"[③]

---

① 参见 Sarah Knapton, 'Dyslexia may not exist, warn academics', *The Daily Telegraph* (2 February 2014)。
② 参见 Bauerlein (2009)。
③ 参见 Mikics (2013), p.10。

18 世纪时对于阅读瘾的诊断以一种对于"网瘾"的新恐慌的形式复活了。网瘾一词就像从前的阅读瘾一词一样，表现了一种利用医疗术语来重新解释媒介运用的道德模糊性的冲动。然而不同于中世纪和现代早期的是，今天总有人试图将这种诊断建立在科学证据的基础之上，尽管他们从未找到圆满的科学证据。有人曾对有关这一主题的量化研究进行综合分析，并总结道，这些研究使用了"前后不一致的标准来定义网瘾，运用了可能导致严重的抽样偏差的招募调查法，而且它们在评估数据的时候，主要是利用试探性的而非验证性的数据分析法来探讨各种变量之间的相关程度，而非变量之间的因果关系"[①]。

昔日的维特效应又以一种网络阅读障碍的形式再现出来，而且网络自杀常常被描述为一种由阅读数字文本所引发的情感的必然结果。[②] 对于网络的恐慌常常同对于数字媒体阅读的影响的过度担忧并行。有人曾指责数字技术导致了美国人同情心的下降。神经科学家苏珊·格林菲尔德（Susan Greenfield）曾提出警告说，人类的大脑面临着前所未有的威胁，因此还"可能导致宝贵的自我意识遭到削弱乃至完全丧失"[③]。

一方面有人担心数字技术可能导致大脑的重组，另一方面也有人针锋相对地宣称数字技术对大脑产生了有益的影响。但争论双方都未能回答：为何大脑活动的改变会成为一个难题或一种解决难题

---

① Byun, Ruffini, Mills, Douglas, Niang, Stepchenkova, Lee, Loutfi, Atallah and Blanton (2009), p. 203.

② 参见 Ferreday (2010)。

③ http://www.smh.com.au/federal-politics/society-and-culture/how-digital-culture-is-rewiring-our- brains-20120806-23q5p.html#ixzz2uF4tvG3s，访问时间为 2014 年 3 月 3 日。

的方式？正如澳大利亚神经科学家尼尔·利维（Neil Levy）所指出的那样："大脑应该会根据经验发生改变，这表明它们正按照自身的性能进行活动。"[1] 此外，大脑对一个特定文本或一种交流技术将做何反应，还会受到文化影响和社会影响的调节。

值得注意的是，虽然技术恐惧论的支持者担心互联网会削弱人们的自我意识，但是那些幻想回到前古腾堡时代的浪漫主义者则赞美互联网有助于促进一种超越自我的精神。由于两者都把读写能力同它的内容割裂出来，所以他们都得出了技术决定论的结论。

对读者的幼稚化理解

在那些对阅读文化的衰亡感到高兴的人们看来，阅读只是一件无关紧要的事情。这种轻视阅读的态度通过他们对读写能力的相对主义解释而得到了最为系统的表现，即把读写能力同阅读割裂开来，并对读写能力加以新的多样化的解释。"最近十年来，有许多文献都在讨论读写能力的多样化。"[2] 在一个拥有多样化的读写能力 —— 情感的、性的、电脑的、视角的和数字的读写能力 —— 的世界上，阅读将被等同于一种处理信息的技能。

新读写能力理论的支持者们相信，读写能力并不仅仅是阅读和写作的技能[3]，因为数字时代的交流活动具有多元性、动态性和灵活性，从而需要依赖一种更加复杂的认知技能，而不仅仅是传统的阅

---

[1] Neil Levy, 'Your brain on the internet: A response to Susan Greenfield', in the *Conversation* (7 August 2012), http://theconversation.com/ your-brain-on-the-internet-a-response-to-susan-greenfield-8694，访问时间为 2015 年 4 月 24 日。

[2] Cook-Gumperz (2006a), p.2.

[3] 参见 http://www.ncte.org/governance/literacies for an example of how so-called twenty-first-century literacy is presented。

读活动所需要的那种简单的认知技能。然而，在阅读和写作的整个历史上，始终没有形成一种可以为读写能力的众多模仿者充当共同基础的读写能力。新读写能力这个花哨的说法不过是在利用读写能力的权威来谋求其合法性。

读写能力和书籍的权威性的丧失在一定程度上表现了文化权威的不确定性所引起的一种反应。在大多数教育工作者的内心深处，阅读和写作对于社会具有重要的基础性意义。通过把学校变成一种技能培训场所来解决教育问题的做法是无效的，因为社会几乎不可能相信，可以通过技术性的手段来消除人们对文化权威的怀疑。不幸的是，在 21 世纪的处境中，人们已经找不到一种合适的语言来表达那种人文主义的阅读价值观。

当代社会所面临的根本性的阅读问题并不是书籍的日益边缘化和快速消亡。数字媒介也并不代表着一种对阅读的威胁：在那些认真地阅读书籍的人士中，有相当大一部分同时也是互联网的活跃用户。[①] 人们可以通过电子阅读器来进行消遣性的阅读，而且在大学图书馆里普遍使用的电子书也为学生们提供了更多的获取书籍的途径。现代社会所面临的阅读问题的特殊性在于，当前存在着一种常见的对于读者的幼稚化理解。从表面上看，互联网时代似乎在给读者赋权。读者们也可以像作者一样自命不凡，还可以按照自身的喜好自由地回应他们所阅读的内容。然而，同这种对"赋权于读者"的推崇相矛盾的，是一种强调阅读的非自然性以及使读写能力的习得复杂化的论述。

在那些论述"赋权于读者"的华丽辞藻的背后，隐藏着一种认

---

① 参见 Griswold, McDonnell and Wright (2005), pp. 136–137。

为读者离不开专家的指导和帮助的观念。它们往往把人类理解为一种易受伤害的存在者而非一种适应力很强的存在者，而这种观念不仅对于人们看待读者的方式产生了显著的影响，而且还渗透到了人们的儿童阅读教育观念中。儿童常常被描述为一种容易受到危险的教学实践的潜在伤害的读者。在杜伦大学的学者安德鲁·戴维斯（Andrew Davis）看来，强行要求那些在入学前就已具备阅读能力的儿童接受这种人为性的拼读教学"简直就是某种形式的虐待"[1]。

有些教学活动之所以常常被比作某种形式的虐待，是因为有人相信，这些活动可能会导致对年轻人的心理伤害。一位强烈反对这种教学法的作者在一篇题名为"拼读教学法的毒害及其他副作用"的论文中质问道，为什么不向孩子和他们的家长发出一个有关其风险的健康警告，提醒孩子们可能会遭受"情感上的伤害"。[2]进化生物学家理查德·道金斯（Richard Dawkins）甚至还担心，童话故事有可能对年轻人产生所谓的毒害作用。[3]

这种宣称读者容易受到伤害的言论不仅仅是针对儿童读者而言的。在美国的一些大学里，还曾有人呼吁向读者提供常规性的"读前警告"，以防止读者因为他们阅读到的材料而感到不安或遭受潜在的精神创伤。支持这一呼吁的人士相信，需要预防读者接触到那些有可能让他们感到不安的或让他们遭受潜在精神创伤的观点、意见、图像和态度。纽约城市大学的一位学者认为，读前警告是"健全的

---

[1] Helen Ward, 'Imposing synthetic phonics "is almost abuse" says academic', *The Times Educational Supplement*, 28 January 2014.

[2] Strauss (2016), pp.67–68.

[3] Charlotte Eyre, 'Richard Dawkins renews attack on fairy tales', *The Daily Telegraph* (5 June 2014).

教学法"①。

　　阅读确实是一项有风险的活动。然而，正是凭借书本的心理扰动作用及其导致的重大转变，阅读才拥有了权威性和吸引力。读者可以探索世界并同时探索其自身。同那种把读者视为"需要受到预先警告的幼稚儿童"的观点相反，弥尔顿提出了"合格读者"的理想。他相信，读者"拥有一种基本的判断力，因而需要受到重视和尊重"②。这种相信读者有能力面对真实世界的观点已被另一种把读者看成需要受到保护的幼儿的观点所取代，而按照后一种观点，应防止读者去接触那些有可能对他们造成扰动和潜在伤害的文献。通过培育读者的判断力来重新发现阅读的价值是当今时代面临的最重大的文化挑战之一。

---

① Angus Johnson, 'Why I'll add a trigger warning', *Inside Higher Education* (29 May 2014).

② Achinstein (1994), p. 65.

参考文献

Abel, R. (2012), *The Gutenberg Revolution: A History of Print Culture*. New Brunswick, NJ: Transaction Publishers.

Achinstein, S. (1994), *Milton and the Revolutionary Reader*. Princeton: Princeton University Press.

—— (1996), 'Milton's spectre in the Restoration: Marvell, Dryden, and literary enthusiasm', *Huntington Library Quarterly*, vol. 59, no. 1, pp. 1–29.

—— (2001), 'Texts in conflict: The press and the Civil War', in N. H. Keeble (2001) (ed.), *The Cambridge Companion to Writing of the English Revolution*. Cambridge: Cambridge University Press.

Adler, M. J. and Van Doren, C. (1972), *How to Read a Book: A Classic Guide to Intelligent Reading*. New York: Touchstone.

Allen, J. S. (1991), *In the Public Eye: A History of Reading in Modern France, 1800–1940*. Princeton: Princeton University Press.

Allington, R. L. and Woodside-Jiron, H. (1999), 'The politics of literacy teaching: How "research" shaped educational policy', *Educational Researcher*, vol. 28, no. 4.

Altick, R. D. (1957), *The English Common Reader: A Social History of the Mass Reading Public, 1800–1900*. Chicago: The University of Chicago Press.

Altwerger, B. (1998), 'Whole language as decoy: The real agenda behind the attacks', in Goodman (1998).

—— (2010), 'The push of the pendulum', in Poynor and Wolfe (2010) (eds).

Amtower, L. (2000), *Engaging Words: The Culture of Reading in the Later Middle Ages*. New York: Palgrave.

Annual Report of the Regents of the University of the State of New York (1866), vol. 79, p. 133. Albany, NY: G. Wendell Printers.

Anonymous (1802), 'Novel reading, a cause of female depravity', *The New England Quarterly Magazine*, no. 2, p. 173, originally published in the *Monthly Mirror*, November 1797.

Anonymous (1856), Review of *Lessons and Tales: A Reading Book for the Use of Children: Chiefly Intended for the Junior Classes in Elementary Schools*, ed. Rev. Richard Dawes, Dean of Hereford, *The Gentleman's Magazine*, July, pp. 643–653.

Anonymous (1857), *Reading Without Tears, or, A Pleasant Mode of Learning to Read*. London: Hatchard.

Arendt, H. (2006), 'The crisis in education', in H. Arendt (2006a), *Between Past and Future*. New York: Penguin Books.

Austin, A. (1874), 'The vice of reading', in *Temple Bar*, September, no. 42, pp. 251–257.

Baker, K. M. (1975), *Condorcet: From Natural Philosophy to Social Mathematics*. Chicago: University of Chicago Press.

Baker, M. K. (1994), *Inventing the French Revolution*. Cambridge: Cambridge University Press.

Barnard, J. (2002), 'Introduction', in J. Barnard and D. F. McKenzie (2002), *The Cambridge History of the Book in Britain: Volume IV, 1557–1695*. Cambridge: Cambridge University Press.

Batley, E. (1992), 'Werther's final act of alienation: Goethe, Lessing, and Jerusalem on the poetry and the truth of suicide', *Modern Language Review*, vol. 87, no. 4, pp. 868–878.

Bauerlein, M. (2009), *The Dumbest Generation: How the Digital Age Stupefies Young Americans and Jeopardizes Our Future*. London: Penguin.

Beisel, N. (1997), *Imperilled Innocents: Anthony Comstock and Family Reproduction in Victorian America*. Princeton: Princeton University Press.

Bell, D. A. (1999), 'Why books caused a revolution: A reading of Robert Darnton', in Mason (1999).

Bell, R. (2011), 'In Werther's thrall: Suicide and the power of sentimental reading in early national America', *Early American Literature*, vol. 46, no. 1, pp. 93–120.

—— (2012), *We Shall Be No More: Suicide and Self-Government in the Newly United States*. Cambridge, MA: Harvard University Press.

Benedict, B. (1994), *Framing Feeling: Sentiment and Style in English Prose Fiction, 1745–1800*. New York: AMS Press.

—— (2001), 'The eighteenth-century anthology and the construction of the expert reader', *Poetics*, vol. 28, pp. 377–397.

Bernstein, B. (2003), *Class, Codes and Control. Volume 4: The Structure of Pedagogic Discourse*. Abingdon: Routledge.

Best, J. (2011), *The Stupidity Epidemic: Worrying About Students, Schools and America's Future*. New York: Routledge.

Birkerts, S. (1994), *The Gutenberg Elegies: The Fate of Reading in an Electronic Age*. London: Faber and Faber.

Blair, A. M. (2010), *Too Much to Know: Managing Scholarly Information before the Modern Age*. New Haven, CT: Yale University Press.

Bloom, H. (1994), *The Western Canon: The Books and School of the Ages*. New York: Harcourt Brace and Co..

—— (2001), *How to Read and Why*. London: Fourth Estate.

Bonomi, A., Nemeth, J., Attenburger, L., Anderson, M., Snyder, A. and Dotto, I. (2014), 'Fiction or not? *Fifty Shades* is associated with health risks in adolescent and young adult females', *Journal of Women's Health*, vol. 23, no. 9.

Bosmajian, H. (2006), *Burning Books.* Jefferson, NC: McFarland and Co..

Bourdieu, P. (2010), *Distinction: A Social Critique of the Judgment of Taste.* London: Routledge.

Bowman, A. K. and Woolf, G. (1996) (eds), *Literacy and Power in the Ancient World.* Cambridge: Cambridge University Press.

Boyson, R. (1975), *The Crisis In Education.* London: The Woburn Press.

Brandt, D. and Clinton, K. (2002), 'Limits of the local: Expanding perspectives on literacy as a social practice', *Journal of Literacy Research*, vol. 34, pp. 337–356.

Bratlinger, P. (1998), *The Reading Lesson: The Threat of Mass Literacy in Nineteenth-Century Fiction.* Bloomington, IN: Indiana University Press.

Brewer, J. (1997), *The Pleasures of the Imagination: English Culture in the Eighteenth Century.* London: Harper Collins.

Bridenbaugh, C. (1963), 'The great mutation', *The American Historical Association*, vol. 68, no. 2, pp. 315–331.

Brier, E. (2010), *A Novel Marketplace: Mass Culture, the Book Trade, and Postwar American Fiction.* Philadelphia: University of Pennsylvania Press.

Briggs, Asa (1979), *The Age of Improvement, 1783–1867.* London: Longman.

Brinkley, E. and Weaver, C. (2010), 'Phonics, literalism and futuristic fiction: Religious fundamentalism and education policy', in Poynor and Wolfe (2010).

Brockmeier, J. and Olson, D. R. (2002), 'What is a culture of literacy?', in J. Brockmeier, M. Wang and D. R. Olson (eds) (2002), *Literacy, Narrative and Culture.* Richmond, UK: Curzon.

Brown, W. H. (1969), *The Power of Sympathy.* Columbus, Ohio: Ohio State University Press.

Bulwer-Lytton, E. (1870), *England and the English.* Chicago, IL: University of Chicago Press.

Burckhardt, J. (1990), *The Civilization of the Renaissance in Italy.* London: Penguin Books.

Burke, E. (2009), *Reflections on the Revolution in France.* Oxford: Oxford University Press.

Bushnell, R. W. (1996), *The Culture of Teaching: Early Modern Humanism in Theory and Practice.* Ithaca, NY: Cornell University Press.

Byun, S., Ruffini, C., Mills, J. E., Douglas, A. C., Niang, M., Stepchenkova, S. and Blanton, M. (2009). 'Internet addiction: Metasynthesis of 1996–2006 quantitative research', *CyberPsychology & Behavior*, vol. 12, no. 2, pp. 203–207.

Canatella, H. M. (2010), 'Long-distance love: The ideology of male-female spiritual friendship in Goscelin of Saint Bertin's *Liber confortatorius*', *Journal of the History of Sexuality*, vol. 19, no. 1, pp. 35–53.

Capel, A. (Hon.) (1856), *Few Words on Every Man's Right to Possess and Read the Scriptures.* London: William and Frederick G. Cash.

Carcopino, J. (1991), *Daily Life in Ancient Rome: The People and the City at the Height of the Empire.* London: Penguin.

Carey, J. (1992), *The Intellectuals and the Masses? Pride and Prejudice among the Literary Intelligentsia, 1880–1939.* London: Faber and Faber.

Carmichael, L. and Dearborn, W. F. (1948), *Reading and Visual Fatigue*. London: George Harrap.

Carr, N. S. (2010), *The Shallows*. London: Atlantic Books.

Castell, de S. and A. Luke (1988), 'Defining "literacy" in North American schools: Social and historical consequences', in Kintgen, Kroll and Rose (1988).

Cavallo, G. and Chartier, R. (1999), *A History of Reading in the West*. Cambridge: Polity Press.

Chall, J. (1967), *Learning to Read: The Great Debate*. New York: McGraw-Hill.

Chartier, A. M. (2004), 'Teaching reading: A historical approach', in T. Nunes and A. Bryant (2004) (eds), *Handbook of Children's Literacy*. New York: Springer.

Chartier, R. (2002), 'The practical impact of writing', in D. Finkelstein and A. McCleery (2002) (eds), *The Book History Reader*. London: Routledge.

Cieslik, M. and Simpson, D. (2015), 'Basic skills, literacy practices and the "hidden injuries of class"', *Sociological Research Online*, vol. 20, no. 1.

Clanchy, M.T. (1979), *From Memory to Written Record: England 1066–1307*. London: Edward Arnold.

—— (1998), 'Hearing and seeing *and* trusting writing', in Kintgen, Kroll and Rose (1988).

Coleman, L. (2004), *The Copycat Effect: How the Media and Popular Culture Trigger the Mayhem in Tomorrow's Headline*. New York: Paraview Pocket Books.

Collins, A. S. (1926), 'The growth of the reading public during the eighteenth century', *The Review of English Studies*, vol. 2, no. 8, pp. 428–438.

Collins, J. (1995), 'Literacy and literacies', *Annual Review of Anthropology*, vol. 24, pp. 75–93.

Collins, J. (1989), *Uncommon Cultures: Popular Culture and Post-Modernism*. New York: Routledge.

Cook-Gumperz, J. (2006) (ed.), *The Social Construction of Literacy*. Cambridge: Cambridge University Press.

—— (2006a), 'The social construction of literacy', in Cook-Gumperz (2006).

—— (2006b), 'Literacy and schooling: An unchanging equation?', in Cook-Gumperz (2006).

Cox, M. (1968) (ed.), *The Challenge of Reading Failure*. Slough, Buckinghamshire: National Foundation for Educational Research.

Cragg, G. R. (1964), *Reason and Authority in the Eighteenth Century*. Cambridge: Cambridge University Press.

Cressey, D. (1980), *Reading and Writing in Tudor and Stuart England*. Cambridge: Cambridge University Press.

Curran, J. (2005), 'Oral reading, print culture, and the German Enlightenment', *The Modern Language Review*, vol. 100, no. 3, pp. 695–708.

Cvetkovich, A. (1992), *Mixed Feelings: Feminism, Mass Culture, and Victorian Sensationalism*. New Brunswick, NJ: Rutgers University Press.

Dames, N. (2007), *The Physiology of the Novel: Reading, Neural Science, and the Form of Victorian Fiction*. New York: Oxford University Press.

Dark, S. (1922), *The New Reading Public*. London: George Allen and Unwin.

Darnton, R. (1971), 'Reading, writing, and publishing in eighteenth-century France: A case study in the sociology of literature', *Daedalus*, vol. 100, no. 1, pp. 214–256.

—— (1982), 'What is the history of books?', *Daedalus*, vol. 111, no. 3, pp. 65–83.

—— (1984a), 'Readers respond to Rousseau: The fabrication of Romantic sensitivity', in R. Darnton (1984), *The Great Cat Massacre: And Other Episodes in French Cultural History*. London: Allen Lane.

Davidson, C. N. (1988), 'Towards a history of books and readers', *American Quarterly*, vol. 40, no. 1, pp. 7–17.

De Boer, J. J. and Dallmann, M. (1960), *The Teaching of Reading*. New York: Holt.

DeMaria, R. (1997), *Samuel Johnson and the Life of Reading*. Baltimore, MD: The Johns Hopkins University Press.

Derrida, J. (1981), *Dissemination*. London: The Athlone Press.

Diack, H. (1965), *In Spite of the Alphabet: A Study of the Teaching of Reading*. London: Chatto and Windus.

Dobranski, S. B. (2005), *Readers and Authorship in Early Modern England*. Cambridge: Cambridge University Press.

Docherty, T. (1987), *On Modern Authority: The Theory and Condition of Writing. 1500 to the Present Day*. Brighton: The Harvester Press.

Dolin, T. (2011), 'Fiction and the Australian reading public, 1888–1914', in Palmer and Buckland (2011).

Dorn, C. and Ghodsee, K. (2012), 'The Cold War politicization of literacy: Communism, UNESCO, and the World Bank', *Diplomatic History*, vol. 36, no. 2.

Dromi, S. and Illouz, E. (2010), 'Recovering morality, pragmatic sociology and literary studies', *New Literary History*, vol. 41, no. 2, pp. 351–369.

Drotner, K. (1999), 'Dangerous media? Panic discourses and dilemmas of modernity', *Paedagogica Historica: International Journal of the History of Education*, vol. 35, no. 33, pp. 593–619.

Dunstan, V. S. (2010), *Reading Habits in Scotland: circa 1750–1820*. PhD Thesis, University of Dundee.

Eagleton, T. (1984), *The Function of Criticism: From* The Spectator *to Post-Structuralism*. London: Verso.

Edelsky, C. (2010), 'Relatively speaking: McCarthyism and teacher-resisters', in Poynor and Wolfe (2010).

Eisenstein, E. L. (1979), *The Printing Press as an Agent of Change: Communications and Cultural Transformations in Early Modern Europe*. Cambridge: Cambridge University Press.

—— (2002), 'A reply', *American Historical Review* (February), vol. 107, no. 1.

—— (2011), *Divine Art, Infernal Machine*. Philadelphia, PA: University of Pennsylvania Press.

Emerson, R. W. and Lubbock, J. (2005) (originally published 1901), *In Praise of Books*. New York: Cosimo Classics.

Engelsing, R. (1974), *Der Burger als Leser: Lesergeschichte in Deutschland, 1500–1800*. Stuttgart: Metzler.

English, J. F. (2010), 'Everywhere and nowhere: The sociology of literature after "the sociology of literature"', *New Literary History*, vol. 41, no. 2, pp. v–xxiii.

Enzensberger, H. and Lipson, M. (1986), 'In praise of illiteracy', *Grand Street*, vol. 5, no. 4, pp. 88–96.

Erickson, F. (1988), 'School literacy, reasoning, and civility: An anthropologist's perspective', in Kintgen, Kroll and Rose (1988).

Escarpit, R. (1971), *Sociology of Literature*. London: Frank Cass and Co.

Ferreday, D. (2010), 'Reading disorders: Online suicide and the death of hope', *Journal for Cultural Research*, vol. 14, no. 4.

Fischer, S. R. (2005), *A History of Reading*. London: Reaktion Books.

Flesch, R. (1986), *Why Johnny Can't Read – And What You Can Do About It*. New York: Harper and Row.

Flint, K. (1993), *The Woman Reader: 1837–1914*. Oxford: Clarendon Press.

Freeman, H. E. and Kassebaum, G. G. (1955), 'The illiterate in American society: Some general hypotheses', *Social Forces*, vol. 34, no. 1, pp. 371–375.

Freire, P. (1987), 'The importance of the act of reading', in Freire and Macedo (1987).

—— (1987a), 'Literacy and critical pedagogy', in Freire and Macedo (1987).

—— and Macedo, D. (1987), *Literacy: Reading the Word and the World*. London: Routledge and Kegan Paul.

Furedi, F. (2006), *Where Have All the Intellectuals Gone?* London: Continuum Press.

—— (2007), 'From the narrative of the Blitz to the rhetoric of vulnerability', *Cultural Sociology*, vol. 1, no. 2, pp. 235–254.

—— (2009), *Wasted: Why Education is Not Educating*. London: Bloomsbury.

—— (2013), *Authority: A Sociological History*. Cambridge: Cambridge University Press.

Furet, F. and Ozouf, J. (1982), *Reading and Writing: Literacy in France from Calvin to Jules Ferry*. Cambridge: Cambridge University Press.

Gallaway, W. F. (1940), 'The conservative attitude toward fiction, 1770–1830', *PMLA*, vol. 55, no. 4, pp. 1041–1055.

Gettelman, D. (2011), '"Those Who Idle over Novels": Victorian critics and post-Romantic readers', in Palmer and Buckland (2011a), 'Introduction', in Palmer and Buckland (2011).

Giroux, H. A. (1987), 'Introduction: Literacy and the pedagogy of political empowerment', in Freire and Macedo (1987).

Goodman, K. S. (1998) (ed.), *In Defense of Good Teaching*. York, ME: Stenhouse Publishers.

—— (1998a), 'Who's afraid of whole language? Politics, paradigms, pedagogy, and the press', in Goodman (1998).

Goody, J. and Watt, I. (1963), 'The consequences of literacy', *Comparative Studies in Society and History*, vol. 5, no. 30, pp. 304–345.

Gordon, D. (1999), 'The great Enlightenment massacre', in Mason (1999).

Gough, K. (1988), 'Implications of literacy in traditional China and India', in Kintgen, Kroll and Rose (1988).

Graff, H. J. (1987), *The Labyrinths of Literacy: Reflections on Literacy Past and Present*. London: The Falmer Press.

—— (1987a), 'Reflections on the history of literacy: Overview, critique, and proposals', in Graff (1987).

—— (1987b), 'On literacy in the Renaissance: Review and reflections', in Graff (1987).

—— (1988), 'The legacies of literacy', in Kintgen, Kroll and Rose (1988).

—— (2003) 'Assessing the history of literacy; Theme and questions', in Graff, Mackinnon, Sandin and Winchester (2003).

——, Mackinnon, A., Sandin, B. and Winchester, I. (2003) (eds), *Understanding Literacy in its Historical Contexts*. Lund: Nordic Academic Press.

Greene, W. C. (1951), 'The spoken and written word', *Harvard Studies in Classical Philology*, vol. 60, pp. 23–59.

Griswold, W., McDonnell, T. and Wright, N. (2005), 'Reading and the reading class in the twenty-first century', *Annual Review of Sociology*, pp. 127–141.

Griswold, W., Lenaghan, E. and Naffziger, M. (2011), 'Readers as audiences', in V. Nightingale (2011), *The Handbook of Media Audiences*. Oxford: Blackwell Publishing Ltd.

Grogan, C. (1999), 'The politics of seduction in British fiction of the 1790s: The female reader and *Julie, ou La Nouvelle Héloïse*', *Eighteenth-Century Fiction*, vol. 11, no. 4.

Haakonssen, K. (1994) (ed.), *Hume: Political Essays*. Cambridge: Cambridge University Press.

Habermas, J. (1992), *The Structural Transformation of the Public Sphere*. Cambridge: Polity Press.

Hackel, H. B. (2003), '"Boasting of silence": Women readers in a patriarchal state', in Sharpe and Zwicker (2003).

Hall, A. (1849), *Manual of Morals for Common Schools*. Andover: John P. Jewett.

Hall, D. D. (1994), 'Readers and reading in America: Historical and critical perspectives', *American Antiquarian Society*, pp. 337–357.

Hall, G. S. (1901), *How to Teach Reading: And What to Read in School*. Boston, MA: Heath.

Hampton, M. (2001), '"Understanding media": Theories of the press in Britain, 1850–1914', *Media, Culture and Society*, vol. 23, no. 2, pp. 213–231.

Hanvelt, M. (2010), 'Pluralism, politeness, and the public sphere: Hume on the liberty of the press', for delivery at the 2010 Canadian Political Science Annual Conference, 1–3 June 2010, Concordia University, Montreal.

Havelock, E. (1986), *The Muse Learns to Write: Reflections on Orality and Literacy from Antiquity to the Present*. New Haven, CT: Yale University Press.

—— (1988), 'The coming of literate communication to Western culture', in Kintgen, Kroll and Rose (1988).

—— (1999), 'The Greek legacy', in D. Crowley and P. Heyer, *Communication in History: Technology, Culture, Society*. New York: Longman.

Henry, G. H. (1946), 'Can Your Child Really Read?', *Harper's Magazine*, 1 January, pp. 72–76.

Hill, C. (1986), 'The problem of authority', in C. Hill, *The Collected Essays of Christopher Hill*, vol. 2. Brighton: The Harvester Press.

Himmelfarb, G. (1997), 'Revolution in the library', *The American Scholar*, pp. 197–204.

Hirsch, E. D. (1988), *Cultural Literacy: What Every American Needs to Know*. New York: Vintage Books.

Hoggart, R. (1992), *The Uses of Literacy*. London: Penguin Books.

Huey, E. B. (1910), *The Psychology and Pedagogy of Reading*. New York: The Macmillan Co.

—— (1912), *Backward and Feeble-Minded Children: Clinical Studies in the Psychology of Defectives, with a Syllabus for the Clinical Examination and Testing of Children*. Baltimore, MD: Warwick and York.

Huxley, J. (1946), *UNESCO: Its Purpose and its Philosophy*, Preparatory Commission of the United Nations Educational, Scientific and Cultural Organization: UNESCO Archives, Paris, available online, http://unesdoc.unesco.org/images/0006/000681/068197eo.pdf.

Ife, B. W. (1985), *Reading and Fiction in Golden-Age Spain*. Cambridge: Cambridge University Press.

Iotti, G. (2009), 'Voltaire as story-teller', in N. Cronk (2009) (ed.), *The Cambridge Companion to Voltaire*. Cambridge: Cambridge University Press.

Iser, W. (1978), *The Act of Reading: A Theory of Aesthetic Response*. London: Routledge and Kegan Paul.

Israel, S. E. and Monaghan, E. J. (2007) (eds), *Shaping the Reading Field: The Impact of Early Reading Pioneers, Scientific Research and Progressive Ideas*. Newark, DE: International Reading Association.

Jackson, H. (1932), *The Fear of Books*. London: The Soncino Press.

—— (1950), *The Anatomy of Bibliomania*. London: Faber and Faber.

—— (2001), *The Reading of Books*. Urbana, IL: University of Illinois Press.

Jackson, I. (2004), 'Approaches to the history of readers and reading in the eighteenth century', *The Historical Journal*, vol. 47, no. 4, pp. 1041–1054.

Jackson, M. (2008), *Distracted: The Erosion of Attention and the Coming Dark Age*. Amherst, NY: Prometheus Books.

Jacobs, A. (2011), 'Christianity and the future of the book', *The New Atlantis* (Autumn), pp. 19–36.

—— (2011a), *The Pleasures of Reading in an Age of Distraction*. Oxford: Oxford University Press.

Jast, L. S. (1927), *The Child as Reader*. London: Libraco.

Jeffrey, D. L. (1996), *People of the Book: Christian Identity and Literary Culture*. Grand Rapids, MI: Wm. B. Eerdmans Publishing Co.

Johansson, E. (2003), 'The history of literacy in Sweden', in Graff, Mackinnon, Sandin and Winchester (2003).

Johns, A. (1996), 'The physiology of reading and the anatomy of enthusiasm', in O. P. Grell and A. Cunningham (1996), *Religio Medici: Medicine and Religion in Seventeenth-Century England*. Aldershot: Scolar Press.

——— (1998), *The Nature of the Book: Print and Knowledge in the Making*. Chicago, IL: The University of Chicago Press.

——— (2000), 'The physiology of reading', in M. Frasca-Spada and N. Jardine (2000) (eds), *Books and the Sciences in History*. Cambridge: Cambridge University Press.

——— (2002), 'How to acknowledge a revolution', *American Historical Review*, February.

Johnson, W. A. (2000), 'Toward a sociology of reading in classical antiquity', *The American Journal of Philology*, vol. 121, no. 4, pp. 593–627.

Jones, A. (1996), *Power of the Press: Newspapers, Power and the Public in Nineteenth-Century England*. Aldershot: Scolar Press.

Kahn, V. (1985), 'The figure of the reader in Petrarch's *Secretum*', *Publications of the Modern Language Association of America*, vol. 100, no. 2, pp. 154–166.

Keen, P. (1999), *The Crisis of Literature in the 1790s: Print Culture and the Political Sphere*. Cambridge: Cambridge University Press.

Kintgen, E. R., Kroll, B. M., Rose, M. (eds) (1988), *Perspectives on Literacy*. Carbondale, IL: Southern Illinois University Press.

Kloek, J. (1999), 'Reconsidering the reading revolution: The thesis of the "reading revolution" and a Dutch bookseller's clientele around 1800', *Poetics*, vol. 26, pp. 289–307.

Lake, P. and Pincus, S. (2007), *The Politics of the Public Sphere in Early Modern England*. Manchester: Manchester University Press.

Lambirth, A. (2011), *Literacy on the Left: Reform and Revolution*. London: Continuum.

Larson, M. (1976), 'Science fiction, the novel, and the continuity of condemnation', *The Journal of General Education*, vol. 28, no. 1, pp. 63–74.

Leavis, Q. D. (1968), *Fiction and the Reading Public*. London: Chatto and Windus.

Leeds, J. W. (1885), *Concerning Printed Poison*. Philadelphia, PA: printed for the author.

Leenhardt, J. (1980), 'Towards a sociology of reading', in S. R. Suleiman and I. Crosman (1980) (eds), *The Reader in the Text: Essays on Audience and Interpretation*. Princeton, NJ: Princeton University Press.

Leigh, J. G. (1904), 'What the masses read', *Economic Review*, vol. 7, pp. 166–177.

LeMahieu, D. L. (1988), *A Culture for Democracy: Mass Communication and the Cultivated Mind in Britain Between the Wars*. Oxford: Clarendon Press.

Lemmings, D. (2009), 'The *London Journal*, moral panics and the law', in Lemmings and Walker (2009).

——— and Walker, C. (2009), *Moral Panics, the Media and the Law in Early Modern England*. Houndmills, Basingstoke: Palgrave Macmillan.

Leonard, R. M. (1911), *The Book-Lovers' Anthology*. London: Oxford University Press.

Levine, K. (1986), *The Social Context of Literacy*. London: Routledge and Kegan Paul.

Levine, R., Locke, C., Searls, D. and Weinberger, D. (2001), *The Cluetrain Manifesto: The End of Business as Usual*. New York: Perseus Publishing.

Littau, K. (2006), *Theories of Reading: Books, Bodies and Bibliomania*. Cambridge: Polity.

Long, O. W. (1915), 'English translations of Goethe's *Werther*', *The Journal of English and Germanic Philology*, vol. 14, no. 2, pp. 169–203.

—— (1916), 'English and American imitations of Goethe's "Werther"', *Modern Philology*, vol. 14, no. 4, pp. 193–216.

Lovell, T. (1987), *Consuming Fiction*. London: Verso.

Lowenthal, L. and Fiske, M. (1956), 'Reaction to mass media growth in 18th-century England', *Journalism and Mass Communication Quarterly*, vol. 33, no. 4, pp. 442–455.

Lubbock, Sir J. (2005), 'A song of books', in R. W. Emerson and J. Lubbock (2005) (originally published 1901), *In Praise of Books*. New York: Cosimo Classics.

—— (2005), 'The choice of books', in R. W. Emerson and J. Lubbock (2005) (originally published 1901), *In Praise of Books*. New York: Cosimo Classics.

Lyons, M. (2010), *The History of Reading and Writing*. Houndmills, Basingstoke: Palgrave Macmillan.

—— (2011), *Books: A Living History*. London: Thames and Hudson.

McAleer, J. (1992), *Popular Reading and Publishing in Britain, 1914–1950*. Oxford: Clarendon Press.

McArthur, T. (1998), 'Functional literacy', *Concise Oxford Companion to the English Language*. http://www.encyclopedia.com, accessed 12 March 2015.

MacDonald, M. (1986), 'The secularization of suicide in England, 1660–1800', *Past and Present*, vol. 111, pp. 50–100.

McGuire, K. (2011), 'True crime: Contagion, print culture and Herbert Croft's *Love and Madness; or, A Story Too True*', *Eighteenth-Century Fiction*, vol. 24, no. 1, pp. 55–75.

McLuhan, M. (1962), *The Gutenberg Galaxy: The Making of Typographic Man*. Toronto: University of Toronto Press.

—— (1994), *Understanding Media: The Extensions of Man*. Cambridge, MA: MIT Press.

Mäkinen, I. (2013), *Why People Read: Jean-Jacques Rousseau on the Love of Reading*. Helsinki: Essays on Libraries, Cultural Heritage and Freedom of Information.

Manguel, A. (1997), *A History of Reading*. London: Flamingo.

Mann, P. H. and Burgoyne, J. L. (1969), *Books and Reading*. London: André Deutsch.

Marden, O. S. and Devitt, G. R. (1907), *The Consolidated Library*, vol. 8. Washington, DC: Bureau of National Literature and Art.

Marius, R. (1985), *Thomas More: A Biography*. London: J. M. Dent and Son.

Martin, H. J. (1996), *The French Book: Religion, Absolutism, and Readership, 1585–1715*. Baltimore, MD: The Johns Hopkins University Press.

Mason, H. T. (1999) (ed.), *The Darnton Debate: Books and Revolution in the Eighteenth Century*. Oxford: Voltaire Foundation.

Mathews, M. M. (1966), *Teaching to Read: Historically Considered*. Chicago, IL: The University of Chicago Press.

Matthews, S. (2010), 'Who gets to play? How and why reading researchers were left out of the No Child Left Behind Act', in Poynor and Wolfe (2010).

Mays, K. (1995), 'The disease of reading and Victorian periodicals', in J. H. Jordan and R. L. Platten (1995) (eds), *Literature in the Marketplace: Nineteenth-Century British Publishing and Reading Practices*. Cambridge: Cambridge University Press.

Mikics, D. (2013), *Slow Reading in a Hurried Age*. Cambridge, MA: Harvard University Press.

Miller, J. W. (1998), 'Literacy in the 21st century: Emergent themes', *Peabody Journal of Education*, vol. 73, nos. 3–4, pp. 10–14.

Milton, J. (1999), *Areopagitica and other Political Writings of John Milton*. Indianapolis, IN: Liberty Fund.

Minois, G. (1999), *History of Suicide: Voluntary Death in Western Culture*. Baltimore, MD: Johns Hopkins University Press.

Monaghan, E. J. (2007), 'Scientific research and progressive education: Contexts for the early reading pioneers, 1870–1956', in Israel and Monaghan (2007).

Moore, C. (1790), *A Full Inquiry into the Subject of Suicide*, vol. 2.

Morpurgo, J. E. (1958), 'Books for the new reading public', *The UNESCO Courier*, no. 3, pp. 26–28.

Nell, V. (1988), *Lost in a Book: The Psychology of Reading for Pleasure*. New Haven: Yale University Press.

Nietzsche, F. (2007), *Twilight of the Idols*. London: Wordsworth Edition, Ltd.

O'Hara, K. (2004), 'Socrates, trust and the internet', in *Proceedings of the 2nd International Conference on Speech, Writing and Context*. Kansaigaidai University, http://eprints.soton.ac.uk/id/eprint/265836.

—— (2004a), *Trust: From Socrates to Spin*. Cambridge: Icon Books.

Olson, D. (1975–1976), 'Toward a literate society', *Proceedings of the National Academy of Education, 1975–1976*.

—— (1988), 'From utterance to text: The bias of language in speech and writing', in Kintgen, Kroll and Rose (1988).

—— (1994), *The World on Paper: The Conceptual and Cognitive Implications of Writing and Reading*. Cambridge: Cambridge University Press.

Olson, L. (2003), 'Did medieval English women read Augustine's *Confessiones*? Constructing feminine interiority and literacy in the eleventh and twelfth centuries', in S. T. Jones (2003) (ed.), *In Medieval England and Abroad*. Turnhout, Belgium: Brepols Publishers.

Ong, W. J. (1967), *The Presence of the Word: Some Prolegomena for Cultural and Religious History*. New Haven: Yale University Press.

—— (1998), 'Some psychodynamics of orality', in Kintgen, Kroll and Rose (1988).

—— (2002), *Orality and Literacy*. New York: Routledge.

Ortega Gasset, J. (1959), 'The difficulty of reading', *Diogenes*, vol. 7, no. 28, pp. 1–17.

——, Lewis, J. and Carpenter, R. (1961), 'The mission of the librarian', *The Antioch Review*, vol. 21, no. 2 (Summer), pp. 133–154.

Osol, A. and Pratt, R. (1851), *The United States Dispensator*. New York: J. B. Lippincott Co.

Outram, D. (2013), *The Enlightenment*. Cambridge: Cambridge University Press.

Palgrave, F. T. (1860), 'On readers 1760 and 1860', *Macmillan's Magazine* (April), p. 488.

Palmer, B. and Buckland, A. (2011), *A Return to the Common Reader: Print Culture and the Novel, 1850–1900*. Farnham, Surrey: Ashgate.

—— (2011a), 'Introduction', in Palmer and Buckland (2011).

Parisot, E. (2014), 'Suicide notes and popular sensibility in the eighteenth-century British press', *Eighteenth-Century Studies*, vol. 47, no. 3 (Spring), pp. 277–291.

Pearson, J. (1999), *Women's Reading in Britain*. Cambridge: Cambridge University Press.

Pendersen, S. (1986), 'Hannah More meets simple Simon: Tracts, chapbooks, and popular culture in late eighteenth-century England', *Journal of British Studies*, vol. 25.

Peters, R. S. (1966), *Ethics and Education*. London: George Allen and Unwin Ltd.

Philes, G. (1873), *How to Read a Book the Best Way*. New York: George Philes. archive.org/details/howtoreadabooki00phigoog.

Phillips, D. P. (1974), 'The influence of suggestion on suicide: Substantive and theoretical implications of the Werther effect', *American Sociological Review*, vol. 39, no. 3, pp. 340–354.

Plato (1997), *Phaedrus*, in J. M. Cooper (ed.) (1997), *Plato: Complete Works*. Indianapolis, IN: Hackett, pp. 506–556.

—— (1997a), *Republic*, in J. M. Cooper (ed.) (1997), *Plato: Complete Works*. Indianapolis, IN: Hackett.

—— (1997b), 'Letter VII', in J. M. Cooper (ed.) (1997), *Plato: Complete Works*. Indianapolis, IN: Hackett.

Poggioli, R. (1957), 'Tragedy or romance? A reading of the Paolo and Francesca episode in Dante's *Inferno*', in *Publications of the Modern Language Association of America*, pp. 313–358.

Porter, R. (2000), *Enlightenment: Britain and the Creation of the Modern World*. Allen Lane: London.

Poynor, L. and Wolfe, P. M. (2010) (eds), *Marketing Fear in America's Public Schools*. New York: Routledge.

Price, L. (2004), 'Reading: The state of the discipline', *Book History*, vol. 7, pp. 303–320.

Quindlen, N. (1998), *How Reading Changed My Life*. New York: The Ballantine Publishing Group.

Rabbås, O. (2010), 'Writing, memory, and wisdom: The critique of writing in the *Phaedrus*', *Symbolae Osloenses: Norwegian Journal of Greek and Latin Studies*, vol. 84, no. 1, pp. 26–48.

Raven, J., Small, H. and Tadmor, N. (1996), 'Introduction: The practice and representation of reading in England', in Raven, Small and Tadmor (1996a).

—— (1996a), *The Practice and Representation of Reading in England*. Cambridge: Cambridge University Press.

Ravitch, D. (2001), 'It is Time to Stop the War', in T. Loveless (2001) (ed.), *The Great Curriculum Debate: How Should We Teach Reading and Math?* New York: Brookings Institution Press.

Ray, W. (1994), 'Reading women: Cultural authority, gender, and the novel: The case of Rousseau', *Eighteenth-Century Studies*, vol. 27, no. 3, pp. 421–447.

Raymond, J. (2003), 'Irrational, impractical and unprofitable: Reading the news in seventeenth-century Britain', in Sharpe and Zwicker (2003).

Resnick, D. (1990), 'Historical perspectives on literacy and schooling', *Daedalus*, vol. 119, no. 2, pp. 15–31.

—— and Resnick, L. (1977), 'The nature of literacy: An historical explanation', *Harvard Educational Review*, 47, pp. 370–385.

Richards, I. A. (1929), *Practical Criticism: A Study of Literary Judgment*. London: Routledge and Kegan Paul.

Robins, E. (2010), *Beginning Reading: Influences on Policy in the United States and England, 1998–2010*. Dissertation for Degree of Doctor in Education, Aurora University, Aurora, IL.

Robinson, R. D., Baker, E. and Clegg, L. (1998), 'Literacy and the pendulum of change: Lessons for the 21st century', *Peabody Journal of Education*, vol. 73, nos 3–4, pp. 15–30.

Rose, J. (1992), 'Rereading the English Common Reader: A Preface to a History of Audiences', *Journal of the History of Ideas*, vol. 53, no.1, pp. 47–70.

—— (2007), 'The history of education as the history of reading', *History of Education*, vol. 36, nos 405, pp. 595–605.

Rowe, D. (2009), 'The concept of the moral panic: An historico-sociological positioning', in Lemmings and Walker (2009).

Ruskin, J. (2009), *Fors Clavigera: Letters to the Workmen and Labourers of Great Britain*. London: BiblioLife.

Saenger, P. (1982), 'Silent reading: Its impact on late medieval script and society', *Viator*, vol. 13, no. 1, pp. 367–414.

Saint Augustine (1961), *Confessions*, trans. R. S. Pine-Coffin London: Penguin Books.

Saint Thomas Aquinas (2008), *The Summa Theologica of St Thomas Aquinas*, online edition by Kevin Knight, *Saint Thomas Aquinas* (2008) 1a1.10, online edition http://www.newadvent.org/summa/1001.htm, accessed 12 July 2014.

Sauerberg, L. A. (2009), 'Preface to The Gutenberg Parenthesis – Print, Book and Cognition', *Orbis Litterarum*, vol. 64, no.2, pp.79–80.

Schiffman, R. L. (2010), 'A concert of Werthers', *Eighteenth-Century Studies*, vol. 43, no. 2, pp. 207–22.

Schoenfeldt, M. (2003), 'Reading bodies', in Sharpe and Zwicker (2003).

Schopenhauer, A. (1851), 'On reading and books', in *Essays of Schopenhauer*, eBooks @ Adelaide: Adelaide. https://ebooks.adelaide.edu.au/s/schopenhauer/arthur/essays/chapter3.html, accessed 13 January 2014.

Schroeder, T. (1906), *Freedom of the Press and 'Obscene' Literature*. New York: Free Speech League.

Schucking, L. L. (1966; original 1931), *The Sociology of Literary Taste*. London: Routledge and Kegan Paul.

Scribner, S. (1988) 'Literacy in Three Metaphors', in Kintgen, E.R., Kroll, B.M., Rose, M. (eds) (1988).

—— and Cole, M. (1988), 'Implications of literacy in traditional China and India', in Kintgen, Kroll and Rose (1988).

Shannon, P. (1989), *Broken Promises: Reading Instruction in Twentieth-Century America*. Granby, MA: Bergin and Garvey Publishers.

Sharpe, K. (2000), *Reading Revolutions: The Politics of Reading in Early Modern England*. New Haven, CT: Yale University Press.

—— and Zwicker, S. N. (2003), *Reading, Society and Politics in Early Modern England*. Cambridge: Cambridge University Press.

—— and Zwicker, S. N. (2003a), 'Introduction: Discovering the Renaissance reader', in Sharpe and Zwicker (2003).

Small, H. (1996), 'Dickens and a pathology of the mid-Victorian reading public', in Raven, Small and Tadmor (1996a).

Solar, J. and Oppenshaw, R. (2006), *Literacy Crises and Reading Policies: Children Still Can't Read*. London: Routledge.

Solomon, R. C. (1986), 'Literacy and the education of the emotions', in S. de Castell, A. Luke and K. Egan (1986), *Literacy, Society, and Schooling: A Reader*. Cambridge: Cambridge University Press.

Springhall, J. (1998), *Youth, Popular Culture and Moral Panics: Penny Gaffs to Gangsta-Rap, 1830–1996*. Houndmills, Basingstoke: Macmillan Press.

Stahl, S. A. (1998), 'Understanding shifts in reading and its instruction', *Peabody Journal of Education*, vol. 73, nos 3–4, pp. 31–67.

—— (1999), 'Why innovations come and go (and mostly go): The case of whole language', *Educational Researcher*, vol. 28, no. 12.

Stannard, J. and Huxford, L. (2007), *The Literacy Game: The Story of the National Literacy Strategy*. London: Routledge.

Starker, S. (1990), 'Fear of fiction: The novel', *Book Research Quarterly*, vol. 6, no. 2.

Stedman, L. C. and Kaestle, C. F. (1991), 'Literacy and reading performance in the United States from 1880 to the present', in C. F. Kaestle, H. Damon-Moore, L. C. Stedman, K. Tinsley and W. V. Trollinger (1991) (eds), *Literacy in the United States*. New Haven, CT: Yale University Press.

Steiner, G. (1985), *Language and Silence: Essays 1958–1966*. London: Faber and Faber.

Stierer, B. (1994), 'Simply doing their job? The politics of reading standards and "real books"', in Stierer and Maybin (1994).

—— and Maybin, J. (1994) (eds), *Language, Literacy and Learning in Educational Practice*. Clevedon: The Open University.

Stock, B. (1983), *The Implications of Literacy: Written Language and Models of Interpretation in the Eleventh and Twelfth Century*. Princeton, NJ: Princeton University Press.

—— (1994), 'The self and literary experience in late antiquity and the Middle Ages', *New Literary History*, pp. 839–852.

—— (1995), 'Reading, writing, and the self: Petrarch and his forerunners', *New Literary History*, vol. 26, no. 4, pp. 717–730.

—— (1998), *Augustine the Reader: Meditation, Self-Knowledge and the Ethics of Interpretation*. Cambridge, MA: Harvard University Press.

Stone, L. (1969), 'Literacy and education in England, 1640–1900', *Past and Present*, no. 42, pp. 69–139.

—— (1986), *The Causes of the English Revolution, 1529–1642*. London: ARK.

Strauss, B. S. (1993), *Fathers and Sons: Ideology and Society in the Era of the Peloponnesian War*. London: Routledge.

Strauss, S. L. (2010), 'Warning: Curent federal education policy may be hazardous to your health', in Poynor and Wolfe (2010).

Street, B. V. (1984), *Literacy in Theory and Practice*. Cambridge: Cambridge University Press.

Styles, M. and Drummond, M. (1993), 'The politics of reading', *Cambridge Journal of Education*, vol. 23, no. 1, pp. 3–13.

Sumpter, C. (2006), 'The cheap press and the "reading crowd"', *Media History*, vol. 12, no. 3, pp. 233–252.

Swaine, L. A. (1998), 'A paradox reconsidered: Written lessons from Plato's *Phaedrus*', *Educational Philosophy and Theory*, vol. 30, no. 3, pp. 259–273.

Swales, M. (1987), *Goethe: The Sorrows of Young Werther*. Cambridge: Cambridge University Press.

Swidler, A. and Ariditi, Y. (1994), 'The new sociology of knowledge', *Annual Review of Sociology*, vol. 20, pp. 305–329.

Thomas, K. (1896), 'The meaning of literacy in early modern England', in Gerd Baumann (1986) (ed.), *The Written Word: Literacy in Transition*. Oxford: Clarendon Press.

Thomas, R. (1995), 'Written in stone? Liberty, equality, orality and the codification of law', *Bulletin of the Institute of Classical Studies*, vol. 40, no. 1, pp. 59–74.

—— (1996), 'Literacy and the city-state in archaic and classical Greece', in Bowman and Woolf (1996).

Thorson, J. and Öberg, P. A. (2003), 'Was there a suicide epidemic after Goethe's *Werther*?', *Archives of Suicide Research*, vol. 7, pp. 69–72.

Thurlow, C. (2006), 'From statistical panic to moral panic: The metadiscursive construction and popular exaggeration of new media language in the print media', *Journal of Computer-Mediated Communication*, vol. 11, pp. 667–701.

Tierney, T. F. (2010), 'The governmentality of suicide: Peuchet, Marx, Durkheim, and Foucault', *Journal of Classical Sociology*, vol. 10, no. 4, pp. 357–389.

Towsey, M. R. (2007), *Reading and the Scottish Enlightenment: Libraries, Readers and the Intellectual Culture in Provincial Scotland, 1740–1820*. PhD Thesis, University of St Andrews.

Trollope, A. (1879), *Thackeray*, 'English men of letters series'. London: Macmillan. Web. Project Gutenberg. E-text prepared by Barbara Tozier, Bill Tozier and Lisa Reigel, 4 August 2013, at http://www.victorianweb.org/authors/trollope/moralteaching.html, accessed 8 April 2014.

Turner, M. (1994), 'Sponsored reading failure', in Stierer and Maybin (1994).

Ulin, D. L. (2010), *The Lost Art of Reading: Why Books Matter in a Distracted Time*. Seattle, WA: Sasquatch Books.

UNESCO (1946), *Fundamental Education: Common Ground for All People*. New York: The Macmillan Co.

Van Horn Melton, J. (2001), *The Rise of the Public in Enlightenment Europe*. Cambridge: Cambridge University Press.

Vincent, D. (1993), *Literacy and Popular Culture: England 1750–1914*. Cambridge: Cambridge University Press.

Vogrinčič, A. (2008), 'The novel-reading panic in the 18th century in England: An outline of an early moral media panic', *Medijska Istrazivanja/Media Research*, vol. 14, no. 2, pp. 103–124.

Vries, G. J. de (1969), *Commentary on the* Phaedrus *of Plato*. Amsterdam: Adolf M. Hakkert.

Walpole, H. (2004), *Reading: An Essay*. Whitefish, MO: Kessinger Publishing.

Walpole, S. (1913), *History of England: From the Conclusion of the Great War in 1815*, vol. 1. London: Longman, Green and Co.

Watson, P. (2005), *Ideas: A History of Thought and Invention*. London: Weidenfeld and Nicolson.

Weaver, C. and Brinkley, E. H. (1998), 'Phonics, whole language, and the religious and political right', in Goodman (1998).

Wharton, E. (1903), 'The Vice of Reading', *The North American Review*, vol. 177, no. 563, pp. 513–521.

Wilderspin, S. (1832), *The Infant System for Developing the Physical, Intellectual and Moral Powers of All Children from One to Seven Years of Age*. London: W. Simpkin and R. Marshall.

Willinsky, J. (1994), 'Introducing the new literacy', in Stierer and Maybin (1994).

Wilson, B. (2009), *What Price Liberty?* London: Faber and Faber.

Winzer, M. A. (2002), *The History of Special Education: From Isolation to Integration*. Washington, DC: Gallaudet University Press.

Wittmann, R. (1999), 'Was there a reading revolution at the end of the eighteenth century?', in Cavallo and Chartier (1999).

Wolf, M. (2010), *Proust and the Squid: The Story and Science of the Reading Brain*. Thriplow, Cambridge: Icon Books.

Wood, P. (2011), 'A virtuoso reader: Thomas Reid and the practices of reading in eighteenth-century Scotland', *The Journal of Scottish Thought*, vol. 4, pp. 33–74.

Woodmansee, M. (1988–1989), 'Toward a genealogy of the aesthetic: The German reading debate of the 1790s', *Cultural Critique*, no. 11, pp. 203–221.

Woolf, V. (1932), *The Common Reader: Second Series*. London: The Hogarth Press.

Wynne, D. (2001), *The Sensation Novel and the Victorian Family Magazine*. Houndmills, Basingstoke: Palgrave Macmillan.

Yatvin, J. (2010), 'Making whole language disappear: How the national reading panel worked its magic', in Poynor and Wolfe (2010).

Zaret, D. (1996), 'Petitions and the "invention" of public opinion in the English Revolution', *The American Journal of Sociology*, vol. 101, no. 6, pp. 1497–1555.

—— and Brown, S. (2001), 'Origins of Democratic Culture: Printing, Petitions, and the Public Sphere in Early-Modern England', Renaissance and Reformation/Renaissance et Réforme, vol. 25, no.3, pp. 61–63.

Zwicker, S. N. (2003), 'The constitution of opinion and the pacification of reading', in Sharpe and Zwicker (2003).

译名对照表

individual self 个体自我

info-mania 信息狂热

intensive reading 精读

interpretative reading 解释性阅读

J. B. Priestley 普利斯特里

Jack Goody 杰克·顾迪

Jack Morpurgo 杰克·莫波格

Jacob Burckhardt 雅各布·布克哈特

Jacqueline Pearson 杰奎琳·皮尔逊

Jacques Derrida 雅克·德里达

James Douglas 詹姆斯·道格拉斯

James Joyce 詹姆斯·乔伊斯

Jamie Birkett 杰米·伯基特

Jane Curran 简·柯伦

Jane Eyre 简·爱

Jane Porter 简·波特

Janice Radway 珍妮丝·拉德威

Jean-Jacques Rousseau 让·雅克·卢梭

Jean Racine 让·拉辛

Jane Austen 简·奥斯汀

Jennie Bristow 珍妮·布里斯托

Jonathan Rose 乔纳森·罗斯

Johan Kellgren 约翰·凯尔格伦

Johann Adam Bergk 约翰·亚当·贝克

Johann Goeze 约翰·歌策

Johann Gottlieb Fichte 约翰·戈特利布·费希特

Johann Peter Frank 约翰·彼得·弗兰克

Johann Wolfgang von Goethe 约翰·沃尔夫冈·冯·歌德

Johannes Gutenberg 约翰内斯·古滕堡

Johannes Kepler 约翰内斯·开普勒

John Bell 约翰·贝尔

John Bunyan 约翰·班扬

John Calvin 约翰·加尔文

John Carey 约翰·凯利

John Dryden 约翰·德莱顿

John Lilburne 约翰·李尔本

John Locke 约翰·洛克

John Lubbock 约翰·拉伯克

John Miller 约翰·米勒

John Milton 约翰·弥尔顿

John Ruskin 约翰·罗斯金

John Stuart Mill 约翰·斯图尔特·密尔

Jonathan Rose 乔纳森·罗斯

José Ortega Gasset 何塞·奥尔特加·加赛特

Joseph Addison 约瑟夫·艾迪生

Joseph Blanco White 约瑟夫·布兰科·怀特

Josiah Leeds 约西亚·利兹

Journal of Women's Healthy 《妇女健康杂志》

Juan Luis Vives 胡安·路易斯·维夫斯

Julie《朱莉亚》

Julian Elliott 朱利安·艾利奥特

Julian Huxley 朱利安·赫胥黎

Jürgen Habermas 尤尔根·哈贝马斯

Juvenal 朱维纳尔

J. W. Appel 阿普尔

Karin Littau 卡琳·利陶

media-rich environment 富媒体环境

Meissen China 麦森陶瓷

Menander 米南德

Michael Cole 迈克尔·科尔

Michael Schoenfeldt 迈克尔·舍恩菲尔德

Michel de Montaigne 米歇尔·蒙田

Miguel de Cervantes 米格尔·德·塞万提斯

Mind-reading skill 读心术

Mishnah《密西拿》

Moliere 莫里哀

Mona Ozouf 莫娜·奥佐夫

Montesquieu 孟德斯鸠

Mont Ventoux 旺度山

Monthly Mirror《每月镜报》

moral virtues 伦理德性

Mortimer Adler 莫蒂默·阿德勒

Nathaniel Burwell 纳萨尼尔·伯维尔

National Endowment for the Arts 国家艺术基金会

Neil Levy 尼尔·利维

New Journalism 新新闻主义

New Literacy Studies 新读写能力研究

New York Society for the Suppression of Vice 纽约反堕落协会

News of the World《世界新闻》

Niccolò Machiavelli 尼可罗·马基雅弗利

Nicholas Dames 尼古拉斯·达姆斯

Nick Cater 尼克·凯特

Noble Savage 高贵野蛮人

Northanger Abbey《诺桑觉寺》

O. D. Leavis 李维斯

On Christian Doctrine《论基督教教义》

On Study《论学习》

Oral Men 口语人

Oral World 口语世界

orality 口传性

Ortega y Gasset 奥尔特加·加赛特

Oscar Wilde 奥斯卡·王尔德

over-reading 过度阅读

Ovid 奥维德

Oxford English Dictionary《牛津英语词典》

Pamela《帕梅拉》

pamphlet war "小册子之战"

Paradise Lost《失乐园》

Patrick Bratlinger 帕特里克·布拉特林格

Paul Saenger 保罗·桑格尔

Paulo Freire 保罗·弗莱雷

Peabody Journal of Education《皮博迪教育杂志》

pedagogy of relevance 关联性教学法

people of book 经书之民

Peter Hohendahl 彼得·霍恩达尔

Petrarch 彼特拉克

Petronius 佩特洛尼乌斯

pharmakon 药物

Philobiblion《爱书》

phonetic culture 语音文化

Robert Escarpit 罗伯特·埃斯卡皮

Robin Baird-Smith 罗宾·贝尔德－史密斯

Roland Barthes 罗兰·巴特

Rolf Engelsing 罗尔夫·恩格尔辛

Rudolf Berlin 鲁道夫·柏林

Rudolf Flesch 鲁道夫·福莱希

romantic fiction 言情小说

Saint Augustine 圣奥古斯丁

Samuel Johnson 塞缪尔·约翰逊

Samuel Richardson 塞缪尔·理查森

Samuel Taylor Coleridge 塞缪尔·泰勒·柯勒律治

Samuel Richardson 塞缪尔·理查森

Saturday Review《星期六评论》

Samuel Wilderspin 塞缪尔·怀尔德斯平

saqqara 塞加拉

Satyricon《萨蒂利卡》

second orality 第二种口传性

Secretum《秘密》

self-actuation 自我激励

self-consciousness 自我意识

self-enlightenment 自我启迪

self-knowledge 自我认识

Seneca 塞涅卡

sensation novel 色情小说

Shakespeare 莎士比亚

Sidney Dark 西德尼·达克

silent heretic 无声的异端

silent reading 默读

Slow Reading in a Hurried Age《匆忙时代的慢阅读》

Socrates 苏格拉底

Sophocles 索福克勒斯

Spencer Walpole 斯宾塞·沃波尔

spiritual revelation 精神启示

spoken words 口头语言

spiritual truth 属灵的真理

Steven Strauss 史蒂文·施特劳斯

Stoic 斯多亚派

suicide contagion 自杀传染

Summa Theologica《神学大全》

Sunday Express《星期日快报》

Sunday Pictorial《星期日画报》

Susan Achinstein 苏珊·阿钦斯坦

Susan Greenfield 苏珊·格林菲尔德

Susannah Rowson 苏珊娜·罗森

Sven Birkerts 斯文·伯克茨

Sydeny Owenson 雪梨·欧文森

Sylvia Scribner 希尔维亚·斯克里布纳

Talmud《塔木德》

Terry Eagleton 特里·伊格尔顿

The Cluetraim Manifesto《线车宣言》

the Corneilles 高乃依兄弟

The Funeral Oration of Pericles《伯里克利葬礼上的演讲》

The Gentleman's Magazine《绅士杂志》

The Guardian《卫报》

The Gutenberg Elegies《古滕堡哀歌》

The Hapless Orphan《不幸的孤儿》

The Hygienic Chemistry of Books《书籍的